大学的使命：

西南联大的理念之光与实践之道

杨燕江 著

云南人民出版社

图书在版编目（CIP）数据

大学的使命 ： 西南联大的理念之光与实践之道 / 杨燕江著. -- 昆明 ： 云南人民出版社, 2024. 11.
ISBN 978-7-222-22553-4

Ⅰ. G649.287.41

中国国家版本馆CIP数据核字第2024J2X959号

组稿统筹： 冯　琰
责任编辑： 王曦云
责任校对： 武　坤
封面设计： 王曦云
责任印制： 窦雪松

大学的使命：西南联大的理念之光与实践之道

DAXUE DE SHIMING：XINAN LIANDA DE LINIAN ZHI GUANG YU SHIJIAN ZHI DAO

杨燕江◎著

出　版　云南人民出版社
发　行　云南人民出版社
社　址　昆明市环城西路609号
邮　编　650034
网　址　www.ynpph.com.cn
E-mail　ynrms@sina.com
开　本　720mm × 1010mm　1/16
印　张　13.25
字　数　230千
版　次　2024年11月第1版第1次印刷
印　刷　昆明理煜印务有限公司
书　号　ISBN 978-7-222-22553-4
定　价　39.00元

云南人民出版社微信公众号

如需购买图书、反馈意见，请与我社联系

总编室：0871-64109126　发行部：0871-64108507　审校部：0871-64164626　印制部：0871-64191534

前　言

按照辩证唯物主义和历史唯物主义的基本观点，理念与实践是人类社会发展过程中两对基本范畴，理念来源于实践，是对实践的思想性总结，而实践对理念有积极的反作用，两者辩证统一。在这个矛盾运动过程中，实践容易处于一种自由自在的形态，特别是在原始社会；而往后的奴隶社会和封建社会，“顺其自然”是实践不可避免的特征。

这样的情况到了近代社会发生了根本性变化，由于科学技术的进步与革命性变革，加之人文与社会科学的发展，人类认识社会和改造社会的自觉性、主动性、预见性得到前所未有的加强，伴随其间的是实践的理念得到了增强。及至现代社会，鉴于世界的连续性、复杂性、结构性，理念的重要性已经不言而喻，没有理念的实践必然是盲目的实践。

理念与实践的历史和辩证的发展适用于社会发展的任何领域，大学自然不例外。观大学之变而知时代之变，观理念之变而知大学之变，故观大学理念之变而知时代之变、时代之所以变、时代之所以必然变。历史就在变与不变之中孕育出无穷的智慧。

所谓历史的智慧，有两层含义：其一是历史本身蕴含智慧，其二是我们能从历史中寻得智慧。前者已得到认可和证实，后者却要时常打上一个问号。究其原因，并非历史本身蕴含的智慧不够，而是缺少发现智慧的眼睛。

习近平总书记考察调研西南联大旧址时的重要讲话精神，成为弘扬西南联大光荣革命传统、赓续其红色血脉的根本遵循。正如习近平总书记指出的，西南联大在“革命建设改革的各个历史时期都发挥了重要作用”，实际上“西南联大”已经成为中国精神的有机元素和中华优秀传统文化的特殊构成。

大学使命承载着党的初心、寄托着国家和民族的希望，西南联大由于其所处的特殊历史转型期及其为中国革命、建设、改革作出的重要贡献而对当今中国具有一种特殊的意义。具体而言，在救亡图存血与火的考验中锻造的西南联大办学理念至今仍闪耀着中华文明之光，在艰苦卓绝生与死的抉择中创生的学术实践从文化基因上深刻揭示着实现中华民族伟大复兴的教育强国之道。

西南联大之履行大学使命，集历史与现实、理念与实践、守正与创新为一体，是深入阐释习近平总书记关于教育重要论述所蕴含道理学理哲理的本土历史文本，是讲好西南联大教育救国教育爱国故事、讲好中国历史文化故事的生动教材，对于在中国式现代化场域中，培育中国大学文化新形态，激发新时代大学奋斗精神，在新的历史起点履行百年变局中的大学使命，探寻中国式现代化教育强国特色发展道路具有不可替代的价值。

本书在西南联大“理念之光”与“实践之道”的实然逻辑中，深入阐释“大学使命”的必然逻辑，由此揭示“中国之治”的教育应然之路，进而在讲好“西南联大好故事”的过程中，通过“学理道理哲理”对中华优秀传统文化的创造性转化和创新性发展做了案例性探索，并在“坚定历史自信，增强历史主动”中激发奋进中国式现代化的自觉力量。

第一部分，大学的使命是培养时代新人：学习习近平总书记考察西南联大旧址重要讲话精神。本部分紧紧围绕对习近平总书记考察调研西南联大旧址重要讲话所蕴含“道理学理哲理”的学习，认为习近平总书记以深邃的历史眼光，结合新时代新要求，深刻阐述了教育的本质、功能、目的等重大理论与实践问题，形成关于教育的新理念、新论断，与习近平总书记关于教育的系列重要论述一脉相承、辩证统一，从而丰富和发展了习近平新时代中国特色社会主义思想。习近平总书记基于西南联大光荣革命传统和现代大学视域，深入揭示出大学的使命是什么，如何履行大学使命，如何培养堪当民族复兴重任的时代新人的中国之问、时代之问。概而言之，时代新人要有高尚品德，要有历史感责任感，志存高远，时代新人归根结底是社会主义建设者和接班人。大学是时代新人养成的“最后一关”、关键的“最后一公里”。基于时代新人的内涵和特征，在中国式现代化进程中大学对时代新人的培养重在“守好门”“优环境”“打开窗”三个层面。

第二部分，西南联大的科教融合与杰出人才培养。本部分深入阐释出西南联大通过三个途径实现了科教融合：在理念层面，坚持大学的灵魂是学术研究，大学的理想在“明明德”与“新民”，大学是科研和教学融合的“正当场所”。在制度层面，西南联大构建了以常委会决策、校务委员会和教授会参议、职能部门和教学机构执行、临时专门委员会开展专项性工作，以及与北大、清华、南开三大学紧密合作为基本构成的内部管理运行体系。在操作层面，通过编制新教材和开设新课程实现科教融合，通过课堂内外对学生的全程指导促进科教融合，通过极力保障经费为科教融合提供必要条件。西南联大的科教融合对包括教师和学生在内的杰出创新人才培养发挥了关键作用，对一流大学建设具有现实启示意义。

第三部分，西南联大创新人才培养理念探究。本部分意在廓清西南联大创新人才培养理念有其源、遵其道、施其举。北京大学“思想自由”和“兼容并包”、清华大学“学术独立”和“俭朴好学”、南开大学“公能并行”和“爱国强国”的办学理念是西南联大创新人才培养理念的源头。西南联大“三常委”中蒋梦麟关于

“健全人格”、梅贻琦关于“专通结合”、张伯苓关于“爱国为国”的教育思想直接作用于西南联大的创新人才培养。在此基础上，西南联大通过实施通识教育、开展灵活招生、严格日常管教、构建学生学术与社会相关联的制度安排等在内的创新人才培养举措，在特殊的历史条件下培养了一大批创新人才，为新时代一流大学创新人才培养提供了历史借鉴。

第四部分，大学科研治理之道：来自西南联大的经验。本部分注重阐释科研治理是新时代新阶段大学治理亟待解决的重大现实问题。西南联大作为中国历史上大学办学的一个典型本土案例，其所形成的经验对当前大学科研治理具有重要参考价值，概括起来就是理念为先、制度为尚、精神为大。理念、制度、精神三个维度构成西南联大科研治理之道，三者各具功效，相互联系，辩证统一。

第五部分，“制度、学人、文化”交融互动：西南联大成功的管理归因。本部分意在指出，西南联大创造了中国乃至世界高等教育史上的奇迹，其成功与制度、学人、文化三个要素构成的管理密不可分。在三要素关系上，关键是制度的精细化设计及执行到位，核心是蒋梦麟、梅贻琦、张伯苓“三常委”的团队型领导和北大、清华、南开三大学教职员间“通家”之好的传统，基础是以师生为主体的文化氛围的创设。三者在各自发挥作用的基础上形成交融，保障了西南联大管理的良性运行，形成了西南联大管理的显著特色。

第六部分，西南联大最宝贵的遗产是什么：从内部管理说起。本部分研究得出，西南联大构建了以常委会决策、校务委员会和教授会参议、职能部门和教学机构执行、临时专门委员会开展专项性工作，以及与北大、清华、南开三大学紧密合作为基本构成的内部管理运行体系。西南联大的内部管理从理论上可概括为“基于‘决策—执行’组织架构的‘内核心—外循环’管理模式”。借鉴西南联大内部管理经验，在新时代大学内部治理中必须有坚强的领导和决策中枢，要注意参与主体的多样性，要在制度创新上大胆尝试和探索，要继承和发扬优秀传统文化精神。

第七部分，西南联大“三常委”大学理念比较。本部分将大学理念定义为哲学层面关于大学是什么、应该如何办大学和办什么样的大学的理性认识，在此基础上为方便研究，把大学理念进一步操作化定义为关于大学如何培养人才、如何进行科学研究、如何进行社会服务的理论认识及其实践。研究围绕梅贻琦、蒋梦麟、张伯苓三人所持的人才培养观、科学研究观和社会服务观，展开三者大学理念异同之分析。

第八部分，中国共产党与西南联大。本部分认为，在救亡图存时代背景下，中国近现代史上最进步的政党中国共产党与自觉担负时代使命的西南联大之间有其精神和追求上的契合之处。北大、清华、南开三所大学南迁后，中国共产党通过及时建立和发展地下组织与西南联大建立了联系，在此基础上组织开展了四个阶段的抗日救亡运动和爱国民主运动。在这些运动中形成了党在西南联大工作的三个显著特点：以青年学生为主体，以社团活动为主要手段，把学生运动与群众运动结合起来；把教育作为统一战线的重要纽带，纳入抗战救国的整体谋划中，为解放战争的胜利和新中国的建立发挥了特殊作用；中国共产党在西南联大的工作是党对三校工作的延续，继承和发扬了“一二·九”运动和五四运动的光荣传统，促使西南联大发展成为“民主堡垒”。因此，中国共产党在西南联大领导的这场革命与斗争，实质上不但促进西南联大作为“学术重镇”而影响那个时代，而且更为关键的是使其赢得了“民主堡垒”的殊荣而对中华民族伟大复兴的历史进程产生了深远影响。

第九部分，强化统制与维护自治：国民政府教育部与西南联大之关系探微。本部分分析得出，在西南联大九年的办学中，国民政府教育部以经费划拨为重要渠道，对西南联大实施了各类统制措施，并以此延伸到对课程设置等教学事务的干涉以及政治的渗透上。基于源自北大、清华、南开三大学自治传统的继承，西南联大对教育部的统制做出了积极的应对，有效处理了其与教育部的关系，最大限度维护了自治。

第十部分，“在地化”视野下的西南联大研究。本部分聚焦处于转型期的西南联大研究何去何从，认为必须在研究的理论视角上作深入反思，以便回应来自内部和外部的挑战，以此构建“西南联大学”研究的“合法性”基础。“在地化”既是一种具体的研究实践，也是一种新的理论视域，它是在对以西方为标准的“现代化”、“国际化”的反思性批判中兴起的，是对“全球化”的“俯瞰”，其所包含的区域、研究者、资料三重理论意蕴，可将西南联大研究导向一个更大可能性的新的范式格局。“在地化”之于西南联大研究的意义体现在：推动西南联大研究向可能的新范式转向，有助于构建本土学术话语体系，是对时代与当下的关怀。“在地化”之于西南联大研究的可能性表现在：既有西南联大研究呈现“在地化”趋势、西南联大历史本身即是“在地化”的历史、云南具西南联大“在地化”研究的特殊环境、“在地化”意识的逐渐增强。“在地化”之于西南联大研究的行进维度有：在区域上要深挖在地空间的物质生活样态，对于研究者要强化问题意识，基于特定资源体悟历史在场感。

目　录

大学的使命是培养时代新人

——学习习近平总书记考察西南联大旧址重要讲话精神

2020 年 1 月，习近平总书记在云南考察期间，专程来到西南联大旧址考察调研，了解西南联大教育救国的光荣历史，他强调指出："国难危机的时候，我们的教育精华辗转周折聚集在这里，形成精英荟萃的局面，最后在这里开花结果，又把种子播撒出去，所培养的人才在革命建设改革的各个历史时期都发挥了重要作用。这深刻启示我们，教育要同国家之命运、民族之前途紧密联系起来。为国家、为民族，是学习的动力，也是学习的动机。艰苦简陋的环境，恰恰是出人才的地方。我们现在教育的目的，就是要培养社会主义建设者和接班人，培养有历史感责任感、志存高远的时代新人，不负韶华，不负时代。"① 习近平总书记以深邃的历史眼光，结合新时代新要求，深刻阐述了教育的本质、功能、目的等重要问题，形成关于教育的新理念、新论断，与他关于教育的系列重要论述一脉相承、辩证统一，从而丰富和发展了习近平新时代中国特色社会主义思想。基于大学视域，习近平总书记实际上提出了一个重大命题——大学的使命是什么？如何履行大学使命？

一　何为大学的使命

大学的使命在于培养时代新人，这是对大学本质的反映，是由其基本功能内在决定的，是历史地形成并发展着的。

第一，大学被普遍视为政治的"分支"。大学从产生至今已有近 1000 年

① 习近平考察西南联大旧址：教育要同国家之命运、民族之前途紧密联系起来－新华社客户端 https：//h. xinhuaxmt. com/vh512/share/8818487？ d＝1343ab9&channel＝weixin

历史，从最初的行会性质的组织发展演变为与国家社会紧密联系的“轴心机构”（axial institution），其发展趋势也从彰显自身的独立性逐渐转向凸显其政治性和政治功能的发挥。著名的高等教育哲学家约翰·S. 布鲁贝克一针见血地指出：“对高等教育在政治上的合法地位用不着大惊小怪，所有伟大的教育哲学家都把教育作为政治的分支来看待，如柏拉图的《理想国》、亚里士多德的《政治学》、约翰·杜威的《民主主义与教育》等都是如此。”① 这一趋势已经被世界各国大学发展的历史所证明，并且在当前国际竞争日趋激烈的背景下越发明显。从经济基础与上层建筑的相互关系看，没有哪个国家不按照统治阶级的意志实施教育，作为政治“分支”的大学必然要培养具有主流意识形态的时代新人，以服务政治需求，构成“政治—大学—时代新人—政治”的路径循环。

第二，大学的核心功能是人才培养。众所周知，大学有人才培养、科学研究、社会服务、文化传承与创新四大基本功能。人才培养不仅居于四大功能之首，同时是发挥和实现其余三个功能的基础、前提和关键所在。不难发现，科学研究可以在科研院所开展，社会服务也可在其他社会机构实现，文化传承与创新的机构及实体更是不计其数，唯独人才培养不一样，只有在大学中才能获得最好的成效，是大学区别于其他机构的最显著特征。思想家约翰·亨利·纽曼早在19世纪就认识到，大学实质上是一个向人们传授普遍知识的地方，教会代表传统的旧势力，通过神学培养的是旧的神职人员，而大学独立于教会，用学科和专业知识培养世俗社会需要的新人才。② 由此可见，大学不培养时代新人就会丧失身份自觉，有学生的地方才称为学校，教育是教学生、育学生，没有学生也就没有学校和教育。通俗地讲，大学必然是有大学生的地方，从这个意义上说，大学的核心功能是人才培养，其使命是培养时代需要的新人。大学功能的这一内在规定性所揭示的大学使命，实际上代表了大学发展的一般逻辑以及世界各国大学功能的实然状态。

---

① ［美］约翰·S. 布鲁贝克著，王承绪等译：《高等教育哲学》，浙江教育出版社2001年版，第15页。

② ［英］约翰·亨利·纽曼著，徐辉等译：《大学的理想》，浙江教育出版社2001年版，第1~4页、22页。

第三，大学培养时代新人是历史发展的必然要求。中国近代陷入了“积贫积弱”的危险境地，其根源是“人贫”和“人弱”，从而导致了100多年被欺辱的命运，由此中国人民和中华民族最大的任务便是“救亡图存”。要改变“积贫积弱”的面貌，完成“救亡图存”的使命，归根结底要靠人，这个人必然也必须是“新人”，而非“旧人”。中国的大学正是在这个大背景下应运而生的，它的使命说到底就是要培养那个时代的新人，京师大学堂如此，清华学堂如此，私立南开大学也是如此，往后的大学更是如此，西南联大则是一个典型。各个时代的大学都有各自的人才培养目标，新时代的大学使命就在于培养能实现中华民族伟大复兴中国梦的新人，这就是习近平总书记强调的“教育要同国家之命运、民族之前途紧密联系起来”的要义所在。

二 何为时代新人

中国特色社会主义进入新时代，在新的历史方位上，时代新人有更加丰富的内涵和特征。这里主要结合习近平总书记考察西南联大旧址时的重要讲话精神谈三点认识：

（一）时代新人要有高尚品德

习近平总书记曾引用《礼记·大学》开篇之语“大学之道，在明明德，在亲民，在止于至善”，阐述大学要培养什么样的人以及如何培养人这个根本问题，强调“德”的重要性。古代“大学之道”首要在于“明明德”，即发掘和弘扬光明正大的品性。同样，西南联大“三常委”之一的梅贻琦在《大学一解》中也引用了《礼记·大学》这句开篇语，与古希腊哲学家柏拉图的名言“一己之修明”（Know thyself）相印证，以此突出道德修养的意义。可以说，“德”成为古今中外哲学家、思想家探讨和思考人生及社会的“元概念”和“元问题”，大学人才培养自然离不开“德”这个主题。习近平总书记多次强调要把“立德树人”作为高校新时代人才培养的中心环节，德字当先，以德育人，这是新时代的“德”，中国特色社会主义的“德”，其核心内涵是社会主义核心价值观，对于个体的时代新人来说就是爱国、敬业、诚信、友善。其中，爱国是对国家的真挚感情，是最大最高之德；敬业是职业伦理道德规范，是最普遍、最要紧的德；诚信是为人处世之道，是最基本、最持久的德；友善是家庭邻里规范，是最普适、最具体的德。形式上的个体之德，实际内蕴贯穿国家、社会、家庭之德，构成统一整体。

（二）时代新人要有历史感责任感、志存高远

习近平总书记指出时代新人要有“历史感责任感、志存高远”，这一新的重要论述直接反映了习近平总书记深厚的历史观和宏大的历史视野，揭示了历史唯物主义和辩证唯物主义的人才观。具体而论，即有历史感责任感就是要懂党的历史、国家的历史、中华民族的历史、世界发展的历史，能把历史与现实结合起来，形成新时代的意识、思想和价值观，进而养成时代责任感、紧迫感、使命感。志存高远就是习近平总书记考察西南联大旧址时所强调的“为国家、为民族，是学习的动力，也是学习的动机”，有“为中华之崛起而读书”的志向和“我将无我”的崇高境界，把学习的动力和动机建立在为实现国家繁荣富强，实现中华民族伟大复兴中国梦的理想和追求上。有了这样的动力和动机，才会自觉地发奋学习科学文化知识，打牢专业基础；也才会把小我融于大我，把自己奉献给国家，把个人志趣与国家需求紧密相连。志存高远的本质是爱党、爱国、爱民，为党、为国、为民，在习近平总书记考察北京大学、清华大学、南开大学等高校的系列重要讲话中，这一思想主线清晰可见。

（三）时代新人归根结底是社会主义建设者和接班人

习近平总书记考察北京大学时指出：“古今中外，关于教育和办学，思想流派繁多，理论观点各异，但在教育必须培养社会发展所需要的人这一点上是有共识的。”[①] 时代新人为什么要有高尚道德，为什么要有历史感责任感、志存高远？因为时代新人要承担起建设社会主义的光荣使命。从这个意义讲，时代新人归根结底是社会主义建设者和接班人。我们的大学是中国特色社会主义大学，大学是党的事业、人民的事业，这是大学最鲜明的时代特色，这就意味着大学为党育的人、为国育的才必然是社会主义的建设者和接班人。从政治上讲，要有“四个意识”，坚定“四个自信”，做到“两个维护”，能为实现“两个一百年”目标努力奋斗，政治上正确、政治上坚定是

① 载于《人民日报》，2018 年 5 月 3 日，第 02 版。

时代新人的首要素养；从深层次来说，是能为人民服务，为中国共产党治国理政服务，为巩固和发展中国特色社会主义制度服务，为改革开放和社会主义现代化建设服务，“四个服务”是时代新人能力锻炼的指南针；从基本要求来看，是习近平总书记所概括的“社会发展、知识积累、文化传承、国家存续、制度运行所要求的人”，① 这是对时代新人的基本素养要求。

三　大学如何培养时代新人

大学是时代新人养成的“最后一关”，关键的“最后一公里”。大学犹如一座房屋，青年学生进入大学好比进入一座房屋。基于时代新人的内涵和特征，大学对时代新人的培养重在“守好门”“优环境”“打开窗”三个层面。

（一）守好门

“守好门”即让青年学生进入“红色”之门，而不是其他什么颜色的门，严把意识形态关口，此举直接关乎“为谁培养人，培养什么样的人”这一根本问题。大学发展的历史和趋势已经不断在证明，“为谁培养人，培养什么样的人”是一所大学成为世界一流的逻辑起点和逻辑终点。习近平总书记强调，“高校立身之本在于立德树人。”立什么德，树什么人呢？答案十分明确，既然中国特色社会主义大学要为党育人、为国育才，那立的就是社会主义之德，树的就是社会主义接班之人。当前，最重要的任务是在大学深入推进习近平新时代中国特色社会主义思想进课堂、进头脑、进灵魂，使青年学生在政治、思想、情感、价值上认同中国共产党，认同中国特色社会主义，让当代马克思主义、21 世纪马克思主义进一步大众化，内化为青年学生最高之德。与此同时，要强化社会主义核心价值观教育，牢固树立正确“三观”，抢占青年学生舆论阵地，不给西方自由化思想留空间，不给西方和平演化留机会，确保大学培养的人才根正苗红。一言蔽之，只有用习近平新时代中国特色社会主义思想武装头脑，牢固树立社会主义核心价值观，才可能真正成为合格的社会主义建设者和可靠接班人。

---

① 载于《人民日报》，2018 年 5 月 3 日，第 02 版。

（二）优环境

“优环境”即为青年学生创造良好的大学教育环境，把好时代新人培养的过程关。大学教育不应该也不能独立存在，育人环境要与家庭和社会协同联动。

一是创造开放包容的校园“大文化”环境。习近平总书记曾引用西南联大纪念碑碑文中的“五色交辉，相得益彰，八音合奏，终和且平”，阐明世界文明（文化）的多样性以及交流互鉴的重要性。这揭示大学要营造开放包容的“大文化”环境，而不是封闭、单一、狭隘的“小文化”环境，唯此才能培养具有开放包容心态的时代新人，开眼看世界，促进文明（文化）交流互鉴，引领中国走向世界，推动世界文明向前发展。

二是与家庭聚力做好“大思政”文章。家庭作为道德养成的“孵化器”，如果家庭教育已经失败，妄想单独通过大学思想政治教育重塑一个具有良好道德品质的人几乎是不可能的。正因如此，习近平总书记强调，要重视家庭、家教、家风，把“家庭的前途命运同国家和民族的前途命运紧密相连”。① 对此，大学的关键在于打通作为家庭美德的“小德”与国家公民道德的“大德”之间的通道，促使青年学生的“小德”上升并转化为“大德”。重要举措在于“紧密结合培育和弘扬社会主义核心价值观，发扬光大中华民族传统家庭美德”，② 通过拉近大学与家庭的距离，形成合力，联动育人，把青年学生的思想与价值构筑在“家—国—天下”的大格局中，滋养出大智，涵养出大德，促进社会良好风气的孕育，推动党风政风和社风民风相互浸润。

三是与社会合力开展“大劳动”教育。劳动教育的原理是马克思主义关于实践观点的重要内容，也是习近平新时代中国特色社会主义思想的重要组成。时代新人是需德智体美劳全面发展的人，全面发展的时代新人绝对离不开劳动教育。其一，劳动使青年学生直接体验生活、体察社会，了解劳动人民的伟大，增进对人民的感情，立下为人民服务的大志。其二，青年学生通过劳动真正理解历史的意义和社会发展的规律，客观认识现实社会，在历史

---

① 载于《人民日报》，2016 年 12 月 16 日，第 02 版。

② 载于《人民日报》，2015 年 2 月 18 日，第 02 版。

与现实的结合中激发责任和担当。其三，劳动是养成良好道德的最根本的途径，是形成正确“三观”的最可靠依托。其四，劳动能磨炼青年学生的意志，提振干事创业的精气神。大学与社会应发挥各自优势，聚力开展“大劳动”教育。首先，优化学科专业设置，深化课程改革，贴近劳动实践，走近社会生活。其次，大力推进创新创业，创新劳动形式，创造更多劳动形态，扩展劳动空间，提供更丰富的劳动机会。再次，构建社会劳动学分认可机制，探索灵活多样的校内外、课内外劳动教学协同模式。最后，创造艰苦的锻炼环境。习近平总书记考察西南联大旧址时，深刻指出了艰苦环境对于人才成长的不可或缺性。艰苦环境不仅在西部有，中部也有，东部实际上也存在，它是一个相对概念，其含义不仅指区域也指工作与实践的类型及其难易程度，所以要拓宽视野，积极创造青年学生锻炼成长的环境。

（三）打开窗

“打开窗”即为时代新人培养把好出口关。站得高才能看得远，专业基础知识直接决定了时代新人的视野，大学恰是学习专业基础知识的最重要阶段。只有倾力为时代新人夯实专业基础知识，才能为其打开窗，往宽处看、往远处看、往高处看。青年学生也只有夯实专业基础知识，产生了“知识感”才会有“历史感”，有了“历史感”才会有“责任感”，有了“责任感”才可能“志存高远”，才能适应现代国家治理日趋科学化、专业化、知识化的要求，从容应对治理中遇到的各类风险挑战，体悟习近平总书记“治大国若烹小鲜”的境界。为此，第一要注意知识的广度，注重通识教育课程的安排，结合实际借鉴西南联大和当今世界一流大学通识教育的有益经验。第二要注意知识的深度，特别是研究生教育要聚焦高精尖领域，注重基础研究，根据习近平总书记“坚定创新自信，着力攻克关键核心技术，促进产学研深度融合，勇于攀登科技高峰”① 的鼓励和要求，久久为功。第三要注意理论与现实的结合，既要抬头看天，追求“高大上”，又要脚踩大地，讲求“接地气”，注重学以致用。对时代新人的培养，加强高素质教师队伍建设是关键。对此，要尊重教师的人格和尊严、知识和才能，体察其情感和意愿、思

① 载于《人民日报》，2020 年 5 月 30 日，第 01 版。

想和心态，关注其政治和生活、工作和学习，关爱其成长和发展、所需和所求。除此之外，要按照大学教育和发展规律办事，特别要力戒官僚主义之“重”和形式主义之“累”，让教师潜心教书育人。

西南联大的科教融合与杰出创新人才培养

“科教融合、协同育人，是增强高校国际竞争力的必然选择，也几乎是所有世界一流大学建设的一条重要途径。”① 科教融合背后的实质是教师和学生两类人才的产出过程。教师和学生人才的质量与科教融合的程度密切相关。科研和教学的关系应如何处理，两者关系的变动如何影响到人才培养质量，这些问题始终伴随着中西方大学发展的整个历史。早在 2010 年 7 月，《国家中长期教育改革和发展规划纲要（2010—2020 年）》就提出要“促进科研与教学互动、与创新人才培养相结合”，一转眼 10 余年时间已过去，科研与教学的互动、创新人才培养仍然是一个亟待解决的事关创新型国家和科技强国建设的重大现实问题，从长远看则是影响解决“卡脖子”问题的基础性工程。及至 2018 年 8 月，《教育部关于狠抓新时代全国高等学校本科教育工作会议精神落实的通知》指出“要制定教授给本科生上课的专门管理规定，确保教授全员给本科生上课。”② 这一要求反映的问题其实就是教授以科研为主，还是以教学为主，抑或二者兼顾，直指科研与教学如何融合、如何提高人才培养质量的核心问题。学界对此问题的研究，更多的是基于现实问题的分析探讨，并提出有针对性的对策建议。在此，我们不妨把目光投向西南联大，它作为一所享誉世界的一流大学，通过科教融合培养了包括教师和学生在内的一大批杰出创新人才，有必要深入分析其科教融合如何实现，科教融合对杰出创新人才培养的作用是什么，其现实启示意义何在。

---

① 马海泉：《科教融合与创新高校人才培养机制》，载《决策与信息》2016 年第 4 期。

② 《教育部关于狠抓新时代全国高等学校本科教育工作会议精神落实的通知》，中华人民共和国教育部政府门户网站，http：//www.moe.gov.cn/srcsite/A08/s7056/201809/t20180903_ 347079.html

一　西南联大科教融合的理念探源

（一）大学的灵魂是学术研究

韦伯（Max Weber）认为知识分子必须“以学术为业”，这是知识分子的本分，也是其良心的体现。大学作为知识分子的聚集地，自然就是学术研究的“孵化器”和“反应堆”，其灵魂也就体现在学术研究上。曾任清华校长的罗家伦说：“研究是大学的灵魂。专教书而不研究，那所教的必定毫无进步。不但没进步，而且有退步。”① 清华大学通过学术研究在很短的时间内从留美预备学校跻身国内顶尖大学的行列，其重视学术研究的传统也一直延续下来，得到了梅贻琦校长的继续推崇。梅贻琦认为办大学有两个目的：研究学术和造就人才，科研与造就人才具有同等重要的位置。② 此际，北大和南开两所大学的校长（即蒋梦麟、张伯苓）的办学理念也均重视科研。到了西南联大时期，由于主客观原因，蒋梦麟和张伯苓都同意以梅贻琦为主来经营联大，重视科研的理念也得以在联大施行。

（二）大学的理想在“明明德”与“新民”

纽曼（John Henry Newman）较早在德国大学中提出了科研与教学统一的理念，并广泛影响了包括中国在内的大学。纽曼认为：“（大学）是一个传授普遍知识的地方”，正因如此，教学在大学中是个不可替代的重要工作，教学成为传授“普遍知识”从而培养学生“理智”的必要条件。③ 梅贻琦 1941 年在其经典文章《大学一解》中指出，大学的理想是对“明明德”与“新民”（对“亲民”的化用）的重视与追求。“明明德”与“亲民”出自《大学》，梅贻琦借以阐述大学的理想及人才培养的要求和目标，并借此提出要改善教师的教学方法并树立教师的楷模形象。他将大学比作一池水，教师好

---

① 清华大学校史研究室：《清华大学史料选编·国立清华大学时期（1928—1937）》（第二卷·上），清华大学出版社 1991 年版，第 201 页。

② 梅贻琦著，黄延复等整理：《梅贻琦西南联大日记》，中华书局 2018 年版，第 302 页。

③ ［英］约翰·亨利·纽曼著，徐辉等译：《大学的理想》，浙江教育出版社 2001 年版，第 1、4、71 页。

比大鱼，学生好比小鱼，“大鱼前导，小鱼尾随，是从游也。从游既久，其濡染观摩之效，自不求而至，不为而成”①。西南联大的教师通过教学的途径，把自己的研究成果、人格魅力、精神力量展现在学生面前，在最艰难的环境中担负起了“明明德”与“新民”之责任。

（三）大学是科研和教学融合的“正当场所”

“高等教育中最广泛的革命始于柏林大学，在十九世纪末成为各国仿效的模式”，这种模式的最显著特征在于“教学和科研第一次实现了有效的结合”，高等教育 19 世纪以德国为代表、20 世纪以美国为代表均秉持教学和科研密切结合的信念，大学被看作科研和教学融合的“正当场所”。② 组成西南联大的北大、清华、南开三校作为中国近代大学的代表，深受其影响。对北大办学理念有重要贡献的蔡元培曾留学欧洲，更多地吸收了德国大学的理念；此后蒋梦麟、梅贻琦、张伯苓都曾留学美国，且三校教授也大多留学欧美，因此联大对科研与教学融合的办学理念可追溯至欧美大学理念，正如费正清（John King Fairbank）所言：来自“欧洲和美国的教学方法、课程设置、教科书和教育制度都为教育的漩涡添加了刺激因素……尤其是美国，对中国高等教育的影响达到了很高的地步”③。西南联大在特殊的战争环境中既重视科研也重视教学，在具体的办学实践中将两者紧密结合起来，达到两者的融合，对教师和学生杰出人才培养起到基础性作用。

二　西南联大科教融合的制度设计

（一）由最高决策机构常委会议决教师聘任事宜

常委会是西南联大的最高决策机构，相当于现今大学的党委会（或党委常委会），教师聘任由其决定，并具体规定每周上课时数和月薪。例如，常

① 北京大学，清华大学，南开大学，云南师范大学：《国立西南联合大学史料》（第一卷），云南教育出版社 1998 年版，第 19 ~ 28、22、4 页。

② ［美］伯顿·克拉克著，王承绪等译：《高等教育新论——多学科的研究》，浙江教育出版社 2001 年版，第 214、215、281 页。

③ ［美］费正清等著，刘敬坤等译：《剑桥中华民国史（1912—1949）》（下），中国社会科学出版社 2006 年版，第 411 页。

委会议决“聘请周绍溱、姚嘉椿两先生为本大学法商学院商学系讲师，周先生每周授课三小时，月薪肆佰贰拾元。姚先生每周授课两小时，月薪肆佰元”①。这是对普通教师的受聘规定。教授、副教授每周授课8小时至10小时，是普通教师的2至5倍。再比如，常委会议决“英国大使馆介绍白英（Payne）先生来本大学任课（上课时数与教授相同），给予同教授待遇，月薪五百元”②。这就从制度上明确了所有受聘教师必须上课，且直接与薪酬挂钩。常委会的决定具有最高的制度效力，充分显示出对教师聘任的重视和严肃性。为了更好地考察教师，联大于1941年成立聘任委员会，由冯友兰、郑天挺先后任召集人，7个教授为成员，专门负责教师聘任前期相关事务，把好教师资格和质量审查关，最后由常委会议决。据联大学生回忆，经过前期考察并最终获聘的教师，“不仅不会把这门课的主要内容丢了，相反，会融入自己的思考和研究”③。此外，对教师职称定级，同样按照职权范围和程序，先由学校聘任委员会考察拟定，然后报常委会最终核定并颁发聘书。这种两个层级审核把关的制度为教师质量继而也为教学质量提供了保障。

（二）教授在教学、科研、行政岗位间进行交互

西南联大的教师队伍主要分教员和职员两大类，教员是从事教学和研究的人员，职员是在教务处、训导处、总务处、会计室、校医室等职能部门工作的技术人员，但教务处、训导处、总务处（三大处）的负责人不属于普通技术人员，而是由教授担任。其中，教务长先后由潘光旦、樊际昌、周炳林、梅贻琦、李继侗、杨石先担任，总务长先后由周炳林、杨振声、沈履、郑天挺、查良钊、鲍觉民担任，训导长由查良钊长期担任。凡是教员（教师）都要开展教学并进行科研，没有将教师划分为教学型教师、科研型教师，这在源头上促成了教学与科研的融合。三大处的负责人不能专门领取行政岗位酬

① 西南联大：《为聘周绍溱、姚嘉椿两先生为商学系讲师由》，云南省档案馆，1943年9月20日，1032—001—00005—006。

② 西南联大：《为聘白英（Payne）先生为教授由》，云南省档案馆，1943年11月9日，1032—001—00005—029。

③ 《西南联大告诉我们——解放日报记者曹靖访问沈克琦先生》，载《云南西南联大校友会校友通讯》2013年第52期，第9页。

金，其酬金与其他普通教师一样，以课时数为准。鉴于教学和科研是主业，教授从事行政岗位工作的“积极性”不高，而更多是出于与学校共克时艰的考虑，且往往在常委亲自出面商请后才勉强“临危受命”。教授们一旦任职就会平衡好教学、科研与行政的关系，郑天挺就在日记中说，他白天忙于处理总务处繁重的公务，晚上则坚持做研究到深夜 2 点。[①] 据研究，联大参与管理的人员（包括梅贻琦、蒋梦麟、张伯苓三常委，三大处，各院系负责人，各办事组成员等）达到 172 人次，约占教职员总数的 32%。任职不到 1 年的有 77 人次，任职 1 年多的有 28 人次，任职 2 年及 2 年多的有 25 人次，任职 3 年及 3 年多的有 13 人次，任职 4 年多的有 6 人次，任职 5 年多的有 11 人次，任职 6 年及 6 年多的有 3 人次，任职 7 年多的有 7 人次，其他任职情况的有 2 人次。[②] 任职不到 3 年的人达到 53 人，占到总数的 75%，也就是一半以上人员的任职时间都不足 3 年，这就为教授在教学、科研、行政岗位间的交互提供了客观条件，有效避免了在行政岗的教授没机会为学生上课，或者长期远离教室、课堂、学生而对教学工作不懂、不管、不问。

（三）教授掌握学术与教学权力

“西南联大的教学管理制度充分体现了教授的学术权力。”[③] 联大的教授代表着学术和教学的权威，教授广泛参与学校的决策、咨询事项。一是通过教授会执掌全校学术事务，校级教授会成员由全体教授、副教授组成；在院系层面，每个院系都“包括三校之教授……各系皆设一系教授会议”。[④] 校级教授会主要负责与教学和学术有关的事务，例如核定学生的成绩、审核学生毕业的资格、决定学校必修与选修课程等。院系的教授会主要负责院系课程的编制、教师教学工作的具体分配、教学设备的筹划等。二是设置了 70 余个专门委员会负责处理专项事务，并由教授担任专门委员会的召集人（负责

---

① 郑天挺：《郑天挺西南联大日记》（下），中华书局 2018 年版，第 656 ~ 657 页。

② 杨燕江：《西南联大治理模式论》，云南人民出版社 2022 年版，第 137 页。

③ 张意忠：《西南联大创新人才培养之道》，载《国家教育行政学院学报》2013 年第 10 期。

④ 北京大学，清华大学，云南师范大学：《国立西南联合大学史料》（第一卷），云南教育出版社 1998 年版，第 4 页。

人），在常委会的直接领导下全权并专项负责图书设计、理工设备设计、学业指导、奖学金发放、新生入学资格审查、毕业成绩审查等与教学密切关联的事项。联大通过这两个制度安排，将教授与教学、科研紧密联系起来，使其能够按照学术和教学的规律开展工作，充分调动了教授的积极性，为人才培养构筑了学术和教学的深厚基础。

三　西南联大科教融合的操作实施

（一）通过编制新教材和开设新课程实现科教融合

西南联大一般选用世界级的著名教科书作为教材，例如数学专业就选用了范·德·瓦尔登的《近世代数》（*Modern Algebra*）、迪克森的《初等数论》（*Elementary Theory of Numbers*）作为教材。[①] 但由于战时图书资料的缺乏，国际运输又时常中断，不能保障教材的正常供应，所以教师必须以自己的研究成果做讲义为学生授课。联大对学生的培养按照“通识教育”的理念开展，这就需要文理兼容，开设大量课程作为支撑，据统计“西南联大期间开过的课程（重复的课程不算）共达一千六百门以上”。[②] 这促使教师必须开展研究，才能开设新的课程，例如文学院中文系罗常培的“汉藏语言调查”，王力的“汉越语研究”“汉语学概要”“中国文学史分期研究”；历史系邵循正的“蒙古史”“波斯史”“史学名著”“西南边疆社会”；哲学系汤用彤的“印度佛学概论”和“魏晋玄学”；理学院算学系陈省身的“网络几何”“黎曼几何”“射影微分几何”，王浩湘的“集合论”和申又枨的“位函数论”等就是这时期根据研究成果新开设的。[③] 新开的课程大多具有很高的难度和水平，教师非经深入研究不能胜任，学生非经刻苦钻研不能学懂，这些课程正是培养杰出创新人才所必须的。从授课教师和授课内容可以看出联大基础课的质量很高，杨振宁回忆：“（联大）教学风气是非常认真的，我们那个时

---

① 陈红菊等：《西南联大时期的华罗庚及其人才培养特色》，载《云南大学学报（自然科学版）》2011 年第 S2 期。

② 萧超然等：《北京大学校史 1898—1949》，上海教育出版社 1981 年版，第 252 页。

③ 萧超然等：《北京大学校史 1898—1949》，上海教育出版社 1981 年版，第 256、261、258、256 页。

候所讲的课，一般教师准备得很好，学生习题做得很多。所以在大学的四年和后来两年的研究生期间，我学了许多东西”①。大量新课程的开设带动了教师的教学争鸣，像陈寅恪、罗庸、金岳霖、刘文典等大教授均为本科生开课，且“同一门课，有几位先生开，这有助于学术自由和提高教学质量，也有利于调动学生的积极性”②。比如，文学院沈从文和吴晓铃同时上“补大一国文（读本作文）”，罗常培和吴晓铃同时上“杂剧与传奇”，袁家化和叶公超、吴达元、莫泮芹同时上“欧洲名著壹”，雷海宗和孙毓棠同时上“中国上古史”，李景汉和李树青同时上“社会机关参观”，陈序经和陈达同时上“华侨问题”。还应该注意到，很多教师的外语水平很高，“外文系教师的课，不论哪一门，一律用外语直接讲授”，“别的系的教师（包括工学院），也有一些教授是用外语直接讲授的，至少也会在讲授中夹杂许多外语”③。

（二）通过课堂内外对学生的全程指导促进科教融合

西南联大对学生的指导以教授为主，有的在课堂上进行，有的在课外开展，构建了课堂内外全程指导学生学习的体系。第一，实施导师制，针对一年级学生进行课业全面辅导。该制度要求导师负责对学生进行全方位指导，例如，“学生愿旁听课程的，须得该课教师及该生所属系主席之许可（一年级学生须得教务长及所属导师之许可）”④。导师会定期召开导师会议，由全体教授、副教授和专任讲师参加，会议主席推选一名教授担任，研究学生辅导的具体事项。第二，专门设置大一课业指导委员会，人员由教授组成，人数 9 至 11 人，并从中选定 1 人担任委员会主席，委员会的职责是为大一本科生提供课业指导服务，与导师制形成配合，聚焦学生的教学指导事宜。第三，教授对学生社团进行学术指导。联大的本科生和研究生都必须参与科研和学

---

① 杨振宁：《读书教书 40 年》，三联书店香港分店 1985 年版，第 114 页。

② 张道一：《西南联大，我深深地怀念您！》，载《云南西南联大校友会校友通讯》2013 年第 50 期，第 23 页。

③ 张道一：《西南联大，我深深地怀念您！》，载《云南西南联大校友会校友通讯》2013 年第 50 期，第 25 页。

④ 西南联大：《国立西南联合大学教务通则》，云南省档案馆，1942 年 1 月 1 日，1032 - 001 - 00002 - 001。

术活动，只是要求的程度有所不同。社团是教师带领学生进行学术活动的重要载体。一般每个社团都有一个教授做指导教师，比如青年话剧社、南针社、木铎社、新诗社、剧艺社、阳光美术社、除夕社、铁马体育会、民主学习社等都有相应的教授做学术指导。[①] 此外，学生创办的内部刊物以及壁报也有教授做学术性指导，并在上面带头写学术文章发表。第四，通过开放性讲座进行教学与学术的互动。联大曾设置“联大西南讲座”，邀请知名人士前来进行学术、时事等问题的演讲。[②] 实际上，“西南联大经常举行的定期学术报告会也是当时教学活动中的一种方式”。例如，文学系和历史系曾自 1942 年起共同举办文史演讲会，邀请校内外专家围绕文学、历史、哲学、艺术等主题进行学术演讲，吸引了大批学生和教师前来听讲。“在讲坛上、在科学研究和指导学生课外活动中，还出现了各派学术观点自成一家、‘自由’讲学的局面”,[③] 并由此带动了整个校园“独立之精神，自由之思想”[④] 氛围的营造。梅贻琦曾在日记中提到，教授之间经常谈论的话题“特注重者为思想自由等问题”[⑤] 恰好印证了这种情况。正因如此，联大才能“以其兼容并包之精神，转移社会一时之风气，内树学术自由之规模，外来民主堡垒之称号”。[⑥]

（三）通过极力保障经费为科教融合提供必要条件

西南联大在经费极为紧张的情况下也要保障学术和教学经费预算，其管理的重心向教学和科研倾斜，致力于为教学和科研尽可能创造条件。联大成立之初，即规定每年预算保留 20% 用于购置图书设备。在当时的情况下，搞

---

① 西南联大除夕副刊：《联大八年》，西南联大学生出版社 1946 年版，第 135 ~ 161 页。

② 清华大学校史研究室：《清华大学史料选编·西南联合大学与清华大学（1937—1946）》（第三卷·下），清华大学出版社 1994 年版，第 259 ~ 260 页。

③ 萧超然等著：《北京大学校史（1898—1949）》，上海教育出版社 1981 年版，第 256 页。

④ 陈寅恪：《陈寅恪集·金明馆丛稿二编》，生活·读书·新知三联书店 2015 年版，第 364 页。

⑤ 梅贻琦著，黄延复等整理：《梅贻琦西南联大日记》，中华书局 2018 年版，第 144 页。

⑥ 冯友兰：《国立西南联合大学纪念碑碑文》，1946 年。

科研和教学的重要条件或前提即是图书资料的配备，因此，联大对图书资料依赖极大，也极为关注和重视，在经费上尽可能倾斜和保障。例如，在1939年、1940年、1942年预算中，学术研究费在全部七大项目（俸给费、办公费、购置费、营造费、学术研究费、特别费、预备金）中位列第三位、第三位、第二位，其中图书费也在七大项目所有具体小项目中占第三位，仅次于“教师俸”“职员俸”“工资”三个最大开支项，占学术研究费的较大比重，[①]在当时极端艰苦条件下实属不易。还需特别指出，联大的科研经费分配机会比较均等，对教师开展研究的经费支持，做到了教授、副教授和普通教师的全覆盖，甚至对薪资较低者有照顾。例如，1942年联大“研究补助费改以月薪之百分之五十支付，其月薪在二百四十元至一百二十元者，概支一百二十元，其月薪在一百二十元以下者，其研究补助费照薪额支给”[②]。这体现了普遍性原则——各级别教师都拨给经费，鼓励其开展科研，没有实施效率优先原则——职称高和工资高的科研补助费高，而是特别照顾到低职称和低工资者。此举一方面能激发全体教师科研积极性，另一方面能形成科研队伍培养的连续性，使低职称、低工资者不至于因没有必要科研补助费阻碍了研究的进行，造成科研队伍可能的断层。

四　杰出创新人才的涌现是西南联大科教融合的产物

人才培养是大学的重要功能已成定论，人才培养的对象是学生也是约定俗成的观念，但其实人才培养的对象还应该包括教师。教师和学生都是大学人才培养的对象，也是大学人才培养的结果，这在西南联大表现尤为突出。从联大的经验看，科教融合对人才培养的效果是双重的或叠加的，包含了教师和学生，我们应该更新这一观念。

---

① 杨燕江：《西南联大治理模式论》，云南人民出版社2022年版，第320～322页。

② 北京大学、清华大学、南开大学、云南师范大学：《国立西南联合大学史料》（第二卷），云南教育出版社1998年版，第242页。

（一）对教师的作用

西南联大教师“经常把科研成果融入课堂教学中，做到教学和科研结合”,[①] 这直接塑造了教师的创造性特质。创造性（创新性）特质通常由创造性活动表现出来，创造性活动是“新颖、独特且有意义的”[②]。例如，在新颖性上，陈寅恪的“四不讲”；在独特性上，刘文典月下讲《月赋》；在有意义方面，冯友兰完成“贞元六书”等等，都是教师创造性的体现。它们建立在扎实的科研基础上，正如加拿大学者许美德（Ruth Hayhoe）指出的那样，“在极其困难有限的条件下，西南联合大学的基础科学研究质量仍旧是很高的”。[③] 正是由于“联大教师将教学与学科研究紧密结合起来，许多教师都有丰硕的研究成果，不少研究成果进入世界前列”[④]。从整体数据来看，国民政府教育部在1941至1946年间，共进行了6次学术奖励，全国共奖励了328人，联大共有33人，占10.1%。其中，一等奖共奖励13人，联大教师有7人，占53.8%；二等奖共奖励87人，联大教师有15人，占17.2%；三等奖共奖励228人，联大教师有11人，占4.8%。[⑤] 由此可见，联大教师在高尖端的学术研究上占据重要地位，特别是学术研究一等奖的数量及比例占据绝对的优势，反映了其高水平、原创性成果的产出成效。这些科研成果的产出途径离不开科教融合，也少不了教师刚毅坚卓的精神和独立自由的品格做支撑。毛泽东曾经专门称赞“朱自清一身重病，宁可饿死，不领美国的‘救济粮’”[⑥]。联大教授贺麟曾说：联大知识分子，“一个个都抱有‘鞠躬尽瘁，死而后已’的态度，忠于其职，贡献其心血，以保持学术的独立自由和尊严。

---

① 杨绍军：《西南联大学术研究述论》，载《抗战文化研究》2008年第二辑，第55~63页。

② 林崇德：《创造性人才·创造性教育·创造性学习》，载《中国教育学刊》2000年第1期。

③ ［加拿大］许美德，潘乃容：《东西方文化交流与高等教育》，南京师范大学出版社2003年版，第402~403页。

④ 吴宝璋：《享誉世界的西南联大》，云南教育出版社2012年版，第129页。

⑤ 杨燕江：《西南联大治理模式论》，云南人民出版社2022年版，第328页。

⑥ 毛泽东：《毛泽东选集》（第四卷），人民出版社1991年版，第1495页。

在必要时，牺牲性命，亦所不惜”[①]。由此可见，通过科教融合的方式，加上精神和品格的支撑，联大培养了一大批杰出的教师人才。以教师人数最多的1941年432人计算，当选首届中央研究院院士的人数（27人）占总教师人数的6.3%；当选中国科学院院士（学部委员）的人数（72人）占总教师人数的16.7%，[②] 比例非常之高。

（二）对学生的作用

在科教融合中，教师讲授的内容大多是科研的成果，具有原创性、新颖性、前沿性，因而具有相当的深度、难度、广度，学生要掌握这些新内容就不是轻而易举的，所以考试不容易通过。学生不在课后深入拓展知识面是应付不了的，并且“考试不及格者，不是补考，而是补读重修”[③]。考试时纪律也很严，一旦发现作弊，轻则记大过2次，作弊科目以0分计，重则直接开除，所以，8000多学生中最终毕业的只有近3000人，毕业率还不到40%。通过科教融合客观上产生了三重效应：一是教师在讲解科研新成果的过程中，会潜移默化影响到学生的问题意识、创新意识，激发学生进行深入思考，培养出创新思维，从而发展了成长为杰出创新人才的潜质。二是由于科研带来的教学内容的深度和广度，为学生奠定了扎实的学术基础。杨振宁说，他那时“在西南联大本科生所学到的东西及后来两年硕士生所学到的东西，比起同时美国最好的大学，可以说是有过之而无不及”[④]。三是科研以教师为主体，教学的对象是学生，因此科教融合的背后构建了教师与学生“教学相长”的关系，它建立在知识的创造与传授的基础上，以对知识的探求和对权威的尊重为纽带。学生能学到的、现成的教材上的知识是有限的，甚至是浅显的；而通过“教学相长”的关系所获得的知识是无限的，也是深奥的，还能学到教师的为学之道和处世之道，并感知和追踪教师研究的前沿领域。这样培养出的学生才有可能“青出于蓝胜于蓝”。联大科教融合培养的杰出创

① 陈平原等：《民国大学——遥想大学当年》，东方出版社2013年版，第306页。

② 杨燕江：《西南联大治理模式论》，云南人民出版社2022年版，第317页。

③ 许渊冲：《续忆逝水年华》，湖北人民出版社2008年版，第48页。

④ 王荣德：《西南联大培养杰出人才的成功经验》，载《高等工程教育研究》2001年第3期。

新学生人才可谓是星光璀璨：当选中国科学院院士（学部委员）及中国工程院院士的人数共90人，占学生总数的3%；邓稼先、郭永怀、陈芳允、屠守锷、杨嘉墀、王希季、朱光亚、赵九章这8位学生荣获“两弹一星”功勋奖章；黄昆、刘东生、叶笃正、吴征镒、郑哲敏这5位学生荣获国家最高科学技术奖，约占总获奖人数的21%。此外，“有5名西南联大的毕业生后来成为美国文理科学院院士和美国工程师学院院士”。[①]

五 西南联大科教融合对杰出创新人才培养的启示

借鉴西南联大的有效做法，建设世界一流大学应将科教融合作为重要抓手，其核心目标是培养杰出创新人才，以支撑创新型国家和科技强国建设。

首先是理念上的更新。理念是一切行动的先导，一流大学必然要有一流的办学理念，最重要的应该是坚持“通过科教融合的理念去指引人才培养和教学质量的提升”。[②] 一是认清一流大学评价的硬指标。目前，一流大学评价的指标很多，但应把科教融合作为“硬指标”和“硬通货”，因为科教融合的结果是培养作为杰出创新人才的教师和学生的必要条件，如果只强调科研，可能导致教师人才强、学生人才弱；如果只强调教学，可能导致教师和学生人才都不强的局面。一流大学如果只是教师强或者学生强，那绝对称不上一流大学，所以科教融合的程度越高，往往反映办学的水平越高，反之则越低。二是明晰一流大学的核心使命是培养杰出创新人才。西南联大最为人津津乐道的是其杰出创新人才的培养。支撑创新型国家和科技强国的人才不是普通人才，必须是杰出创新人才。“在高等教育大众化进程中、在关注教育公平的过程中，务必要保留和发展‘精英教育’的传统，重点培养拔尖创新人才和各级各类高层次人才。”[③] 要达此目标，科教融合是关键，抓好本科教育是

① 姚宇华：《科教融合：西南联大教育奇迹的秘密》，载《中国高校科技》2016年第3期。

② 刘复兴等：《论建设我国的教育创新政策体系》，载《教育研究》2016年第10期。

③ 钟秉林：《推进大学科教融合 努力培养创新型人才》，载《中国大学教学》2012年第5期。

基础，立足科研是根本。要把科研最新成果及时教材化、课堂化，使本科生与研究生能最快接触前沿领域知识。科教融合现实的驱动力在于科技进步对人才的需求，我们能把握科技发展的大趋势，却不能精确且具体预测其变化，如何提高应对的针对性和实效性，或者如何做到以不变应万变，最有效的做法可能就是培养具有创新思维和创新能力的杰出人才。他们不一定获得现成知识之“鱼”，而必定要掌握其“渔”，将来遇到科技变革具体要求时才能自如应对。

其次是制度上的革新。制度的革新往往具有根本性作用，现行相关制度不创新，科教融合就很难有效深入推进。一是在管理制度上，当前大学科研和教学管理部门的“各自为政”现象还不同程度存在，不利于科教融合的推进，所以，应构建科研与教学管理部门的协同机制，形成科研与教学融合的长效机制，从管理制度顶层设计上扫除科研与教学融合的障碍。二是在教师评价制度上，通常把教师划分为科研为主型和教学为主型教师，但要从根本上实现科教融合，就要确保教师既要搞科研又要搞教学。为此，应逐步改革教师分类管理与评价的“双轨制”，重构教师评价的“双标准”——既要看科研又要看教学，科研与教学并重。三是改革教师聘任制度。一所学校的质量最终由教师和学生决定。在教师聘任方面建议尝试设立教师聘任专门委员会，其成员由各学科的教授组成（具体人员定期轮换），由校党委会直接领导，专门负责教师聘任的初步考察和认定，最后由校党委会研究聘任，并规定其上课的时数和科研的任务。四是职能部门负责人应全部由教授担任，任期不超过 3 年，定期轮换，且各部门负责人必须承担科研与教学任务。职位定位是兼职与服务性质，不能专门为此领取工资或酬劳，其工资或酬劳的领取依据是科研和教学成果。此举可有效保障职能部门与院系关系的理顺，促进科研与教学的深度融合，这也是高校“去行政化”可做的创新尝试。

再次是操作上的创新。大学的生命是学术，“在学术工作上，每一次‘完满’，就意味着新‘问题’的诞生——学术工作要求不断被‘超越’，要求过时”①。这揭示出学术的根本性特点——创新，既然大学的生命力在于学术，我们就可以推导出大学的生命力在于创新。要培养支撑科技强国的杰出创新人才，必须有一系列实践操作层面的大胆创新。一是推进科研成果及时教材化、课堂化。由于“科教两分”导致最新科研成果不能及时运用在教材里和课堂上，教师所讲非所研究的最新内容，学生所获即非最新知识，教师和学生的兴趣与积极性都不高。应该给予教师更多的学术自由，使其能在专业类教材选用、课堂讲授内容方面有更多的自主权，鼓励其将科研成果及时教材化、课堂化，以培养学生的创新意识和创造思维。二是鼓励本科学生加入教师的科研活动。李政道呼吁：“基础研究要抓住正确的方向，要在研究中间来培养人才。更为重要的是，要在他们年轻时，在他们富有创造力的时候，在他们愿意献身基础科学研究的时候，进行认真地培养。”② 西南联大的实践证明，本科生富有创造力，同样具备科研的潜力，可对其学术作相应要求，并将其纳入教师的科研团队，这对本科生今后的发展和教师的科研攻关都具有积极作用，并能促进师生学术共同体的形成。三是科研经费的均衡分配。“‘科学研究’支撑和引领的高等教育是现代大学的本质特征。”③ 现代大学的科研不仅需要精神的驱动，还需要必要的经费支持，但现实情况是在“效率优先”的原则下，科研经费的大头几乎被“学术大佬”垄断，许多普通教师不具备申请现行体制下科研经费的能力和条件，从而造成科研经费分配的“两极分化”。这种情况的危害短期内可能不易发现，但从长远看可能是致命的：其一是可能造成科研队伍的断层，科研搞得越出色则专搞科研不搞教学，没经费搞科研的教师干脆不搞科研而专搞教学，形成科研与教学的持续分化。其二是可能形成科研型教师与教学型教师的对立，前者看不起后者，后者仇视前者。因为科研型教师的成就往往建立在教学型教师贡献教学劳动和时间的基础上，两者一旦对立，则难以形成健康有序的学术共同体。

---

① ［德］马克斯·韦伯著，孙传钊译：《韦伯论大学》，江苏人民出版社 2006 年版，第 101 页。

② 李政道：《基础科学研究的人才培养问题》，载《中国科学院院刊》2006 年第 1 期。

③ 马海泉：《科学研究与现代大学》，载《中国高校科技》2017 年第 7 期。

其三对科研经费的垄断是学术腐败和圈子文化加固的温床，不利于学术自由的培育和学术争鸣的孕育，从长远看是对现代大学发展基础的侵蚀。

综上，西南联大通过3个途径实现了科教融合：在理念层面，坚持大学的灵魂是学术研究，大学的理想在“明明德”与“新民”，大学是科研和教学融合的“正当场所”；在制度层面，由最高决策机构常委会议决教师聘任事宜，教授在教学、科研、行政岗位间进行交互，教授掌握学术与教学权力；在操作层面，通过编制新教材和开设新课程实现科教融合，通过课堂内外对学生的全程指导促进科教融合，通过极力保障经费为科教融合提供必要条件。西南联大的科教融合对包括教师和学生在内的杰出创新人才培养发挥了关键作用，对一流大学建设具有现实启示意义。

西南联大创新人才培养理念探究

一　问题的提出

“回顾近代以来世界发展历程，可以清楚看到，一个国家和民族的创新能力，从根本上影响甚至决定国家和民族前途命运。”① 进入新时代，随着我国创新型国家建设的推进，创新被赋予崇高的使命，创新的主体是人才，因而创新人才的培养问题应是高等教育内涵发展所关注的重要问题。当前，大学创新人才的教育距离党和国家对创新人才的期望还有不少差距。习近平总书记在考察西南联大旧址时指出，西南联大在“国难危机的时候”，在艰苦简陋的环境里，“所培养的人才在革命建设改革的各个历史时期都发挥了重要作用”,② 这些顶尖人才是创新人才的代表，是联大创新人才培养理念的硕果，值得我国一流大学建设所借鉴。

关于创新人才，已有学者从心理学、社会学等学科做过专门研究，对创新人才的内涵、特征、养成等做了多维探讨，但对创新人才的定义，学界尚未形成标准的界定。结合联大人才培养的实践和经验，创新型人才可从个人、社会、国家三个维度理解。个人维度指的是敢于创新的精神、厚实的知识储备、运用知识的创造性能力、应对复杂环境的应变能力、创造性的人格特征；社会维度指的是个人对社会的理解、责任、担当；国家维度主要指对国家和民族的贡献和影响。以往论及大学人才培养，其对象往往指学生，不包含教师在内，其实教师既是人才的培养者，同时也是一所学校人才培养不可或缺

---

① 习近平：《习近平谈治国理政》第二卷，外文出版社 2017 年版，第 202 页。

② 习近平考察西南联大旧址：教育要同国家之命运、民族之前途紧密联系起来－新华社客户端 https：//h. xinhuaxmt. com/vh512/share/8818487？d = 1343ab9&channel = weixin

的对象。基于这样的理解，同时考虑到联大师生的特殊情况以及成才规律，本研究所指创新人才培养兼论及教师。

创新人才不仅需要自身具备创造性素质，而且还必须营造创造性环境，进行创造性培养。联大由北大、清华、南开三大学在抗日战争特殊的环境中组建而成，所实施的人才教育一切都是新的尝试，培养的人才既要适应社会急需、完成救亡图存的历史使命，又要为抗战后国家的建设和发展做贡献，因此联大的人才培养当属创新人才的培养。吸收已有创新人才的研究成果，结合联大的历史，本研究将联大创新人才培养理念具体化为“渊源”“思想”“渠道”三个维度做具体分析。

二　西南联大创新人才培养理念的渊源回溯

联大创新人才教育理念的渊源在于其对北大、清华、南开三大学人才培养理念的继承，三大学在发展的过程中形成了各自不同的办学理念，这些办学理念深刻影响了联大的创新人才教育。

（一）北大“思想自由”和“兼容并包”办学理念的深刻影响

北大“思想自由”和“兼容并包”的办学理念主要源于蔡元培的教育思想。他认为：“一个地方若没有一个大学，把有学问的人团聚在一起，一面研究高等学术，一面推行教育事业，永远也没有发展的希望。”① 这里面就包含两层意思，一是指出要“把有学问的人团聚在一起”，蕴含了“兼容并包”的意思；二是“研究高等学术”才能成为真正的大学，大学无学术研究，则教员易陷于抄发讲义不求进步之陋习。② 而研究高等学术必须有“囊括大典，网罗众家”③ 的气度，“容纳各种学术思想流派，让其相互争鸣、相互吸收、自由发展。墨守成规、抱残守缺、持一孔之见、守一家之言，实行思想专制是不能真正创新、传播学术真理的，大学应该提倡思想自由”④。蔡元培在中

① 云南师范大学校史编写组：《云南师范大学校史稿（1938—1949）》，云南师范大学学报编辑部，1988 年版，第 20 页。

② 蔡元培：《蔡元培选集》，中华书局 1959 年版，第 308～309 页。

③ 蔡元培：《北京大学月刊》发刊词，1918 年 11 月 10 日。

④ 欧阳琰：《蔡元培的大学教育思想及启示》，载《教育理论与实践》2010 年第 6 期。

国高等教育史上作为元老级人物，其“思想自由”和“兼容并包”的理念深刻影响了包括北大在内的中国大学的人才培养。

蒋梦麟执掌北大后，“继续推行蔡元培提倡的‘学术自由’的主张”①，“始终坚守着蔡师‘兼容并包、思想自由’的余绪”②。由此，“思想自由”和“兼容并包”成为北大的核心办学理念，绵延北大发展的整个历史。遵循这个理念，北大实施的教授治校方略，使其延揽了一大批先进的知识分子，随着五四运动的爆发，确立了其作为中国新文化运动中心的地位，成为引领中国思潮的策源地及“中国最早传播马克思主义和民主、科学思想的发祥地”③。爱国、民主、自由、科学的思想不仅成为引领中国文化发展的思潮，也成为北大人才培养的根本理念。延续这一办学理念，联大校园里允许不同学派、持不同政见的教授同时存在，邀请校外学界、政界、新闻界等各界人士前来做不同主张的讲座，学生可以自主参加感兴趣的社团。总之，联大“包容了各党各派的教授与学生……是一个真正的‘民主堡垒’，真正的‘自由堡垒’”④。

（二）清华“学术独立”和“俭朴好学”办学理念的直接影响

清华的办学理念特色可总结为“学术独立”和“俭朴好学”。关于“学术独立”，罗家伦曾从历史的角度回溯了清华成立的背景和使命，指出其责任是“为国家添树一个新的文化力量”，而基础和前提是“学术独立”，⑤ 这发展成为清华的一个重要办学原则和宗旨。它坚持以学术的标准来选聘教师和培养学生，以文理为教学的基础，以研究为发展的灵魂，在较短时期内一

---

① 西南联合大学北京校友会：《国立西南联合大学校史：一九三七至一九四六年的北大、清华、南开》，北京大学出版社2006年版，第3页。

② 朱宗顺：《蔡元培与蒋梦麟高等教育思想和实践之比较》，载《高等教育研究》2006年第4期。

③ 岳庆平，徐中煜：《关于北京大学定位的思考》，载《高等教育研究》2003年第1期。

④ 王奇生：《战时大学校园中的国民党：以西南联大为中心》，载《历史研究》2006年第4期。

⑤ 清华大学校史研究室：《清华大学史料选编·国立清华大学时期（1928—1937）》（第二卷），清华大学出版社1991年版，第199页。

举成为名校，彻底改变了其作为留美预备学校的附属地位，站在国家和民族的高度，肩负起学术独立的使命。① 梅贻琦执掌清华后在其就职演说中深刻洞见到“实际的清华，是非常俭朴的”，② 他希望清华今后仍然保持俭朴好学的良好校风。事实上“俭朴好学”一直都是清华办学坚持的一个重要理念。

受清华办学理念的影响，联大教授坚守着学术独立的底色。正如贺麟所言：“我们必须首先承认，学术在本质上必然是独立的自由的，不能独立自由的学术，根本上不能算是学术。”③ 联大为坚持“学术独立”的教育原则，“对国民党政府企图控制学校自由的措施，采取抵制或消极对付的态度。如教育部规定国民党党义为必修课，西南联大采取大课堂讲座形式，后干脆改用学生交读书报告方法代替。实际上大多数同学从未听课，也未交读书报告，但成绩单上这门课程一律及格。”④ 闻一多曾痛陈：“大学里的课程，甚至教材都要规定，这是陈立夫做了教育部长后才有的现象。”⑤ 朴实好学在学生中得到最好体现，有学生回忆，“虽是在异常困苦的物质条件下，读书的精神，研究的风气，从没因此衰落，相反地只有更加提高。课余之暇，到处可以看到一群衣衫褴褛的年轻人聚在一起，别瞧他们像一群叫花子，也许他们在讨论希腊悲剧或者什么机械上的一个题目呢！”⑥

（三）南开“公能并行”和“爱国强国”办学理念的深远影响

南开大学从它创办之日起就树立了为国为民的宗旨，希望能够改变国家积贫积弱的现状，这可从其“允公允能，日新月异”的校训折射出来。⑦ 这个校训实际上也是南开大学精神的集中体现，寓意所培养的人才要公德和能力并行，以此改变国家陈旧落后的面貌。这种理念和精神受时代使命的召唤，

---

① 杨燕江：《西南联大治理模式论》，云南人民出版社 2022 年版，第 42～43 页。

② 黄延复，马相武：《梅贻琦与清华大学》，山西教育出版社 1995 年版，第 301 页。

③ 陈平原等：《民国大学：遥想大学当年》，东方出版社 2013 年版，第 306 页。

④ 黎勤，李凌：《龙云与民主堡垒西南联大》，载《炎黄春秋》2005 年第 4 期。

⑤ 萧超然等：《北京大学校史（1898—1949）》，上海教育出版社 1981 年版，第 249 页。

⑥ 云南师范大学档案馆：《珍档撷英——云南师范大学校史资料选编》，云南大学出版社 2014 年版，第 215 页。

⑦ 杨燕江：《西南联大治理模式论》，云南人民出版社 2022 年版，第 43 页。

在日军轰炸了南开大学后，这种时代使命就更加强烈。联大坚守自己的使命，坚信“千秋耻，终当雪。中兴业，须人杰”[1]，践行了无愧于历史和民族的担当。在继承南开精神的基础上，联大师生形成了“刚毅坚卓”的新校训。费孝通回忆说：“那正是强敌压境、家乡沦陷之时，战时内地知识分子的生活条件那是够严酷的了。但是谁也没有叫过苦，叫过穷，总觉得自己在做着有意义的事。吃得了苦，耐得了穷，才值得骄傲和自负。我们对自己的国家有信心，对自己的事业有抱负。”[2] 学生也表现出了这种抱负，他们中有的直接参军参战，有的宣传抗战，有的服务抗战，比如1939级学生许渊冲为美国飞虎队当翻译，还曾立下战功。看得出师生把那时的艰苦看作养成精神信念的磨炼，体现了“刚毅坚卓”的精神。

关于“爱国强国”这个南开的办学目标，其创办者“严修、张伯苓早期先后考察过日本大中小学教育、美国的大学教育，特别强调大学对于近代中国崛起的使命”，所以“当年在南开所提倡的‘文以治国、商以富国、理以强国’的学科布局正源于此”[3]，由此在人才培养上注重文、商、理三类人才并重。到了西南联大时期，于1938年恢复设立研究所时南开是三大学中唯一设商科研究所的学校。研究所主设经济学部，由何廉同时兼任所长和学部主任，有教职员6人（5人为专任教师，1人为外校兼职者），有学生14人。[4] 这种学科和专业结构的设置，适应其时国防和国家建设之急需，充分体现了爱国强国的教育理念，培养了一大批创新人才。

三大学均是近代以来中国探索抵御外国侵略、谋求国家富强的产物，它们的产生和发展始终和国家、民族的命运紧密联系在一起。虽然三大学具体办学理念有所差别，但其产生的历史背景和所承担的历史责任却是相通的，肩负了共同的历史使命。抗日战争的爆发，使三大学走向了联合，形成了使命的黏合，这个使命和其所具有的办学理念一直延续并被带入联大。[5] “生之

① 《西南联大校歌》，1938年10月。
② 费孝通，张之毅：《云南三村》，社会科学文献出版社2006年版，第3页。
③ 江沛：《蒋介石与张伯苓及南开大学》，载《民国档案》2011年第1期。
④ 杨燕江：《西南联大治理模式论》，云南人民出版社2022年版，第87页。
⑤ 杨燕江：《西南联大治理模式论》，云南人民出版社2022年版，第43～44页。

存其旧者，占十之九，开新仅十之一。正因其有旧，乃始成其生”，“有生即有新，但同时即有旧”①。联大在继承三大学办学理念的过程中，一方面发扬原有的精神和传统，另一方面形成了新的办学理念，成为创新人才培养的重要源泉。

三　西南联大创新人才培养理念之道

所谓“道”指的是理论、思想、规律。西南联大实施由蒋梦麟、梅贻琦、张伯苓组成的“三常委”决策制度，因此“三常委”的教育思想对联大人才培养有整体和根本性的影响，以下专就其对联大创新人才培养产生重要影响的代表性思想做相应分析。

（一）蒋梦麟“健全人格”人才教育思想之熏

蒋梦麟“健全人格”人才教育思想对联大创新人才培养有重要熏陶之功。蒋梦麟曾经师从杜威研究教育，其博士论文《中国教育原则之研究》，对中国的教育有深入探究，在结合实用主义教育理念与中国传统教育思想的基础上，他特别强调“人格教育”。② “何谓人格？本人固有之特性，具独立不移之精神，其蕴也如白玉，其发也如春日，而此特性，此精神，即所谓人格也。以此为目的之教育，即所谓人格教育也”③。人格教育要为社会进步培养能行、能思之人才，即“具清楚之头脑，担当万斤肩仔之气概，能发明新理而传布之，勇往直前，活泼不拘”④。为此要引导学生“进行各种‘活泼运动’，使学生真正成为体力、脑力、感情等方面自我发展的活泼泼的人。因此，蒋梦麟主张在重视科学教育的同时，还要重视体育和美育，以发展学生的体力和感情”，强调“健全的人格既包括身体的健全，也包括精神的健全，要保持二者的平衡”⑤。健全的人格还要求同时发展“群性”和“个性”，前

---

① 钱穆：《中国史学发微》，生活·读书·新知三联书店2010年版，第178、179页。

② 吕光斌，时培磊：《蒋梦麟教育思想的学术谱系与内在理路——以其博士论文为中心的考察》，载《高等教育研究》2015年第2期。

③ 曲士培：《蒋梦麟教育论著选》，人民教育出版社1995年版，第54页。

④ 曲士培：《蒋梦麟教育论著选》，人民教育出版社1995年版，第55页。

⑤ 韩立云：《蒋梦麟个性主义教育思想及其实践》，载《江苏高教》2014年第4期。

者需要通过教育“使各个人在社会中都能平均发展，若只有部分的个人发展，社会还是不能进化”①；后者需要挖掘个人的潜能、尊重个人的价值，他“深信个人潜能的解放是社会进步的基础”②，认为“个人的价值存在于每个人的天赋秉性当中，新教育就是要尊重个人的价值”③。

“群性”和“个性”两者都必须进行适当的训练，联大推行的训育制度、导师制度、军训制度等与蒋梦麟的这一思想不无关系。人格教育基于对个体潜能的发掘和价值的体现，促进社会的进步。其中对联大的影响体现在，一是师生在图书资料以及实验设备缺乏的情况下，想方设法开展学术研究，丝毫不降低对成果的要求。二是教师对学术自由的坚持和对人格尊严的坚守，例如，“闻一多拍案而起，横眉怒对国民党的手枪，宁可倒下去，不愿屈服。朱自清一身重病，宁可饿死，不领美国的‘救济粮’”④。陈寅恪身怀家仇国恨，在日军的威逼利诱下，也没有答应为日军的伪大学服务。此外，在极端艰苦的环境中仍然保持乐观的精神和积极的进取状态，学生社团众多，社团活动异彩纷呈，呈现出“活泼”的景象；各类讲座几乎每天都有，学生拥有众多自由选择的机会；广泛开展社会调查，把自己与社会紧密联系起来，实现了“群性”和“个性”的均衡发展。

（二）梅贻琦“专通结合”人才教育思想之用

梅贻琦人才培养的核心思想体现在“专通结合”，该思想在联大得到了具体运用。他提出教育方针要适应时代与环境的需要，培养造就专门人才，这里的“专门人才”指“就社会之需要言”，“以供社会建设之用”。他认为“用非所学”甚至“学而不用”是人才的极大浪费，学生“到学校正是为从学问里研求拯救国家的方法，同时使个人受一种专门服务的训练”，强调专门人才培养“固然是希望学生获得一技一艺之专长，以期立身致用于社会”，但并非意味着鼓励文科与工科知识的完全分离，相反“学问范围务广，不宜

---

① 曲士培：《蒋梦麟教育论著选》，人民教育出版社 1995 年版，第 178 页。

② 熊春文：《过渡时代的思想与教育——蒋梦麟早期教育思想的社会学解读》，载《北京大学教育评论》2007 年第 2 期。

③ 韩立云：《蒋梦麟个性主义教育思想及其实践》，载《江苏高教》2014 年第 4 期。

④ 毛泽东：《毛泽东选集》（第四卷），人民出版社 1991 年版，第 1495 页。

过狭，这样才可使吾们对于所谓人生观，得到一种平衡不偏的观念。对于世界大势文化变迁，亦有相当了解”①。梅贻琦还提出，“要造就通才，大学工学院必须添设有关通识的课程，而减少专攻技术的课程”②。他认为人才分为技术人才和组织人才，技术人才可由专科学校或高级工业学校和艺徒学校培养，组织人才由大学培养，他们同时需要掌握心理学、社会学、伦理学，乃至一切的人文科学知识。③ 与此同时，无论是文科生还是工科生，体育都是必需的，因为“体育至关重要，人尽所知，特别在我国目前的国势之下，外患紧迫之时，体育尤应人人去讲求。身体健强，才能担当艰巨工作，否则任何事业都谈不到。”④

梅贻琦进而指出造就高层次人才是办大学的两大根本任务之一（另外一个是学术研究），高端人才须在“知、情、志”三个方面都是健全的，也就是《大学》所谓“明明德”的范畴。“知”即自我认识，对学生“知”的培养“为自我知能之认识，此即在智力不甚平庸之学子亦不易为之，故必有执教之人启发，为之引导，而执教者最大能事，已即至此而尽，过此即须学子自为探索；非执教者所得而助长也。”⑤ 这就是《论语》中所谓的“善诱”和《学记》中所谓的“善喻”。“情”即情绪，“志”即意志，“意志须锻炼，情绪须裁节，为教师者果能于二者均有相当之修养功夫，而于日常生活之中与以自然之流露，则从游之学子无形中有所取法”⑥。由此可见，教师特别是教授是人才培养的关键，强调“一个大学之所以为大学，全在于有没有好教授”⑦。再者，从学习氛围来看，创新人才的培养需要“俭朴好学”的学风，即要注重学问，态度要谦虚，不要盲从，不要躁进。⑧ 在联大的人才培养中，设置通识课程，实行必修课与选修课制度，尊重教授并聘任高水平师资（有

---

① 梅贻琦：《梅贻琦谈教育》，辽宁人民出版社 2015 年版，第 3、7、10、10 页。
② 梅贻琦：《中国的大学》，北京理工大学出版社 2012 年版，第 186 页。
③ 梅贻琦：《中国的大学》，北京理工大学出版社 2012 年版，第 182 ~ 187 页。
④ 梅贻琦：《梅贻琦谈教育》，辽宁人民出版社 2015 年版，第 27 页。
⑤ 梅贻琦：《梅贻琦谈教育》，辽宁人民出版社 2015 年版，第 51 页。
⑥ 梅贻琦：《梅贻琦谈教育》，辽宁人民出版社 2015 年版，第 51 页。
⑦ 梅贻琦：《梅贻琦谈教育》，辽宁人民出版社 2015 年版，第 7 页。
⑧ 梅贻琦：《梅贻琦谈教育》，辽宁人民出版社 2015 年版，第 10 页。

部分是破格的）开展教育教学，这些都是梅贻琦人才教育思想的具体运用。

（三）张伯苓“爱国为国”人才教育思想之功

张伯苓“爱国为国”人才教育思想为激发联大创新人才的责任担当和使命感有独特的功效。张伯苓教育思想的核心可以概括为：教育为了国家要永不停顿，要永远前进，要培养学生爱国、爱群之德和服务社会的能力，这是他全部教育思想的核心。[①] 爱国是“德”的范畴，为国是“能”的范畴。张伯苓认为“教育之目标当注重在：造成量大、眼光远之青年；造成真正之领袖人才；养成勇敢、果断、有远见、有魄力之国民”[②]。为此，要设计一整套训练的方法，“这就是：道德训练、重视体育、提倡科学、团结组织，以及培养救国力量”[③]。其中，张伯苓认为学生的道德最核心的内涵是爱国，当然也要有个人良好的行为品格；“强我种族，体育为先”，作为“中国奥运先驱”，张伯苓特别重视体育对学生精气神的提振作用；提倡科学就要注重科学研究，包括经济学科、数学学科、化学学科等，也包括管理学、心理学等人文社会学科的研究；团结组织就是要“力行师生合作”“养成团体之精神”；[④] 救国则是其人才培养思想的根本归旨。按照此思想意蕴，教育教学过程就特别重视学生基础知识的掌握、综合能力的培养、知识领域的拓展、严格的考试考核等举措的实施。

需要指出的是，这些理念实际上也是张伯苓“本土化”思想的体现。他从经营南开的经验中坚持认为，大学教育要与中国社会实际相结合，大学要从象牙塔走出来，从社会的边缘走向中心，冲破学校围墙的阻隔。[⑤] 受“爱国为国”思想的激发，联大师生展现出了强烈的爱国意识和为国服务的能

---

① 《中国现代教育家传》编委会：《中国现代教育家传》（一），湖南教育出版社1986年版，第51页。

② 王文俊等：《南开大学校史资料选（1919—1949）》，南开大学出版社1989年版，第46页。

③ 《中国现代教育家传》编委会：《中国现代教育家传》（一），湖南教育出版社1986年版，第52页。

④ 王文俊等：《南开大学校史资料选（1919—1949）》，南开大学出版社1989年版，第47页。

⑤ 梁吉生：《张伯苓图传》，湖北人民出版社2007年版，第117页。

力，坚定了抗战必胜的信念，“在民族危亡的战争环境下，国家面临诸多内忧外患，联大教授群体的忧患意识也空前强烈。忧患意识是联大教授爱国情感的深沉表达，他们对国家和民族命运前途的关注和忧虑，不是通过喊口号或直接参与政治运动表现的，而是投身于学术和教育活动，为国家和民族的未来发展提供学术支持和人才储备”①。学生不但如饥似渴学习科学知识，而且走上街头、走进群众，通过出演话剧、演唱爱国歌曲等活动，宣传抗日政策和主张，凝聚民族力量。

“三常委”的教育理念具有丰富的内容，但在创新人才的培养上他们提出的思想却各有侧重，又有相通之处，并在很大程度上形成了互补，从而有效助推联大创新人才培养的实施。具体审视，三者的侧重点表现在，蒋梦麟关于“健全人格”的思想着力于解决创新人才的“人格”问题，体现了联大人才培养的向度；梅贻琦“专通结合”的思想，着力于解决创新人才培养的“知识”问题，体现了联大人才培养的维度；张伯苓“爱国为国”的思想，着力于解决创新人才培养的“精神”问题，体现了联大人才培养的高度。三者的相通之处则体现在都基于抗战的实际和特殊需求提出人才培养的理念，其中所折射出的对人才培养规律的认识有诸多吻合之处，比如重视体育的价值和作用，强调个人与社会的结合和统一等。由于“蒋梦麟、梅贻琦、张伯苓等教育家，对办学的许多重大问题，看法十分接近”，② 三者的相通成为三者可以互补的基础，加之三人具有良好的私人关系，能相互密切合作，这也就为其办学理念在联大的实施提供了保障。

四 西南联大创新人才培养理念之举

在继承北大、清华、南开三大学办学理念的基础上，在蒋梦麟、梅贻琦、张伯苓“三常委”教育思想的直接影响下，联大采取了包括注重通识教育、

① 施要威：《西南联大教授群体的文化性格与联大精神》，载《高等教育研究》2017 年第 3 期。

② 西南联合大学北京校友会：《国立西南联合大学校史：一九三七至一九四六年的北大、清华、南开》，北京大学出版社 2006 年版，第 10 页。

开展灵活招生、进行严格管教、构建学术与社会相关联制度等在内的一系列创新人才培养的举措。

（一）实施通识教育

通识教育强调文理并重、专通结合，为此联大采取的措施主要有：一是构建大部制的院系设置格局。联大“院系设置自始即用归并办法。凡属三校共有者，固应归并，即一校内性质相近者，亦予归并”①，共设置了5个学院26个系。按照相近原则把相近院系进行归并，有利于学科交叉，为通识教育的开展和通识课程的设置提供了可能，为通识教育的实施创造了条件。二是学生可以在规定的时间内，按照一定程序进行自由选课，② 而且同一门课，可以有不同教授同时开课，学生自由选听。例如《中国通史》，同时有吴晗教授、孙毓棠教授、雷海宗教授开设，③ 不仅为学生提供更多的选择，也能促进学生拓宽思维和视野。三是实施弹性学分制。联大“每学期所选学分以十七学分为标准，不得少于十四，也不得超过二十”④，“各学程按学分计算，每学期每周上课一小时为一学分，实习或实验两小时至三小时为一学分。学生在修业期间，须修满一百三十二学分，及党义二学分，体育八学分，军事训练六学分”⑤。联大的学分制具有较大弹性，学程由各学系分别规定为必修、选修，其中所有学生的公共必修课由院系主任会议决定。⑥ 学生毕业期限至少4年。

---

① 北京大学、清华大学、南开大学、云南师范大学：《国立西南联合大学史料》（第一卷），云南教育出版社1998年版，第4页。

② 西南联大：《国立西南联合大学教务通则》，云南省档案馆，1942年1月1日，1032-001-00002-001。

③ 北京大学、清华大学、南开大学、云南师范大学：《国立西南联合大学史料》（第三卷），云南教育出版社1998年版，第312页。

④ 西南联大：《国立西南联合大学教务通则》，云南省档案馆，1942年1月1日，1032-001-00002-001。

⑤ 西南联大：《国立西南联合大学教务通则》，云南省档案馆，1942年1月1日，1032-001-00002-001。

⑥ 清华大学校史研究室：《清华大学史料选编·西南联合大学与清华大学（1937—1946）》（第三卷·下），清华大学出版社1994年版，第254~255页。

（二）开展灵活招生

招生涉及学生的入口关，对把关学生质量起着重要作用。联大实施自主招生和互助招生2种模式。例如，1941年9月，联大举行本科一年级和研究生自主招生考试，招考地点按照一年级学生在昆明，研究生在昆明、重庆两地，在重庆的招考事宜委托南开大学经济研究所办理，该年度联大还与国立中央大学、国立浙江大学、国立四川大学和国立中央研究院联合招生。[①] 此后，联大与四大学实行“合作互代”招生，通过竞争性合作招生，有利于生源质量的提升。此外，联大还通过互助的方式委托其他大学代为招录新生，其中曾委托湖北省教育学院、国立广西大学等帮助招生。[②] 需要说明的是，虽然研究院所由三大学各自办理，实际运行及操作中，都统一在联大的名义下招收研究生，在招生简章中分别列出三大学各研究所的考试科目及要求，如果同为一类研究院，考试科目是统一的。例如，北大和清华理科研究所的考试科目和要求都是一样的，以物理学部为例，考试科目均为国文、英文（作文及翻译）、微积分及微分方程、力学及电磁学、热力学及光学。[③] 学生可以自由选择报考三大学中任何一校的相应研究所。考试结束后，新生录取也以联大的名义进行，所录取的研究生既属于联大的学生，也属于三大学中一校之学生。联大每年也接受转学生，例如李政道就是从国立浙江大学转入联大的。但无论是哪种类型的招生都很严格，特别注重生源质量，龙云和梅贻琦的子女都曾因为分数达不到要求而被拒之联大门外。

（三）严格日常管教

据统计，自1938年至1946年，9年间联大共对342名学生进行过处分。各年份受处分学生人数分别为23人、20人、60人、65人、84人、33人、30人、9人、18人。如果按照联大历年毕业生总数计算，受处分学生占毕业

---

① 北京大学、清华大学、南开大学、云南师范大学：《国立西南联合大学史料》（第二卷），云南教育出版社1998年版，第173～193页。

② 北京大学、清华大学、南开大学、云南师范大学：《国立西南联合大学史料》（第二卷），云南教育出版社1998年版，第230～240页。

③ 北京大学、清华大学、南开大学、云南师范大学：《国立西南联合大学史料》（第三卷），云南教育出版社1998年版，第429～431页。

生总数的14%。从处分决定类型看，9年来被开除学籍的学生共51人，占受处分学生总数的15%；记大过的学生共162人（记2次者50人、1次者112人），占受处分学生总数的47.4%；记小过的学生共124人（记2次者44人、1次者80人），占受处分学生总数的36%；受其余类型处分学生共5人，占受处分学生总数的1.5%。① 由中可见，记大过和记小过处分是联大的主要处罚类型，开除学籍这种最严厉的处分也占到相当的比例，可见联大对学生管理之严。相对而言，在各类处罚中对考试作弊的处罚更严厉，1938年时只要发现考试作弊学生，且证据确凿，则以开除为主；后根据新的教务通则，经教育有悔改者，以记大过为处罚原则，但实行累积处罚制，也同样具有很强的威慑和惩戒作用。另外，品行不端以及违反学生应征服务抗战规定者一般处罚也很重，通常直接开除学籍。这些情况说明，联大制定了包括严格日常管教在内的各种规章制度对学生的管理是必要的，否则不可能维持纪律，营造良好的学风校风，也就不可能有创新人才培养。

（四）构建学生学术与社会相关联的制度安排

联大在管理上注重培养学生综合基础能力，不仅在校内加强基础知识的传输以提高学术素养，同时注重学术与外部社会的关联，于是在学生的实习与就业、社会服务、社会调研等方面设计了相应的制度与之配合。一是形式多样的学生实习与就业。由于战争的原因，虽然学生的实习和就业变得困难，但实习和就业始终是联大常态化的一项安排，且“注意实习成绩”，② 力求做到实习与就业的形式多样。一方面联大自己办工厂，满足一部分学生的实习需求；另一方面社会各界、各单位对联大的毕业生实习提供了大量协助，联大也为相关单位输送了大批优秀人才。二是以国防需求为导向服务社会。联大鼓励学生参与国防服务，由于战事所驱动，每个人都希望为国出力，政府也鼓励参与服务，为国家做奉献。为规范管理学生参加国防服务，联大把校内国防服务介绍委员会和国防技术服务委员会合组为国防工作介绍委员会，

① 杨燕江：《西南联大治理模式论》，云南人民出版社2022年版，第242~243页。

② 清华大学校史研究室：《清华大学史料选编·西南联合大学与清华大学（1937—1946）》（第三卷·下），清华大学出版社1994年版，第147页。

并制定了介绍学生服务办法。联大管理层也鼓励学生参军，当军队到昆明集训时，与社会各界一道开展各种慰劳活动，[①] 以此达到鼓励和引导的作用。参与国防服务的学生还将受到专门的训练，这样才能真正应时局所需，同时经过训练掌握了必要的知识或技能，其平时成绩也可以充当期末成绩。三是多层次的学生社会调研安排。其一是“长征”中的学术社会调查。长沙临时大学迁往昆明时，一部分学生就参加了步行团，对沿途经过的湘、黔、滇三省部分风土民情和社会经济状况开展调查，到昆明后提交调查报告，对优秀者加以奖励。其二是毕业论文选题注重社会调查。联大要求研究生在研究方向上注重社会调查，因此学生的大多选题紧扣时政、紧密结合生活，从当时当地实际出发，社会调查的特点十分明显。例如，南开边疆人文研究室制定的研究计划，就要求由教师组织研究生开展社会调查。

通过以上举措的实施，联大创新人才培养结出累累硕果。按照从联大毕业的学生约 3000 人计算，[②] 联大学生当选中国科学院院士（学部委员）及中国工程院院士的人数（92 人）占学生总数的 3.1%。院士一级属于拔尖创新人才，这实属相当了不起的成就。同样作为创新人才培养成果的教师，以人数最多年份 1941 年的 432 人计算，联大教师当选首届中央研究院院士的人数（27 人）占总教员人数的 6.3%。另外联大教师当选中国科学院院士（学部委员）的人数（72 人）占总教员人数的 16.7%，比例非常之高。[③] 联大除了培养出一批院士（学部委员）外，“两弹一星”的主要科学家里，有 8 位是联大的师生；2000 年以来获国家最高科技奖的科学家中，有 5 位是联大的学生；诺贝尔奖获得者杨振宁和李政道同属联大的学生。

五　结论及启示

西南联大创新人才培养有其源、遵其道、施其举，培养了一大批具有健

---

① 习近平考察西南联大旧址：教育要同国家之命运、民族之前途紧密联系起来－新华社客户端 https：//h. xinhuaxmt. com/vh512/share/8818487？ d = 1343ab9&channel = weixin

② 北京大学、清华大学、南开大学、云南师范大学：《国立西南联合大学史料》（第五卷），云南教育出版社 1998 年版，第 395 ~ 518 页。

③ 杨燕江：《西南联大治理模式论》，云南人民出版社 2022 年版，第 317 页。

全人格、掌握专业与广博知识、具有强烈爱国意识和服务国家建设能力的创新人才，成为中国高等教育史上的璀璨之星。联大创新人才培养源于北大、清华、南开三校的办学理念，受到蒋梦麟、梅贻琦、张伯苓“三常委”教育思想的直接影响，通过采取实施通识教育、开展灵活招生、进行严格管教、坚持学术与实践并重等举措得以施展。联大的创新人才培养，以学生为主体，同时在教学相长的过程中、在重视教授地位和作用的环境中，教师同样成为联大创新人才培养的对象。

人才培养作为大学的核心职能，联大创新人才培养的经验为新时代一流大学人才培养提供了如下启示：一是创新人才培养关键是要抓好本科教育。创造性人才的成长本科阶段很关键，① 杨振宁就曾多次讲到他在联大的本科的学习对其今后的发展产生了重要影响。联大创新人才培养的主体是本科生，本科生享受到教授的直接教育、辅导和影响。因此，一流大学人才培养要回归从本科抓起的理念。二是创新人才培养需要有符合实际的理念，这需要“教育家”提出先进的教育思想。回溯北大、清华、南开三大学办学理念的形成，可以发现其背后都有一个或两个重要的校长提出经得起检验并能付诸实践的办学理念，而联大的创新人才培养受“三常委”的教育思想的直接影响和推动，从这点看创新人才培养理念要先行。三是创新人才培养以解决国家重大需求为导向。联大的创新人才培养立足于服务抗战急需、社会需求和民族复兴，从而能激发出人才的热情和激情。新时代的创新人才培养必须以国家战略需要和民族复兴要求为根本指引，“培养有历史感责任感、志存高远的时代新人”②。

---

① 林崇德，胡卫平：《创造性人才的成长规律和培养模式》，载《北京师范大学学报（社会科学版）》2012 年第 1 期。

② 习近平考察西南联大旧址：教育要同国家之命运、民族之前途紧密联系起来－新华社客户端 https：//h. xinhuaxmt. com/vh512/share/8818487？ d = 1343ab9&channel = weixin

大学科研治理之道：来自西南联大的经验

推进大学治理现代化是实现国家治理现代化的题中应有之义，科研治理是大学治理亟待解决的重大现实问题。目前，学界关于大学科研治理的研究，主要关注了科研诚信治理、科研人员治理、科研管理等主题，属于科研治理“器”的范畴，其研究的范式是“现实主义”的，即基于实际存在的大学科研治理问题，提出治理的措施，同时在这个过程中注意考察西方大学科研治理的经验，提出借鉴之策。① 西南联大作为中国历史上大学办学的一个典型本土案例，其所形成的经验对新时代新阶段大学科研治理具有重要参考价值。本研究即从“历史主义”的范式出发，基于西南联大的经验，探究我国大学科研治理之“道”。

一 理念为先

理念是科研治理的先导，理念决定着科研的价值取向、方向和可能取得的成效。西南联大之所以在异常艰苦的环境中取得显著的学术成就，科研理念起着先导性的指引之效。

（一）“无所不思，无所不言”

西南联大“三常委”之一、清华大学校长梅贻琦认为，开展科学研究应像宋儒所言“无所不思，无所不言”，其含义是以自由的心志，充分发挥自己的思想，穷天地万象之理。这与真正意义上的学术自由（Academic Freedom）具有内在的相通性，但又不是纯西式的“自由主义”或“放荡主义”，因为梅贻琦同时指出，“‘无所不思’之中，必有一部分为不合时宜之思，其

---

① 刘琪，段鑫星：《基于大学章程的科研诚信治理效力》，载《中国高校科技》2019 年第 12 期。

‘无所不言’之中，亦必有一部分为不合时宜之言；亦正惟其所思所言，不尽合时宜，乃或不合于将来”①。这个理念与联大治学的一个典型代表陈寅恪所言“士之读书治学，盖将以脱心志于俗谛之桎梏，真理因得以发扬……惟此独立之精神，自由之思想，历千万祀，与天壤而同久，共三光而永光”②，有异曲同工之妙。

换言之，“无所不思，无所不言”不是放任无拘的，所思所言也要基于“时宜”和“将来”，“时宜”也就是“时需”，是国家和社会之需，此际的抵抗日本侵略、发展地方文教事业等即属“时需”指向。当下大学科研治理应瞄准我国“卡脖子”的核心技术和重大民生需求，立足于“将来”的前沿性与战略性需要，比如航空工程、深海技术、6G 技术等领域，这些需求属于科研治理绕不开的“国之大者”，与习近平总书记所倡导的科研者“为天地立心，为生民立命，为往圣继绝学，为万世开太平”的志向是内在统一的。这启示科研治理要有载体和目标，载体来源于时代需求，目标指引着研究方向，切不可悬空而落不了地，要坚持问题导向与目标导向相统一，立志为全面建设中国特色社会主义现代化国家服务。

（二）“以学术为志业”

西南联大“三常委”之一、北京大学校长蒋梦麟提出了“奖进学术”的理念，认为“学术者，一国精神之所寄。学术衰，则精神怠，则文明进步失主动力矣。故学术者，社会进化之基石也”③。学术之于国家的作用，又通过“科研者”这个媒介得以践行和彰显出来。科研者作为承担学术之人，应该秉持马克斯·韦伯（Max Weber）所谓“以学术为志业”的理念，④ 即以学术研究为志向和主业（是真正的事业而不仅仅作为职业），这样才能唤起科

---

① 梅贻琦：《大学一解》，载黄延复，马相武：《梅贻琦与清华大学》，山西教育出版社 1995 年版，第 328～329 页。

② 陈寅恪：《陈寅恪集·金明馆丛稿二编》，生活·读书·新知三联书店 2015 年版，第 246 页。

③ 曲士培：《蒋梦麟教育论著选》，人民教育出版社 1995 年版，第 240 页。

④ ［德］马克斯·韦伯著，孙传钊译：《韦伯论大学》，江苏人民出版社 2006 年版，第 17～105 页。

研者的身份自觉，以学术筑牢科研者安身立命之基，进而成为促进国家发展和社会进步之源。

从联大的经验看，以学术为志业是崇高且绝不是随随便便能为之的，它需要“机遇与灵感”，更离不开外部环境的影响。前者主要基于科研者自身条件而言，后者主要来自战争的影响。联大此际正处于民族危亡的特殊环境中，作为知识分子群体的科研者唯有奋起抵抗，弘扬中国传统中心系天下的“士精神”，履行知识分子的时代使命，用自己的“学术志业”激发青年学生，用实际行动感染青年学生，才能同仇敌忾，挽救民族于存亡之际。实际上，正是抗日战争的特殊环境触动联大科研者的学术“灵感”，启发了学术研究的方向，激发了学术研究的原动力，从而开创了科研的广阔天地。

新时代对于大学科研治理既有激发“机遇与灵感”的充足条件，更有前所未有的广阔空间，这些条件和空间概括起来就是中华民族伟大复兴的战略全局和世界百年未有之大变局“两个大局”带来的机遇与挑战。在此内外交织而成的格局之下，大学科研治理要鼓励科研者“以学术为志业”，先立志，再谋事，恪守本职本业，“善于在危机中育先机、于变局中开新局，抓住机遇，应对挑战，趋利避害”①，为第二个百年奋斗目标提供大学的“轴心支撑”，通过学术主动参与到创新型国家建设的洪流中，以此彰显大学科研人员的人生价值。

（三）“知中国，服务中国”

西南联大“三常委”之一、南开大学校长张伯苓提出“知中国，服务中国”的办学理念，这也成为西南联大科研实践的重要理念。“知中国”与“服务中国”紧密相连、辩证统一，“知中国”是“服务中国”的基础和前提，“服务中国”是“知中国”的目的和指向。“知中国”就是了解和把握中国的国情，这里的“知”是一种系统与整体的认知，包括历史与现实、自然与人文、当下与未来，具体应包括中国的历史、政治、经济、社会、文化、生态等各个方面。因此，张伯苓强调科研要“以大自然为实验室，以全社会

① 《中国共产党第十九届中央委员会第五次全体会议公报》，人民出版社2020年版，第7页。

为教本，利用活的材料”，[①] 从自然和社会取材，再把科研成果运用于探究自然和社会的实践之中。正是遵循这样的理念，联大的科研体现出既注重应用又重视基础的特点。应用研究方面，具有很强运用性的工程学研究，“包括战争时期所需要的航空工程学的研究，（西南联大）也取得了很大的进展”；基础研究方面，“在极其困难有限的条件下，西南联大的基础科学研究质量仍旧是很高的”[②]。在新时代新阶段新格局下，大学科研治理要助推国家“十四五”规划和2035年远景目标的实现，基础研究显得至关重要，但又不可急功近利，因为“基础研究可能要通过10年甚至更长的时间才能形成成果，不能追求走捷径，一步一个脚印、踏踏实实向前走，最后的效果会更好”[③]。同时，无论在基础研究还是应用研究领域，科研治理都要坚持问题导向与目标导向的有机统一，培育敏锐的问题意识，瞄准“高精尖”方向，涵养攻坚克难的坚定意志，板凳甘坐十年冷，才能产出能用管用的好成果。

“服务中国”就是服务国家的战略，联大当时的科研必须服务于中华民族的抗战需要，同时服务于云南和西南地区经济社会发展需要。大学的社会服务首先是基于知识的应用而发生效力的，通过知识这个途径，把学术的“独善其身”与社会的现实需求联系起来，从而实现了大学与政治、经济、文化等的互动，正如许美德（Ruth Hayhoe）所说的“学术知识与政治行动的冲突逐渐地被发现可以通过这样的途径来解决：日益重视应用知识，从而在社会、经济甚至是政治方面发挥实际的作用”，通过科研而产生新知识这一途径，联大实现了“从知识的纯自由主义理念即强调学术自由，到它与中国现实相结合的转变……然后又与中国当时战争的现实相结合”，[④] 最大限度地践行了“服务中国”的科研理念。

---

① 梁吉生：《张伯苓教育思想研究》，辽宁教育出版社1994年版，第104页。

② ［加拿大］许美德，潘乃容：《东西方文化交流与高等教育》，南京师范大学出版社2003年版，第402~403页。

③ 中国政府网．李克强开的这个会，科学家“抢话筒”成了一道风景［EB/OL］．http：//www.gov.cn/premier/2021-07/21/content_5626301.htm.

④ ［加拿大］许美德，潘乃容：《东西方文化交流与高等教育》，南京师范大学出版社2003年版，第402~403页。

另一种“服务中国”的方式是通过培养优秀杰出人才来服务国家和社会。优秀杰出人才的培养特别需要将科研与教学相融合，通过“扎实学识”和“仁爱之心”，将最新的科研成果运用在教学和课堂中，做学生成长的指导者和引路人。例如，联大时期的经济学家赵乃抟教授“除教学之外，还继续进行科学研究。他的专著《欧美经济学史》一书的初稿，就是在滇南的鹅塘完成的。这一时期，他还在各大报刊上发表了关于经济理论或经济政策方面的学术论文 20 余篇”。[①]“科教融合”同时意味着，即使本科学生也要有科研的理念，并进行必要的学术研究锻炼，否则就不容易接受并难以消化教师最新的科研成果，这是当前建设高质量高等教育体系、坚持走内涵式发展道路、办人民满意的高等教育的内在要求。

从上述分析可知，西南联大的科研治理深受作为学校最高决策层的“三常委”梅贻琦、蒋梦麟、张伯苓科研理念的影响，这些理念与救亡图存的时代背景相互动，并通过三者在联大的治理权威得以有效推行。这留给新时代新阶段大学科研治理的经验便是，科研治理必须有正确而科学的理念，一个学校科研理念的提出主要依赖于大学治理的核心决策者，科研理念必须切实加以施行才能产生预期的治理效果。中国共产党作为国家治理的核心，自然成为大学治理的领导核心，其根本职能在于把准正确方向，提出科学理念，概括起来就是，大学科研要“为人民服务、为中国共产党治国理政服务、为巩固和发展中国特色社会主义制度服务、为改革开放和社会主义现代化建设服务”[②]。这是符合时代发展趋势、国家发展要求、学术发展动向的理念，正得到稳步而深入地实施。

二　制度为尚

国与国之间最根本的竞争是制度的竞争，实际上，大学与大学之间的竞争最根本的也是制度的竞争，制度优势是一个大学最大的优势。梅贻琦认为，

---

① 张友仁：《西南联大给我的教育》，载《西南联大北京校友会简讯》2014 年第 55 期，第 19 页。

② 习近平：《习近平谈治国理政》第二卷，外文出版社 2017 年版，第 377 页。

大学教育由制度和精神两个基本要素支撑①（精神将在下文讨论），虽然西南联大在制度上多“移植西洋”，但在办学中不断变革和创新，形成了自身的特色。

（一）科研经费普遍资助制度

虽然处于战争的艰苦环境中，经费异常紧张，加之遇到严重的通货膨胀，但是西南联大办学期间始终重视教师的科研，并在经费上竭力进行支持。前文已讲到，基本做法是科研经费以教师薪额之50%支付，这是一个较大比例的经费支持，对教师的科研起到很大的促动作用。与此同时，联大还进一步对月薪在一百二十元至二百四十元的教师，一律按照一百二十元支付科研经费，按照当时的教师级别及薪金层级看，实际上是对部分副教授和大部分讲师开展科研的专门关照；另外，联大对月薪在一百二十元以下的教师按照薪额数支付科研费，则是对普通教员、助教进行研究的特别关照。

由此可见，联大对教师的科研经费支持，做到了教授、副教授、讲师、助教的全覆盖，并且是直接补助。联大科研经费普遍资助制度，有效防止出现科研经费获取中的“两极分化”和“贫富不均”，在战争的特殊环境中凝聚了人心，激发了教师动力，形塑了科研共同体。除在科研经费上给予大力支持外，虽然条件有限，但联大还是尽可能为科研开展提供必要的实验条件，甚至“联大的设备在国内是很完备的了，举凡物理、化学、生物等实验，莫不具备。尤以地质地理气象系的实验室中，陈列的各种化石、岩石，真是五光十色，美不胜收。埋首其中者，大有人在”②。

（二）有计划开展科研的制度

西南联大注重科研计划的制订，分别在学校、院系、研究所层面预先制定学术研究计划，内容详细周全，包括人员组成、经费预算、研究目的、研究内容及详细说明、工作步骤、成果预期等。在抗战的特殊时期，科研计划的制订无疑促进了人员和经费的落实，增强了研究的计划性和目的性，从而

① 黄延复，钟秀斌：《梅贻琦画传》，四川教育出版社2013年版，第101页。

② 云南师范大学档案馆：《珍档撷英——云南师范大学校史资料选编》，云南大学出版社2014年版，第208页。

为研究成果的产出提供了制度保障。受此约束，即使是教师个人在休假期间也不忘报告科研工作进展。例如，闻一多先生曾于1940年写信向梅贻琦常委报告休假时的研究情况："月函先生校长钧鉴：奉上去年度休假研究报告一通，敬希鉴核是幸。所有业经撰成诸文，除已交由各刊物发表者外（名目见报告书中），清稿俱在缮写中。倘承调阅，容当陆续呈缴不误。"①

联大也为科研成果的发表建立了相应机制。"联大学人克服种种困难，续办或创办系列学术期刊，对推动抗战时期中国学术发展和促进思想文化领域的活跃做出了重要的贡献。"② 联大科研成果，一部分即发表在校内所办刊物，一部分寄送到国内或国外相关刊物发表，另有一部分则在校内各种学术会议上公开进行演讲。联大师范学院创办的《国文月刊》就有朱自清、王了一、浦江清、陈梦家、吕叔湘、余冠英、沈从文、张清常、罗庸、罗常培等教师以及郑临川（学生）在上面发表的文章。联大教师的科研成果也发表到三校自己创办的一些刊物，包括北京大学史学会创办于1939年6月并在昆明复刊的《治史杂志》，清华大学于1941年4月创办的《清华学报》，南开大学边疆人文研究室于1943年9月创办的《边疆人文》等。理科方面，"算学系的科研活动在理科中较突出，算学系教师共发表论文一百二十七篇，其中有的具有国际水平"③。比如，华罗庚在联大期间就写出了20多篇论文，并撰写了数学传世名著《对垒素数论》。

（三）非正式制度的约束与激励

从制度的理论看，完整意义上的制度包括正式制度、非正式制度及其运行机制。上述西南联大的两项制度属于正式制度的范畴，指的是正式的规则或规范。非正式制度指受历史、传统、文化、信念等影响而形成的软约束。运行机制指正式制度与非正式制度运行的条件。联大科研治理不仅依赖正式制度，也得益于非正式制度的约束与激励。

---

① 黄延复，钟秀斌：《梅贻琦画传》，四川教育出版社2013年版，第101页。

② 杨绍军：《西南联大的人文学科刊物及其历史贡献》，载《学术探索》2013年第11期。

③ 萧超然等：《北京大学校史（1898—1949）》，上海教育出版社1981年版，第262页。

一是治理权威的影响。“三常委”梅贻琦、蒋梦麟、张伯苓作为最高决策者，相互间的亲密合作为西南联大的治理创造了重要条件，实际运行中又以梅贻琦为主，梅成为联大实际上的“校长”。梅贻琦以其大公无私、秉公办事的风范和中国传统的君子风格，赢得了联大教授们的敬重。他也深谙大学办学治校之道，尤其重视人才，提出了著名的“大师说”（所谓大学者，非谓有大楼之谓也，有大师之谓也）并带头加以践行，不拘一格使用人才。正因如此，梅贻琦在联大治理场域中形成了一种“魅力型权威”，显示出韦伯所谓的卡里斯玛（Charisma）特质（非凡魅力和感召力），从而深刻影响了教授们的科研和治学。为此，美国历史学家易社强（John Israel）曾把梅贻琦比作亚瑟王（King Arthur），把他的同事比作亚瑟王的骑士。[①]

二是在行政与学术间保持张力。西南联大各行政机构负责人，包括教务处、总务处、训导处、各院系负责人都由教授甚至是著名教授担任，但其任职时间一般都比较短，更换频繁，这为教授们从事科研工作分配到更多可能的时间，这也在一定程度上说明教授们在行政事务与科研的时间分配上保持了张力。常委会对教授们请辞行政职务一般都通过相互的理解与沟通，并基于共克时艰的信念达成一致，其中第133次常委会会议记载：“郑天挺先生函请收回总务长成命，应由本会（按：常委会）同人一致前往敦劝，务请郑先生勿再推辞，即日就职共荷艰巨。赵子聘先生函请收回暂代出纳组主任使命，应请赵先生勉为其难，无论如何请代理出纳组主任职务至本年二月底为止”[②]。最终郑、赵二人以时局为先，继续留任。由中管窥，此张力的保持既出于为学术争取时间的考虑，应该还有教授们相互的谦让。

三是保持闲暇逸趣。科研“纵探历史之悠久，文教之积累，横索人我关系之复杂，社会问题之繁变，而思对此悠久与积累者宜如何承袭节取而有所发明，对复杂繁变者宜如何应付而知所排解，非有闲暇不为也。”[③] 学术的特

---

① ［美］易社强著，饶家荣译：《战争与革命中的西南联大》，九州出版社2012年版，第323页。

② 北京大学、清华大学、南开大学、云南师范大学：《国立西南联合大学史料》（第二卷），云南教育出版社1998年版，第125页。

③ 梅贻琦：《大学一解》，载《清华学报》1941年第13期。

质决定“闲暇逸趣”是科研的必要条件，西南联大在鼓励投身学术救国、多做贡献的同时，对教师的“闲暇”尽可能保障。比如，休假方式比较灵活，休假时间不一定在统一放假的寒暑假期间，而是分散在一年之中的各个时间段。休假时长和时段也不统一。例如，文学院院长冯友兰在1943年从3月中下旬开始休假，时间为一学期；其时作为文学院兼师范学院英语系主任的陈福田则休假一学年。还应注意到，即使是在艰苦环境中，联大教授的休假也有安排到国外并兼顾访学的情况。

国家治理要“构建系统完备、科学规范、运行有序的制度体系”①，相应的大学科研治理同样要构建系统完备、科学规范、运行有序的制度体系。其中，“系统完备”即指科研治理制度应同时包括正式制度、非正式制度和运行机制三大因素，科学规范主要就一个具体制度本身的科学性、合理性及有效性而言，运行有序即指有效的运行机制。西南联大的科研治理经验揭示，大学科研治理在构建必备的正式制度系统外，应充分考量大学场域中历史、文化、传统等因素的影响，重视非正式制度的运用，以此促进正式制度的实施，使之释放出最大的治理效能。正如道格拉斯·C. 诺斯（Douglass C. North）所指出的，“非正式约束（制度）本身就是重要的（而并非只是简单地作为正式规则的附庸）”，“尽管正式约束（制度）可能由于政治或司法决定而在一夕之间发生变化，但嵌入在习俗、传统和行为准则中的非正式约束可能是刻意的政策所难以改变的”②。非正式制度的这种普遍存在性和约束性，在联大似乎更容易显现出来，在异常艰苦的环境中有效降低了正式制度创设与实施系列环节产生的成本和费用。

随着全面深化改革的推进，大学科研治理已到了一个能够催生新制度，也必然能产生新制度的关键转型期，治理的走向和趋势明显地指向制度创新，这是摆脱当前科研治理困境的关键。“小打小闹”抑或“见子打子”式的措施显然已不能适应立足新发展阶段、贯彻新发展理念、构建新发展格局对大

---

① 习近平：《决胜全面建成小康社会夺取新时代中国特色社会主义伟大胜利——在中国共产党第十九次全国代表大会上的报告》，人民出版社2017年版，第21页。

② ［美］道格拉斯·C·诺思著，杭行译：《制度、制度变迁与经济绩效》，上海人民出版社2016年版，第7、44页。

学治理的要求，而基本理路则在于充分依据中国特色社会主义制度的整体优越性，构建“以马克思主义为指导、根植中国大地、具有深厚中华文化根基、深得人民拥护”，[1] 同时又符合大学治理规律和学术特点的科研制度体系。与此同时，应在科研治理实践过程中及时总结行之有效的经验和做法，适时将之上升为正式制度，以制度的创新有效释放科研的活力和潜力。

三 精神为大

西南联大被认为是“物质上不得了，精神上了不得”，正如其英籍教授白英（Robert Payne）所称赞的，“中国教授们比世界上任何地方的学者都令人钦佩。在艰难岁月里，他们坚守着传统文化，保持着自己的操守和信仰。他们处于饥饿的边缘，为了理想与培养人才，在这样荒漠般的境况中，支持着中国思想和学术的发展”[2]。这种精神可以用联大“刚毅坚卓”的校训进行诠释。

“刚”就是要坚强，要有一股劲，《大傅》曰：“刚能立事”。“毅”就是要果断，有毅力，志决之后不可摇夺，《左传》曰：“杀敌为果，致果为毅”。“坚”就是坚定，《汉书·马援传》曰：“穷当益坚，才能实坚实好，也才能表现出人的精神意志”。“卓”是超越寻常，看得高远，卓然而立，信含异气，卓荦不羁。[3]“刚毅坚卓”折射出的联大科研精神主要体现在：

（一）“为国家，为民族”

从“刚”的角度看，习近平总书记考察调研西南联大旧址时指出，西南联大体现出“同国家之命运、民族之前途紧密联系”的“为国家、为民族”[4]的精神，即使处于民族危亡的战争环境，国家面临最严峻的内忧外患，但联

① 《中共中央关于坚持和完善中国特色社会主义制度、推进国家治理体系和治理能力现代化若干重大问题的决定》，人民出版社2019年版，第2~3页。

② 陈雪芬：《西南联大外文系教授群体研究》，载《黑龙江高教研究》2017年第10期。

③ 云南师范大学校史编写组：《云南师范大学校史稿（1938—1949）》，云南师范大学学报编辑部，1988年版，第40页。

④ 习近平考察西南联大旧址：教育要同国家之命运、民族之前途紧密联系起来－新华社客户端 https：//h. xinhuaxmt. com/vh512/share/8818487？d＝1343ab9&channel＝weixin

大教授群体刚强不屈，积极“投身于学术和教育活动，为国家和民族的未来发展提供学术支持和人才储备”①。联大秉持此信念，在中华民族最危险的时候，始终不屈不挠，以刚强坚韧的劲，为赓续民族文化命脉而投身科研，把科研视为国家之大计，与国家和民族的命运紧密相连；教授们则以科研为纽带，劲往一处使，真正做到了以科研育人、以科研救国、以科研报国，成为中华民族科研强国的先驱。

（二）克服艰难困苦

从“毅”的角度看，科研不仅需要天赋，更需要毅力。西南联大的科研必须有坚定的意志和持久的毅力去克服战争状态下的各种艰难困苦。“南渡”的联大师生288人曾步行68天，行程1671公里，穿越湘黔滇三省，创造了教育史上的“长征”。“迁滇原拟有步行计划，籍以多习民情，考查风土，采集标本，锻炼体魄，务使迁移之举本身即是教育”②，了解沿线地域民情、考察风俗地理、收集动植物标本，做“苦”的科研，克服了蒙自、叙永多地办学以及昆明城内分散办学的诸多不便和困难，躲过了日军41次、849架次飞机的轰炸，毅然在废墟中坚持研究，笔耕不辍。物价飞涨，教授们“几至饔飧不继，然对于学术研究，仍一本旧贯，不稍懈怠”，③ 表现出极高的民族气节。艰难困苦对联大教师的身体造成了极大的摧残，但凭借“不可摇夺”的精神毅力，他们仍将学术研究艰难地延续下去。

（三）接续奋斗

从“坚”的角度看，西南联大科研呈现出坚定不移、坚忍不拔、持续不断向前发展的态势，正如习近平总书记指出的联大“在革命建设改革的各个历史时期都发挥了重要作用”④。其中，革命时期联大教授产出了一批原创性

---

① 施要威：《西南联大教授群体的文化性格与联大精神》，载《高等教育研究》2017年第3期。

② 清华大学校史研究室：《清华大学史料选编·国立清华大学时期（1928—1937）》（第二卷·下），清华大学出版社1990年版，第109页。

③ 清华大学校史研究室：《清华大学史料选编·西南联合大学与国立清华大学时期（1937—1946）》（第三卷·下），清华大学出版社1994年版，第8页。

④ 习近平考察西南联大旧址：教育要同国家之命运、民族之前途紧密联系起来－新华社客户端 https：//h. xinhuaxmt. com/vh512/share/8818487？ d = 1343ab9&channel = weixin

研究成果，为我国相关学科领域的发展做出了奠基性贡献；建设时期以联大校友中8位“两弹一星”功勋奖章获得者的研究成果为标志，助力中国大国地位的取得和巩固；改革时期以联大校友中6位国家最高科学技术奖获得者为代表，为中国的改革和创新做出卓越的贡献。同时，联大校友中的9位党和国家领导人以及175位两院院士，在各个历史时期都发挥了重要作用，成为持续奋斗精神的塑造者和诠释者。目前仍健在的杨振宁、王希季以及刚去世不久的马识途、许渊冲等都是联大培养且持续奋斗在科研战线的代表。

（四）追求卓越

从“卓”的角度看，曾任清华大学校长的罗家伦认为，“研究是大学的灵魂”①，但是只有卓越的研究才算大学真正的灵魂。西南联大的科研追求卓越，基础研究最具代表性。在人文社科中，陈寅恪的《唐代政治史述论稿》、金岳霖的《论道》、朱光潜的《诗论》、王力的《中国语法理论》、汤用彤的《两汉魏晋南北朝佛教史》、冯友兰的《新理学》等；在理工科中，华罗庚的《堆垒素数论》、周培源的《湍流论》、吴大猷的《多元分子振动光谱与结构》、王竹溪的《热学问题之研究》、赵九章的《大气之涡流运动》、孙云铸的《中国古生代地层之划分》等，充分展现出了联大基础研究的“卓然而立”。

习近平总书记强调，“人无精神则不立，国无精神则不强。精神是一个民族赖以长久生存的灵魂，唯有精神上达到一定的高度，这个民族才能在历史的洪流中屹立不倒、奋勇向前”②。大学更需要以精神而立、因精神而强，科研精神则在一定程度上代表了大学精神的内核。联大的科研精神虽是特定历史时空的产物，但其所体现出的为国家为民族、克服艰难困苦、持续奋斗、追求卓越的精神却具有跨越时空的价值，在新时代新阶段大学科研治理中同样需要这种精神。不难发现当今大学的物质条件已经堪称世界一流，大学如果培养不出所谓的“大师”，科研精神的缺失可能是看不见却影响甚大的一

① 清华大学校史研究室：《清华大学史料选编·国立清华大学时期（1928—1937）》（第二卷·上），清华大学出版社1991年版，第201页。

② 习近平．在纪念红军长征胜利80周年大会上的讲话［EB/OL］．http://jhsjk.people.cn/article/28798737.

个因素。

四　西南联大科研治理之道的内在逻辑

理念、制度、精神三个维度构成西南联大科研治理之道，三者各具功效、相互联系、辩证统一。首先，科研理念作为先导，是孵化器，催生出科研制度，制度因理念而创设；科研制度对科研理念具有“反作用”，可促进科研理念的更新。其次，科研理念与科研精神在一定程度上是相通的，科研理念为科研精神注入动力源泉，对科研理念的实践必然产生科研精神，科研精神又将科研理念提升到一个新的更高境界。再次，科研精神与科研制度共同构筑为科研的“双引擎”，相互配合，缺一不可；科研制度的执行本身就是科研精神的表现，同时也将提振和丰富科研精神。

大学科研治理的理论与实践可构成一个金字塔模型。见图 1。理念、制度、精神三者构成科研治理的“铁三角”，处于科研治理的顶端，属于科研治理的顶层设计，其功能是“管总的”，故此可将这一范畴称之为科研治理之“道”，如图中的 γ 区域所示。以此往下，大学科研治理逐渐向下进入中观和微观的范畴，表现为治理的“举措”“措施”等，属于“器”的层面，从量上可无限往下延伸，如图中的 β 区域所示。

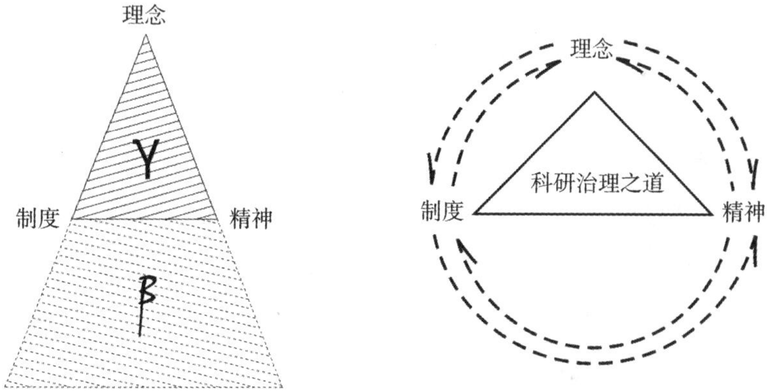

图 1　大学科研治理金字塔模型

从治理效能的角度看，大学科研治理不仅受“道”和“器”的影响，而且还受治理的外部环境和治理的执行力的影响。为此，大学科研治理效能可用公式表示为：$Q=(\gamma+\beta)\times\mu\times\kappa$，其中，Q代表大学科研治理效能，μ代表科研治理的外部环境，κ代表科研治理的执行力。

1944年剑桥大学教授李约瑟到西南联大参观考察，感叹西南联大的“教育科研水平，足可与牛津、剑桥、哈佛相媲美”①。其成因可从联大科研治理之道所蕴含的三要素的形成机理做相应阐释。

第一，理念为先，理念是大学治理的先导，理念的提出正如西南联大离不开梅贻琦、蒋梦麟、张伯苓一样，大学内部科研理念的提出主要依赖于作为学校治理的关键角色，一方面其具备也应该具有提出理念的能力，另一方面从职位功能上便于推动形成学校上下整体性的共识和施行。

第二，制度为尚，制度是大学治理的上策。西南联大的制度一方面延续原北大、清华、南开三大学的有效制度，另一方面根据抗日战争的形势和云南在地化的境况创制而成。其内在机理是，制度的创设具有深厚的时代背景，拥有广泛的师生民意基础，同时能够真正落地落实落细，通过高效的执行展现出制度的生命力。因此，大学科研治理制度既要传承和弘扬优秀传统，又要顺时运势，结合时代要求进行创造性转化和创新性发展，切忌千篇一律、千校一制，满足天时地利人和条件的科研制度才会是有效的。

第三，精神为大，精神是大学治理之大者。治国有“国之大者”，治校有“校之大者”，科研治理也有其大者——精神。西南联大科研治理精神的集中阐释是“刚毅坚卓”，它支撑了联大科研度过艰难的革命时期，同时又在我国建设和改革时期持续发挥出重要作用。由中可见，联大科研治理精神是常新的，一种为国家为民族的精神可以跨越历史时空，继续发挥出不可低估的作用。当今大学科研治理精神也应该推陈出新，以“国之大者”为导向，体现出“顶天立地”的担当，唯此才能适应新时代国家治理和社会发展的需求，并更好应对国际环境的复杂演变。

---

① 陈明远：《西南联大的经济生活》，载《读书文摘》2012年第2期。

习近平总书记强调：“不忘历史才能开辟未来，善于继承才能善于创新。”① 对西南联大科研治理之道的审视，要遵循历史结合现实、理论结合实际、当前结合长远的原则，做到理论逻辑与实践逻辑、问题导向与目标导向的统一，从理论的层面进行创造性转化和创新性发展，从方法论的范畴吸取联大科研理念的精髓、科研制度的精神、科研精神的实质，继而方可为具体方法层面的治理之举和治理之策注入历史经验的智慧。

① 习近平：《习近平谈治国理政》第二卷，外文出版社2017年版，第313页。

“制度—学人—文化”交融互动：西南联大成功的管理归因

西南联大已经走过86年的光荣历史，因其在中国乃至世界高等教育史上取得的成就，占据我国高教界重要而特殊的位置。时至今日，挖掘、探寻、解构、剖析其成功经验，仍然是高等教育界一个有意义的话题。国内外既有研究表明：尽管西南联大的成功是多因素综合作用的结果，但卓越的管理在西南联大建设发展中功不可没。而在理论层面，管理所涉及的计划、组织、指挥、协调及控制的综合性活动过程，① 均离不开制度、人、文化的相互融合和相互作用。整体分析西南联大的管理，相对而言制度、人、文化是最有特色且最重要的三个要素。以往在西南联大的研究中对制度、人、文化三个内容均做过专门单独探讨，但将三者进行综合考察并探讨三者间相互作用机理的研究却鲜见。那么，西南联大卓有成效的管理是如何运行的，其要素有哪些？主体是什么？各要素之间、各不同主体之间的作用力、作用方式又是如何有效整合起来的？这些多元复杂的问题是否可以在管理维的“制度—学人—文化”框架内求得较好解答？对这些问题的深层探究，不仅有助于解开西南联大的管理之谜，而且也有助于高校在推进“双一流”建设过程中，吸收和借鉴西南联大管理的成功经验，更好地服务于新时代高等教育的内涵式发展。

一　制度为体：西南联大管理中精细化的制度设计

制度是经验管理和传统管理向现代管理和科学管理迈进的重要纽带，在

① 周三多，陈传明等：《管理学——原理与方法》，复旦大学出版社2004年版，第8页。

此迈进的过程中制度起了关键作用。是否依靠制度管理成为区分前后两种管理类型的显著特征，制度成为管理之体，即制度是管理的本体性特征和根本依据。制度和文化一样有广义和狭义的概念之分，[①] 但通常制度指的是具有强制性规范作用的基于某种合法性基础而被人们共同遵守的惯例。[②] 本研究中的制度指的就是这种惯例。西南联大管理以制度为本，对制度实施了精细化的设计，这主要体现在制度的类别和数量、制度内容与起草部门的关联性、制度完善等 3 个方面。

首先，从制度的类别和数量看，主要分为校级和部门两类制度，[③] 数量众多，覆盖面广。在 9 年的办学时间内，[④] 西南联大在常委会上议决通过了包括办法、规则、章程、细则、要则、草案、简章、条例、大纲、通则、标准、规程、原则等在内的制度共 96 项，[⑤] 各年度分别为 10、20、24、5、9、7、11、7、3 项，平均每年制定 11 项制度。内容涉及教学、科研、学生、教师、财务、物资管理等事项，覆盖了几乎全部主要工作领域，这些管理规章制度属于最高决策机构通过的校级层面制度。除此之外，还有教务处、训导处、总务处三大处和文学院、理学院、法商学院、工学院、师范学院五大学院制定的相关制度。这些制度的数量也相当可观，与常委会通过的制度一起构成西南联大的管理制度系统。整体上看，在所有 96 项校级规章制度中，不仅有宏观的管理制度，而且有相配套的微观管理规定，以确保管理任务落实落细。例如，西南联大制定了宏观的《国立西南联合大学教务通则》，[⑥] 在此基础上又制定了微观的学生选课制度、学生成绩计算办法、旁听生规则、借

---

① ［英］阿诺德·汤因比著，郭小凌，王皖强等译：《历史研究》（下卷），上海人民出版社 2010 年版，第 609 页。

② ［德］马克斯·韦伯著，林荣远译：《经济与社会》（上卷），商务印书馆 2006 年版，第 63 ~68 页。

③ 这里主要分析校级层面的制度。

④ 包含西南联大的前身长沙临时大学的办学时间在内。

⑤ 北京大学、清华大学、南开大学、云南师范大学：《国立西南联合大学史料》（第二卷），云南教育出版社 1998 年版，第 3 ~452 页。

⑥ 西南联大：《国立西南联合大学教务通则》，云南省档案馆，1942 年 1 月 1 日，1032 -001 -00002 -001。

读生规则等相关规定，这反映了西南联大制度设计的精细化程度。

按照数量由多到少，96 项校级制度涉及以下 15 个类别：①师生救济、津补贴、奖助金管理 19 项；②学生宿舍管理 10 项；③图书仪器购买、借阅、出版 9 项；④教师聘任、薪金标准、晋级 7 项；⑤教务教学、学生招生（借读生、转学生、旁听生等）6 项；⑥财务管理 5 项；⑦行政部门办事规则 5 项；⑧学生毕业与实习 5 项；⑨对外交流与合作 4 项；⑩学生军训、训导 3 项；⑪设施设备采购 3 项；⑫房舍调度与分配 3 项；⑬军事防空 2 项；⑭学生课外生活管理 2 项；⑮其余规章制度 13 项。其中，西南联大在师生救济、津补贴、奖助金管理方面的制度多达 19 项，表明其精细化程度较高。相对而言，学生课外生活管理制度只有 2 项，表明其管理相对宽松一些，一定程度上体现出尊重学生的自主性。

其次，从制度的草拟过程看，一般由与该项制度内容最相近的职能部门草拟。教务处、训导处、总务处、校务会议、教授会议、专门委员会、学院等均草拟过相关规章制度。据不完全统计，在前述 96 项规章制度中，《国立西南联合大学教务通则》《国立西南联合大学旁听生规则》《国立西南联合大学学生课外团体作业规则》《国立西南联合大学学生免修军训或体育规则》《国立西南联合大学未经入学考试之各级学生资格办法》《国立西南联合大学毕业生领取毕业证明书办法》等近 20 项制度，均由教务处、校务会议草拟之后提交常委会审议。这说明西南联大对教务教学以及学生管理的重视。由熟悉了解管理运行实际的职能部门或相关机构草拟制度，同时部分规章制度是参照北大、清华、南开三大学原有制度拟定的，[1] 这就增强了制度设计的合理化与科学化。

第三，从完善过程看，制度完善是一个根据运行实际不断修订的过程。制度本身具有“适用”的含义，[2] 它不是一成不变的框架，只有对制度根据实际需要进行必要的废、改、立、释，制度才是适用的，才能应对实际问题，

---

① 吴宝璋：《享誉世界的西南联大》，云南教育出版社 2012 版，第 35 页。

② ［德］马克斯·韦伯著，林荣远译：《经济与社会》（上卷），商务印书馆 2006 年版，第 61 ~ 63 页。

在管理中发挥出真正的效能。事实上，西南联大的确根据战争形势和内部管理情况的变化，及时对制度进行必要的废、改、立、释。废就是废除原有制度，改就是修改完善已有制度，立就是重新制定新的制度，释就是对制度进行阐述释义。在 96 项制度中，有 49 项（即一半以上）是“修正通过”的，有的还是年度修订的制度。例如《国立西南联合大学宿舍分配办法》《国立西南联合大学校舍调整办法》《国立西南联合大学学生贷金及公费核给办法》等。由此可见，通过适时调整后西南联大制度具有很强的针对性和时效性，这也是其制度设计精细化的表现。

二　学人为本：西南联大管理中学人的能动作用发挥

无论是管理的理论还是管理的实践都基于人性的假设，在著名的人性假设 X 理论和 Y 理论中，前者假设绝大多数人厌恶并逃避工作；后者假设人并不是天生懒惰，人在工作中的表现取决于他对组织的感受和经验。[①] 西南联大在管理中的人性假设符合 Y 理论的基本特征，表现为充分信任人、尊重人、依靠人，尽可能发挥出包括团体和个体在内的人的主观能动作用。西南联大管理中的“人”特指组成西南联大的北大、清华、南开三大学教师群体，这一群体并非普通人群，而是在此际学贯中西且承担传承民族文化命脉使命的知识分子群体，我们称之为“学人”。西南联大管理遵循了管理理论与实践中以人为本的基本原则，把个人与组织紧密联系起来，在极端艰苦的战争环境中最大限度地发挥了“学人”的特殊作用。学人的能动作用在西南联大管理中的发挥，主要通过“三常委”的团队型领导，以及北大、清华、南开三大学人员之间“通家”之好的传统而实现。

一是“三常委”的团队型领导。常委会中蒋梦麟、梅贻琦、张伯苓“三常委”作为西南联大的管理者和领导者，其领导风格体现了团队型领导方

① 罗锐韧：《哈佛管理全集》（上卷），企业管理出版社 1999 年版，第 392 ~ 395 页。

式。[①] 他们既关注三大学南迁办学的目标使命，牢记“中兴业，须人杰……待驱除仇寇，复神京，还燕碣”[②]，也关注包括因通货膨胀带来的教职工生活困难等日常。为此，常委会多次呈请教育部增加办学经费和教师薪金，还想方设法筹措经费提高教师生活待遇，包括提高探亲旅费、生病补贴、生活补助等。在团队型领导方式下，“三常委”在管理中既明确分工又团结协作。

其中，蒋梦麟既有教育经验，又有行政经验，因此主要负责与政府接洽。他善于发挥自身的特点，利用其与国民政府的特殊关系，为西南联大争取相关政策和支持。例如，1937 年 12 月，蒋梦麟出面与国民政府方面接洽，协调解决学生志愿服务国防以及疏散时希望政府能力所能及提供交通帮助的问题；1942 年 1 月，赴渝与国民政府教育部等有关部门接洽校务，是年 4 月、6 月间两次赴渝与有关方面协调教务，10 月再赴渝商洽补助教职员生活费事宜等。梅贻琦则沉稳、少言、忍耐、刚强，其品格深深影响了西南联大师生，被师生普遍认为“本身就代表清华的品格精神”[③]，并展现了西南联大师生的精神面貌。“三常委”中梅贻琦是实际的校务主持者，但遇到重大事情总是与另外两位常委商讨。[④] 师生曾说：“从前梅先生还常常说说笑话，但在抗战后期，学校的困难一天加深一天，梅先生也就一天衰老消瘦一天。”[⑤] 虽然清华大学在西南联大中的学生数和教师数最多，负担的经费也最多，且对西南联大的额外补助也最多，但他并没有因此而维护清华大学的单方面利益，而是能从西南联大的整体利益考量做出决策。而张伯苓在“三常委”中年龄最长、管理资格最老，但由于他在抗战期间曾担任国民参政会副议长和中央监

---

① 根据布莱克（Blake）和莫顿（Mouton）的管理方格理论，团队型领导方式同时高度关注人员和目标任务，兼顾个人与组织的协调统一，力求达到两者的相互促进。参见周三多，陈传明等：《管理学——原理与方法》，复旦大学出版社 2004 年版，第 496 ~ 497 页。

② 北京大学、清华大学、南开大学、云南师范大学：《国立西南联合大学史料》（第一卷），云南教育出版社 1998 年版，第 198 页。

③ 西南联大除夕副刊：《联大八年》，西南联大学生出版社 1946 年版，第 201 页。

④ 姚加惠，张亚群：《强强联合的成功典范——西南联大管理模式及其成因探析》，载《现代教育科学》2004 年第 2 期。

⑤ 西南联大除夕副刊：《联大八年》，西南联大学生出版社 1946 年版，第 201 页。

察委员，行政事务较多，因此在西南联大的时间并不多。不过梅贻琦和张伯苓两人关系融洽，相互信任，蒋梦麟也十分尊重张伯苓。如果张伯苓不在昆明，召开常委会时主要由南开大学的杨石先或者黄钰生代其出席。尽管张伯苓在校时间不多，但很注重利用自己在政府职务上的条件，为西南联大争取政策和资源。

二是三大学教职员间的"通家"之好。"1941年4月，清华大学在昆明拓东路联大工学院举行三十周年校庆，张伯苓校长自重庆告诉南开办事处的黄子坚（黄钰生）说，清华和南开是'通家之好'，得从丰的庆祝。于是黄子坚在会上大作'通家'的解释，指出清华的梅校长是南开第一班的高才生。接着，冯友兰上台说，要是叙起'通家之好'来，北大和清华的通家关系也不落后，北大文学院院长（按：胡适）是清华人，我是清华文学院院长，出身北大，此外还有其他好多人。"① 由此可见，所谓"通家"之好，主要体现在三大学的教师之间在国内学习或者工作中所形成的学缘关系和私人的友谊上。

三大学教师共同的留学经历为他们的"通家"之好奠定了一定基础。在西南联大管理层面的"三常委"、各处处长、各院院长、各系主任（1939年后各系教授会主席改称系主任）共73人中，教育背景大多相似，几乎全部留学欧美，并以美国居多，德国和英国次之。具体情况是：25人毕业于哥伦比亚大学（包括蒋梦麟和张伯苓），占总人数的34%；13人毕业于哈佛大学，占总人数的18%；11人毕业于芝加哥大学，占总人数的15%；8人毕业于麻省理工学院，占总人数的11%；毕业于其他大学的人约占22%。② 这群以留学欧美为代表的精英汇聚到西南联大时，作为留学时的校友，有相似的教育理念，这为彼此的相互合作和共事奠定了良好基础。另外，73人里面在三校中一校毕业并在另外一校任职过的人数有24人，占到总数的33%。由于这种特殊的学缘关系，在三校合作中，相互建立了融洽的氛围，为西南联大的

---

① 西南联合大学北京校友会校史编辑委员会：《笳吹弦诵在春城——回忆西南联大》（第一集），云南人民出版社1986年版，第67页。

② 根据北京大学、清华大学、南开大学、云南师范大学：《国立西南联合大学史料》（第四卷），云南教育出版社1998年版整理统计而成。

管理带来了很大的便利。

三大学中一部分教师之间还建立了深厚的私人友谊。清华大学的冯友兰和北京大学的周炳琳即是例子。“抗战前，冯友兰教授从欧洲回来，途经苏联，回国后讲了一些苏联的好话，后被逮捕，押往河北省政府所在地保定。冯夫人急往向周炳琳教授求救，时任河北省政府委员兼教育厅长的周炳琳教授立即将他救出。”“在周炳琳教授1963年逝世后在北京嘉兴寺举行的追悼会上，冯友兰教授写了歌颂周炳琳教授的长诗。”① 这个例子说明两人深厚的友谊。西南联大教师中类似例子还有许多。良好的私人关系在西南联大管理中起到了润滑剂的作用。

三　文化为用：西南联大以师生为主体的文化氛围的创设

关于文化，吕思勉说：“人类控制环境的行为，谓之文化。”② 在汤因比看来，文化几乎就是文明的代名词。③ 现代管理认为管理也是一种文化。④ 综合来看，本研究中文化指的是管理者创设环境的行为及其所形成的氛围。西南联大在管理上以师生为主体，创设了自由包容的文化氛围。把文化创设作为管理的具体举措和实际运用——文化为用，这主要体现在自由包容的学术氛围创设，以及学生的自由发展和对知识的探求。

一是自由包容的学术氛围创设。西南联大在管理中形成文化包容和学术自由的氛围，教授群体既是文化包容和学术自由氛围的创设者，也是其坚守者。“一所好的大学应该拥有一批学术造诣深厚、富于创新和奉献精神的大师。这些大师起什么作用呢？他们不仅传授先进的文化知识，并且通过他们的言传身教，形成良好的学术传统和学风。”⑤ 西南联大继承了三大学良好的

---

① 《云南西南联大校友会校友通讯》2013年第52期。

② 吕思勉：《中国近代史（1840—1949）》，华东师范大学出版社2012年版，第3页。

③ ［英］阿诺德·汤因比著，郭小凌，王皖强等译：《历史研究》（上卷），上海人民出版社2010年版，第37~46页。

④ 陈孝斌等：《教育管理学》，北京师范大学出版社2008年版，第19页。

⑤ 《云南西南联大校友会校友通讯》2013年第52期。

学术传统。北京大学在蔡元培主政时即提出"北大校务，以诸教授为中心"，[①] 坚持"以专门学者为本校主体，使不至因校长一人之更迭而摇动全校"[②]。蒋梦麟主政时期也重视教授的地位和作用。梅贻琦提出了"大师论"："所谓大学，非谓有大楼之谓也，有大师之谓也。"[③] 南开大学张伯苓则认为，"学校一切事，不是校长一人号令，应大家共同商量"[④]。在以教授为中心的治校理念的影响下，西南联大汇聚了陈寅恪、闻一多、冯友兰、朱自清、沈从文、陈省身、叶企孙、吴大猷、赵忠尧等一大批名师巨匠，成为当时全国师资水平最高、学术实力最强的高等学府。西南联大经常举办学术报告及时政讲演，除本校教授登台讲学外，还经常邀请校外学者和各界人士来校演讲，包括陈独秀、徐特立、老舍、范长江、孙伏园、李公朴、罗隆基、陆治等各界知名人士都曾到校演讲，发表各种观点，展现出西南联大的学术自由和包容。

二是学生的自由发展和积极奋进。学生群体也是文化氛围的重要营造者。"对于同学，学校领导似乎放手让学生自由发展、自由竞争……学生进了学校，完全自由发展。"[⑤] "他们不仅在选课、选教师等方面享有较大自由（总课时60%左右的课可以自由选修，学生还可以跨系、跨学院，甚至跨文、理、工类选修），而且在社团活动、日常生活中均有较大自由。"[⑥] 虽然学校给予学生较多自由的空间，但他们并未放松对知识的追求。当时由于昆明的通货膨胀，学生的生活异常艰难，他们虽然物质上被束缚了，但是精神上却是自由的，为探求知识表现出了积极的精神状态。刻苦钻研的优良学风为培养学生的创新思维和积极进取精神营造了良好的文化氛围。

西南联大的文化氛围是师生共同努力和作用的结果。有研究就指出：

---

① 高平叔：《蔡元培教育论著选》，人民教育出版社1991年版，第469页。

② 高平叔：《蔡元培教育论著选》，人民教育出版社1991年版，第450页。

③ 刘述礼，黄延复：《梅贻琦教育论著选》，人民教育出版社1993年版，第10页。

④ 崔国良：《张伯苓教育论著选》，人民教育出版社1997年版，第88页。

⑤ 《西南联大北京校友会简讯》（庆祝西南联合大学成立65周年纪念特辑）2002年第32期。

⑥ 封海清，黄海涛：《论西南联大人文主义教育管理》，载《学术探索》2004年第1期。

“在为了办教育而同甘共患难的过程中，教师们和学生们都很齐心协力的，形成了一个很有凝聚力的社团……在战争沙漠的灾难中出现了这个文化的、社会的和科学思想的绿洲。”[①] 这是从内部来审视西南联大的文化氛围。如果从外部来看，西南联大的文化氛围则是知识分子在特殊的救亡图存历史背景下抗争的产物，同时也是对特定历史时期中西文化冲击与交融的回应，因而在这个层面上它又是独特而又不可复制的。

四　体用结合：西南联大管理中制度、学人、文化的交互作用

西南联大在管理中形成的一个鲜明特色，就在于制度、学人、文化三个要素的相互交融，即三要素在管理中并非孤立地存在，而是你中有我、我中有你，相互作用、相互促进，以此保障西南联大的管理良性运行。所谓“体用结合”指的是以学人为主体基础上的对制度和文化的运用。

首先，就学人与制度看，人既是制度的制定者，同时也是制度的执行者。西南联大既重视制度的订立（例如教师的聘任一律定为一年一聘，[②] 达不到条件则不续聘），也严格对制度的执行。如西南联大制定了《国立西南联合大学图书馆指定参考书管理规则》，好多学生触犯了该规则第九条关于借书和还书时间的规定。[③] 虽然违反这条规定的主要原因是此时图书资料的稀缺与学生强烈求知欲之间的矛盾，但学校仍然对触犯此规定的学生依章进行了处罚，且受处罚人数占到学校所有各类受处罚学生总数的较大部分。西南联大正是遵循了人制定制度并遵守制度这一律例，力保管理的顺利推行。

其次，就学人与文化看，人是文化的创设者和营造者，同时也受文化的熏陶和感染。西南联大的文化氛围造就了一批有精神、有担当的知识分子，也营造和创设出了影响抗战大后方的“知识分子文化圈”，使昆明成为抗战

---

① ［加拿大］许美德，潘乃容：《东西方文化交流与高等教育》，南京师范大学出版社 2003 年版，第 403 页。

② 西南联大：《民国二十七年为教职员辞聘及招收转学生暂行办法等事常委会记录》，云南省档案馆，1938 年 8 月 1 日，1032 - 001 - 00008 - 008。

③ 王学珍，郭建荣：《北京大学史料第三卷 1937—1945》，北京大学出版社 2000 年版，第 100 页。

后方的文化重镇。虽然"月之所得，尚不如人力车夫"①，但由于担负着重大使命，忍受着家仇国恨，因此必须以坚韧的意志迎接挑战，从而开创了别开生面的文化局面，使西南联大成为抗战时期中国文化的重地并以"民主堡垒"的赞誉而被永远铭记。在这样的文化氛围的浸润中，西南联大师生跨越1600余公里，穿越湘黔滇三省，创造了教育史上的"长征"；克服了蒙自、叙永多地办学以及昆明城内分散办学的诸多困难；冒着被敌人飞机轰炸的危险坚持上课，弦歌不辍；忍受着饥饿也不向敌人低头，表现出极高的民族气节；在物质条件极端困难的情况下仍坚持学术研究，产出诸多开创性成果，如此等等，在国家危亡之际展现了中华民族不屈不挠的精神和宝贵的品格，成就了一段不朽的教育奇迹。

再次，就制度与文化看，制度既是文化的一部分，又是形成和延续文化的关键。西南联大从制度上为学人群体创设了良好的文化——以学术为业。这个制度设计的核心是，西南联大各级管理部门负责人和学院院长都实行聘任制，这些负责人和院长不是真正意义上的学校行政官员，他们没有固定的行政级别，而是类似事务性官员的管理者和服务者。正如韦伯所言，他们"以学术为业"，而不是"以政治为业"。② 西南联大的教授在聘期内如果作为管理部门负责人，职责主要是服务性的，而非纯行政命令式的。同时，他们在从事管理事务时也要开展教学和学术研究工作。他们没有把晋升行政职位作为人生的发展目标，担任管理职务也主要是应时局所迫和学校之需。例如，郑天挺任总务长、赵子聘任出纳组主任都是在学校当局一再恳请的情况下才接受的。③ 这说明制度的建设促进了文化的形成，文化的内涵里蕴藏着制度的影子。

---

① 北京大学、清华大学、南开大学、云南师范大学：《国立西南联合大学史料》（第一卷），云南教育出版社1998年版，第196页。

② ［德］马克斯·韦伯著，冯克利译：《学术与政治》，生活·读书·新知三联书店2013年版，第65～66页。

③ 北京大学、清华大学、南开大学、云南师范大学：《国立西南联合大学史料》（第二卷），云南教育出版社1998年版，第125页。

五　结论与讨论

西南联大通过实施有效的管理，在极端艰难困苦的环境中弦歌不辍，人才辈出，创造了中国乃至世界高等教育史上的奇迹。从管理的理论看，无论是管理中计划、组织、指挥、协调及控制这五个职能的发挥，还是构成管理有效性的环境、组织、员工、政策等因素的作用，这些职能和因素都不是孤立存在的，而是相互影响和相互作用的一个完整系统。这个系统从社会学的视域审视，则符合结构主义的“整体论的观点”，“整体论主张，一个系统的不同部分不应相互独立地加以研究。各个部分，只有根据它们的相互关系，而且最终根据它们与整体的关系，才能得到理解”①。因此，基于这些职能和因素而形成的制度、学人、文化三要素在西南联大管理这个整体中也是相互影响和相互作用的，并由此构成一个动态平衡的管理系统。如图 1 所示：

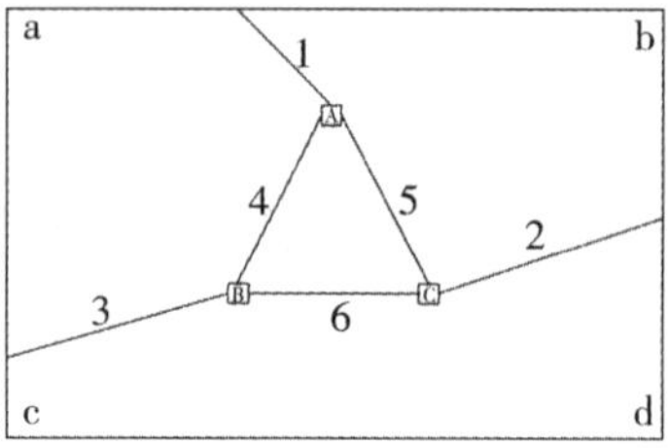

图 1　“制度—学人—文化”相交融的西南联大管理运行机理示意图

如上图所示：A、B、C 分别表示西南联大管理中的制度、学人、文化三要素，通过橡皮筋 1 到 3 固定在由 a、b、c、d 构成的管理系统中，A、B、C 通过橡皮筋 4 到 6 彼此连接。制度、学人、文化三要素的相互关系和作用机制是这样表现出来的，即如果橡皮筋 3 向 A 移动，在这种情况下，所有三个要素都会受到影响而并非只影响到 B。它们将发生位移，橡皮筋上的拉力也会改变。具体考察 A 的情况，它会受到线路 3 – 4，3’ 1 以及 3 – 6 – 5 的影

① ［英］帕特里克·贝尔特等著，瞿铁鹏译：《二十世纪以来的社会理论》，商务印书馆 2014 年版，第 14 页。

响，与此同时，所有其他两个要素 B 和 C 都将受到交互作用的各条线路的影响。无论变动哪一根橡皮筋，所有 A、B、C 三个要素都会受到影响而被牵动。制度、学人、文化三要素间的这种相互影响和交互作用就构成了三者的交融，由此构成的西南联大的管理系统并非是静止的，而是运动变化的。三者的“交”即彼此间的影响和作用，形成了动态的过程，打破了管理系统的平衡；三者的“融”即彼此再次达到平衡，使管理系统暂时处于静态。由此可见，制度、学人、文化三要素促使西南联大的管理始终处于“动态—平衡”往返循环的过程。①

本文虽然把制度看成西南联大管理的关键、学人看成西南联大管理的核心、文化看成西南联大管理的基础，但从管理的环节和过程看，三者没有主次之分，只是发挥的作用不同而已，且从三者的相互关系及作用机制看，它们在西南联大的管理中本质上是同等重要的。但需要指出的是，本文将制度排在前面，是为了强调制度在管理中的特殊作用，即用制度管权、管事、管人是现代管理的必然要求，是符合法治社会和法治国家大学管理的发展趋势的；将学人排在中间位置，一方面恰好从形式上体现其“核心”（中心）的功能，另一方面也反映出其承接左右，联通制度和文化的作用；将文化排在最后有不言而喻的基础性的寓意，即“兜底”的意思，也就是其基础性作用的体现。

综上所述，制度、学人、文化作为西南联大管理的三大核心要素，制度的精细化设计是关键，个体的能动性作用发挥是核心，以师生为主体的文化氛围的创设是基础。制度之所以关键，一方面，是因为制度是文化的传承因子，是形成文化的关键，有什么样的制度引导就能造就什么样的文化，西南联大管理层就是在制定并执行制度的过程中形成一种良好的文化氛围；另一方面，制度是西南联大学人群体行为方式和行为关系形成的关键，无论是“三常委”还是普通教师都以严格遵守制度规范作为行为准则，人既是制定制度的主体，也是执行制度的主体，教师之间、师生之间不仅通过情感建立

① 上图及分析参考罗锐韧：《哈佛管理全集》（上卷），企业管理出版社 1999 年版，第 406～407 页。

联系，更通过制度规范人际关系。学人之所以是核心，因为人是西南联大管理的出发点和落脚点，具体来说，一方面作为管理主体的人，是西南联大制度运行活的要素，是制度制定科学性和执行效能的决定性因素；另一方面人在实施管理的过程中，通过制定制度和执行制度而形成一种文化，文化氛围又反过来促进人的管理，成为文化的受益者，这样学人就成为制度和文化的中间连接点，处于核心位置。文化之所以为基础，是因为管理本身即是一种文化，文化作为管理的环境，为管理主体和管理制度提供必要的基础，西南联大管理也可看作是文化影响的一个结果。人进行的管理以及制度的制定和执行都是在特定的文化氛围中实施的，文化的基础作用就不言而喻了。西南联大管理把制度、学人、文化有机统一起来，贯穿于人才培养、教育教学、科学研究、服务战时需要和民族文化延续的整个系统和过程中，取得了显著成效。这就是西南联大管理的秘密所在，同时也是西南联大管理的鲜明特色。

西南联大最宝贵的遗产是什么

——从内部管理说起

党的十九大报告提出，要“加快一流大学和一流学科建设，实现高等教育内涵式发展”[①]。健全内部治理体系是实现大学内涵式发展的题中之义，有效的内部治理是一流大学建设的重要保障，“建设世界一流大学，必须建立一个国际社会共识的，同时具有中国特色的现代化的大学内部治理体系”[②]。抗日战争时期，由北大、清华、南开三大学联合组建的西南联大，在特殊的历史时期取得了瞩目的办学成就，这与其内部管理密不可分。内部管理是审视与构建大学内部治理体系的重要维度，西南联大的内部管理既吸收了现代大学治理的合理要素，也吸取了中华优秀传统文化养分，是其留下的一笔宝贵遗产。习近平总书记强调，要加强对中华优秀传统文化的挖掘和阐发，把具有当代价值的文化精神弘扬起来。[③] 从历史的角度看，西南联大内部管理的经验已经成为其精神的有机组成部分，蕴含着中华优秀传统文化的基因，应该在新时代大学治理中加以继承和弘扬。但是长期以来，有关西南联大内部管理的研究没有得到足够的重视，似未发现对其内部管理运行体系做专门系统研究的成果，特别是缺乏相应的理论建构和阐释，也未深入阐释其对当下大学内部治理的启示意义。因此，在新时代健全完善大学内部治理体系、实现高等教育内涵式发展的过程中，有必要吸取西南联大内部管理中有价值

---

① 习近平：《决胜全面建成小康社会夺取新时代中国特色社会主义伟大胜利——在中国共产党第十九次全国代表大会上的报告》，人民出版社2017年版，第46页。

② 何玉梅：《世界一流大学建设重在提升内在品质》，载《教育研究》2018年第1期。

③ 习近平：《习近平谈治国理政》第一卷，外文出版社2018年版，第106页。

的经验并加以创造性转化。故而，本文拟就西南联大内部管理运行体系做较深入的探究，在此基础上总结出西南联大内部管理运行体系的理论模式，最后探讨西南联大内部管理的当代启示，希望为健全和完善中国特色现代大学内部治理提供个案参考。

一　西南联大内部管理运行体系勾勒

内部管理运行体系是管理系统中深层次的结构，直接影响着管理的效能。管理的核心在于决策，管理的效果取决于执行，① 内部管理运行的 2 个关键环节在很大程度上即体现为决策和执行。② 结合档案资料分析，西南联大的内部管理运行体系主要由常务委员会（简称“常委会”）的决策、校务委员会和教授会（简称“两会”）的参议、职能部门和教学机构的执行构成。与此同时，设置临时专门委员会负责完成专项工作，并与北大、清华、南开三大学保持密切合作。以下做具体分析：

（一）常务委员会的决策

常委会作为最高权力机构，在西南联大内部管理运行体系中居于核心位置，其决策的职能也处于管理的核心环节。常委会委员由北大校长蒋梦麟、清华校长梅贻琦、南开校长张伯苓担任，③ 简称“三常委”。常委会的决策涉及决策范围、决策形式、决策人员、决策方式 4 个方面的内容。

一是从决策范围看，有关史料中没有明确规定，但通过常委会会议记录中的决议事项及相关档案可知，其决策范围涉及教学、科研、经费、人事、院系及部门设置、校舍建设及分配、师生津补贴发放、学生奖惩等重大事项的最高（最终）决策。④ 二是从决策形式看，常委会通过召开常委会议进行

---

① 周三多，陈传明等：《管理学——原理与方法》，复旦大学出版社 2004 年版，第 238 页。

② 董义才：《管理学》，北京师范大学出版社 2007 年版，第 74 页。

③ 王学珍，郭建荣：《北京大学史料》（第三卷，1937—1945），北京大学出版社 2000 年版，第 1 ~2 页。

④ 北京大学、清华大学、南开大学、云南师范大学：《国立西南联合大学史料》（第二卷），云南教育出版社 1998 年版，第 3 ~453 页。

决策，西南联大存续期间（包含其前身长沙临大在内）先后共召开了385次常委会议，平均约8天召开一次。三是从决策人员看，常委会由“三常委”做决策。张伯苓因长期不在昆明而由南开的杨石先或黄钰生代为参加。常务委员因故空缺时得及时聘请其他人员代理。“三常委”原则上轮流主持工作，[①] 但实际主持校务的是梅贻琦。[②] 据统计，在全部召开的385次常委会议中，梅贻琦担任主席326次，另外由蒋梦麟担任了12次、杨石先代理了26次、黄钰生代理了7次，冯友兰、周炳琳、傅斯年各代理了3次，汤用彤代理了1次，其余人员共代理了4次，[③] 可见在常委会议中主要由梅贻琦任主席。四是从决策方式看，常委会的决策主要通过集体协商形成。常委会实行的委员会制，是一种集体领导的方式，因此在管理运行过程中“三常委”主要通过集体协商做出决策。这种决策方式的推行与“三常委”的团结合作有密切关联。正如有研究指出的，“常委制的规定并不能解决三校联合能否坚持到底的问题……关键在于常委制具体实行中，三常委间能否团结合作”[④]。正是“三常委”间的团结合作、相互尊重和彼此谦让，保障了基于集体协商前提下的决策的顺利推行。

（二）校务委员会和教授会的参议

西南联大设有校务委员会和教授会两个参议机构，即在常委会领导下分别从行政和学术层面协助常委会进行管理运作，在职责范围内参与行使相关权力，因此也可理解为分权力机构。

校务委员会组成人员包括：“三常委”及秘书主任，教务处、训导处、总务处三大处的处长，各学院的院长，全体教授和副教授相互之间选出的代表（每个学院必须有1名以上代表）。校务委员会通过校务会议具体主掌学

---

① 北京大学、清华大学、南开大学、云南师范大学：《国立西南联合大学史料》（第二卷），云南教育出版社1998年版，第79页。

② 西南联大除夕副刊：《联大八年》，西南联大学生出版社1946年版，第201页。

③ 北京大学、清华大学、南开大学、云南师范大学：《国立西南联合大学史料》（第二卷），云南教育出版社1998年版，第3～452页。

④ 吴宝璋：《享誉世界的西南联大》，云南教育出版社2012年版，第36～37页。

校的日常行政事务以及常委会交议的事项。[①] 校务会议召开时，以常委会主席为主席。

教授会成员由全体教授、副教授组成，“三常委”及秘书主任为其当然成员。教授会通过教授会议专主学校的学术事务以及常委会议或校务会议交议事项。[②] 教授会议开会时，以常委会主席为主席。在院系层面，“至一系每包括三校之教授。为求便于合作起见，各系皆设一系教授会议，其主席由常委会就各系教授中推定之”[③]。各学系教授会主席（后改称系主任）决定该学系课程的编制、工作的分配、设备的筹划等。

常委会议、校务会议、教授会议（简称“三会”）实际上构成了西南联大的三大权力机构。其基本关系是，常委会议行使最高权力，进行最高决策，议决学校运作中的一切重大事项；校务会议主要负责审议行政常规事宜，并定期向常委会议汇报议决事项；教授会议主要负责审议本校学术事务，以此保障学术按照其自身的规律运转，体现了学术自由和独立。教授会议也定期向常委会议汇报工作。

需要指出的是，不难发现三者也有职能交叉甚至重叠的情况，但这其实并不矛盾，例如，常委会议与校务会议在议决学生考试及放假时间、学校年度决算上有交叉[④]；常委会议与教授会议在议决学生毕业事项上有交叉[⑤]；校务会议与教授会议在议决教职员生活困难解决问题上有交叉。[⑥] 这里的“交叉”并非纯粹意义上的“重叠”，它一方面蕴含着一种决策上的“层级结

---

① 西南联大：《国立西南联合大学布告（第六十号）》，云南省档案馆，1938 年 5 月 26 日，1032 - 001 - 00015 - 015。

② 西南联大：《教授会组织大纲》，云南省档案馆，1939 年 1 月 1 日，1032 - 001 - 00002 - 014。

③ 北京大学、清华大学、南开大学、云南师范大学：《国立西南联合大学史料》（第一卷），云南教育出版社 1998 年版，第 4 页。

④ 北京大学、清华大学、南开大学、云南师范大学：《国立西南联合大学史料》（第二卷），云南教育出版社 1998 年版，第 471 页。

⑤ 北京大学、清华大学、南开大学、云南师范大学：《国立西南联合大学史料》（第二卷），云南教育出版社 1998 年版，第 525 页。

⑥ 北京大学、清华大学、南开大学、云南师范大学：《国立西南联合大学史料》（第二卷），云南教育出版社 1998 年版，第 536 页。

构”——循序向上的“决策—上报”机制，比如对学生的惩罚，先由校务会议或者教授会议提出意见或建议，呈报常委会议最终审定惩罚结果。再比如，校务会议对部分议事范围是议而不决，只由其初审，拿出意见后报常委会议审定和议决，诸如学校经费的预算、院系的设置与废止、重大规章的制定等均属此类事项。另一方面蕴含着对某事的议决在规定权限范围内做出。比如，对教职员生活困难问题的解决，教授会议负责确定参与解决的人员，校务会议初审解决办法，常委会议最终审核通过办法。整体上三者分工明确，职责明晰，形成良性运转体系。

（三）职能部门和教学机构的执行

西南联大的职能部门主要包括教务处、训导处、总务处三大处，与五大学院配合负责执行常委会议的决策，同时执行校务会议和教授会议的相关议决事项。因常委会议的决策主要靠职能部门和学院的执行，为此建立了各院院长和三大处处长列席常委会议的制度，规定自1938年10月18日起，“常务委员会开会时，请各院、处长列席”[①]。列席者称为“校委”。[②] 院长、处长因故不能列席时，必须有人代其参加。“校委”虽然无表决权，但绝不能随意进入和退出会议，这样才能保障决策的知情以及执行的顺畅。

在具体执行决策的工作中，教务处以履行教务工作为主，训导处以学生的训导和训育工作为主，总务处以事务性、保障性、后勤性工作为主。教学机构的执行通常体现在五大学院与三大处的协作与配合上。三大处的宗旨都是为学院的教学服务，教务处侧重教务事宜，训导处注重学生日常操行的训练，总务处注重后勤的保障，三大处寻求密切配合，最大限度发挥学校事务的教育价值。在整体运作上，院长主持院务，统筹协调学院与三大处之间的关系；在学生训导上，三大处与院系配合，训导职责由训导长主导，但由教务长、总务长、各学院院长、各系主任、各导师共同负担；在预算编制上，院长要根据学院实际，先行编制预算，并与三大处商定后报校务会议初审，

---

① 北京大学、清华大学、南开大学、云南师范大学：《国立西南联合大学史料》（第二卷），云南教育出版社1998年版，第70页。

② 云南师范大学档案馆：《珍档撷英——云南师范大学校史资料选编》，云南大学出版社2014年版，第211页。

最后由常委会议核定；在课程设置上，院长与系主任商定学院的各项课程，并由教务处审核，最后由教授会议议决；在教师的聘任上，各系教员、助教的聘任，系主任要同院长、教务长进行沟通协商，经聘任委员会通过后，报常委会议议决；另外，学院与三大处所属机构联系，须先经三大处同意方能进行。①

除三大处和五大学院外不再设置其他常设机构，而以临时专门委员会履行相关职能。西南联大先后设置了70余个临时专门委员会，② 几乎覆盖学校当时全部主要专项事务领域。各临时专门委员会在常委会直接领导下与三大处合作配合，负责处理服务院系师生的专项性和阶段性工作。例如，“一年级学生课业指导委员会”负责处理的是学生课业辅导的专项性工作；“校舍委员会”负责校舍的调整与分配，③ 事情处理完毕即告结束。此外，组成西南联大的北大、清华、南开三大学均在昆明设立办事处，独立处理各自所属事务，并原则上单独管理研究所、培养研究生，但实际上西南联大与三大学形成良好合作关系，在管理中双方并行不悖。

二　西南联大内部管理运行体系的理论模式构建

根据上述分析，西南联大的内部管理运行体系基本地由常委会的决策、“两会”的参议、“三大处”和“五大学院”的执行、临时专门委员会专项工作的开展，以及与三大学的合作构成。在此过程中，决策和执行是主线，围绕这一主线形成决策的内核心和执行的外循环系统。据此，西南联大的内部管理运行体系从理论上可概括为“基于‘决策—执行’组织架构的‘内核心—外循环’管理模式”。根据这一理论模式，可形成西南联大内部管理运行系统图，如下所示：

---

① 清华大学校史研究室：《清华大学史料选编·国立清华大学时期（1928—1937）》（第二卷·上），清华大学出版社1990年版，第171～172页。

② 北京大学、清华大学、南开大学、云南师范大学：《国立西南联合大学史料》（第二卷），云南教育出版社1998年版，第3～453页。

③ 西南联大：《公布本学期校舍分配办法》，云南省档案馆，1939年9月19日，1032-001-00205-005。

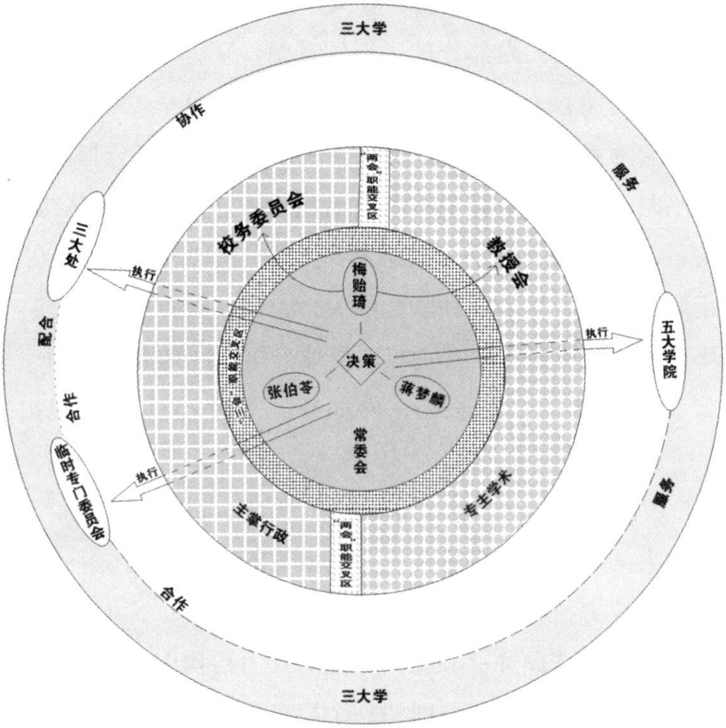

西南联大内部管理运行系统图

上图所示：①“梅贻琦”与“校务委员会”“教授会”之间的箭头线表示梅贻琦是校务委员会和教授会主席。②指向“三大处”“五大学院”“临时专门委员会”的双箭头线，实线部分表示管理上的直接领导和直接负责，虚线部分表示非直接领导和非直接负责。具体情况是，三大处、五大学院、临时专门委员会受常委会直接领导，对其直接负责；临时专门委员会不受校务委员会和教授会领导，不对其负责；三大处、五大学院则不完全受校务委员会和教授会领导，也不一定对其负责；③“三大处”“五大学院”“临时专门委员会”间的单箭头线，实线表示职能履行中管理与被管理的程度高，虚线相反。④“‘三会’职能交叉区”指的是常委会、校务委员会、教授会在实际运行中的权限交叉部分；“‘两会’职能交叉区”指的是校务委员会和教授会在实际运行中的权限交叉部分。⑤最外围是组成西南联大的北大、清华、南开三大学，与西南联大之间是既联合又独立的关系。

由中可见，西南联大内部管理运行体系中，平行与半平行、隶属与半隶属、合作与独立的关系交织其间，形成一个“内核心—外循环”运行结构，即内部以常委会为系统核心，校务委员会和教授会行使部分权力，职能部门、教学机构、临时专门委员会等根本性质上属于平行关系，不是纯粹的管理与被管理的关系，它们共同围绕常委会形成服务与合作的良性外在循环体系。同时，西南联大与三大学是一种联合的关系，但三校原来之组织与决策系统分别保持不变，各自享有独立自主权。具体分析，西南联大这种“基于‘决策—执行’组织架构的‘内核心—外循环’管理模式”呈现出以下基本特征：

（一）既联合又独立的管理格局

在西南联大的内部管理运行中，与三大学既是联合的统一体，又是相对独立的主体，其权力结构特征类似复合制的结构形式。这主要是基于约翰·范德格拉夫（John H. Van de Graaff）等人对权力结构中关于“决策的统一性或连贯性的程度”的观点而言，即“一个层级的组织采纳和执行统一的政策的程度”。据此，西南联大组织结构类型是“高度内聚结构”与“联邦结构”的混合体，前者“在一元化决策的情况下，构成一定层次的单位有完整的组织形式，它们拥有正式的职权，并作出适用所有组成单位的有约束力的决定”；后者“也存在完整的正式组织，但它与各组成单位分享职权和决策权，各组成单位既追求各自的目标又追求整个组织的目标”①。

联系到西南联大的内部管理，统一的是三大学共同组建形成了新的管理系统，产生了“三会”、三大处、五大学院等新的实体，有共同人事关系的教师、共同学籍的学生以及经费、设施设备等资源，营造共同的文化，形成了共同的信念，由常委会行使一元化的决策，做出适用于整个管理系统的所有单位（组成部分）的决定，并且具有普遍的约束力。独立的是三大学原来的组织与决策系统分别保持不变，各自享有相应的独立自主权，仍然各自保

① ［奥］约翰·范德格拉夫等著，王承绪等译：《学术权力——七国高等教育管理体制比较》，浙江教育出版社2002年版，第3页。

留自己的校长、昆明办事处、研究所，以及各自单独聘任的教师和隶属自身的研究生，与西南联大这个统一体“分享职权和决策权”，既有共同的“南渡”使命，又有各自追求的具体办学目标。

在由“高度内聚结构”与“联邦结构”混合形成的这种复合制结构体中，形成西南联大既充分联合又相对独立的管理格局。高度内聚结构特征保证了三大学的充分联合，促进了办学资源的有效整合、优势互补和形成合力；而联邦结构特征在维持三大学的相对独立的同时，又有效减少了它们之间的利益摩擦并兼顾了三大学的个性化发展，从而确保了三大学能够在“同无防异，异不害同，五色交辉，相得益彰”① 的团结氛围下坚持联合办学。同时需要特别指出，“在学术生活的组织中，联邦结构具有特殊的重要性，因为这种结构允许系或讲座较为自由地致力于教学与研究，同时保持一定程度的协调，以实现共同的目标”②。这是西南联大教学和科研取得成效的一个重要原因。

（二）内中外三层联动的管理系统

西南联大的内部管理运行体系整体上分为内中外三大部分，内部是核心中枢，行使最高权力，管决策；中间是参议机构，行使分权力，掌行政权和学术权；外部是执行系统，各部门和机构既各司其职又相互配合，负责执行。除此之外，西南联大与三大学形成密切合作与协调。从管理的组织结构类型看，这是一种任务型组织结构，与任务型的领导方式相适应，决策机构的领导方式恰属于团队型领导方式，这避免了可能造成的“某些学术工作者没有充分的参与权力……被排除在决策过程之外”③ 的情况。

从管理的组织性看，根据马克斯·韦伯（Max Weber）关于“管理

---

① 冯友兰：《国立西南联合大学纪念碑碑文》，1946 年。

② ［奥］约翰·范德格拉夫等著，王承绪等译：《学术权力——七国高等教育管理体制比较》，浙江教育出版社 2002 年版，第 3 页。

③ ［奥］约翰·范德格拉夫等著，王承绪等译：《学术权力——七国高等教育管理体制比较》，浙江教育出版社 2002 年版，第 2 ~ 3 页。

(Verwaltung)，正是支配在日常生活中的运行和执行”[①] 的观点，组织性的本质在于当情况发生时个体或群体能以被期待的方式出现并行动，“如果在特定的人群或个人身上欠缺了这种行动类型的机会，那么它便只是一种‘社会关系’而已，还称不上是‘组织’。另一方面，只要存在着这种行动的机会，即使其中的个人可能完全更换了，社会学意义上的组织仍‘存在’”[②]。其中“被期待”的主体在韦伯那里指“领袖”或者“管理干部”，这里具体指西南联大的“决策中枢”，并在一定程度上兼指“参议机构”；“被期待”的对象原意为韦伯所谓的群体或个人，这里具体指除“三会”外，其他组织机构、部门以及师生个体或群体。在实际运行中除了常委会外，其他所有机构、部门的人员变化很大，近一半人员几乎达到了“完全更换”的程度，[③] 但这并没有缺失“被期待”的“行动倾向的机会”，也就是说这些人员始终遵循着“组织秩序”和“组织行动原则”，自觉履职，从而维持了管理系统的组织性。

在组织性的内驱力之下，个体以被期待的方式出现并行动时，他们间的关系实质上是平行与协作的关系，而非纯粹管理与被管理的上下级隶属关系，因为“学术界的基本准则是所有成员平等”，[④] 这种关系在实际管理运行过程中既有明确的职责权限，各司其职负责各自领域的工作，也有交叉重叠之处，相互配合协助，保持了管理的高效性。西南联大这种内部管理运行体系的优势在于，管理的内容由内向外呈现出从宏观向微观的逐步延伸，管理的人员由内向外呈现出从少数人向多数人的渐进变化，有利于决策和事务的层层分解；同时，部分管理人员在内中外三个层级中交叉任职，起到了桥梁作用，有利于促进三个层级之间的良性互动和有效沟通。

---

① ［德］马克斯·韦伯著，康乐等译：《支配的类型》，广西师范大学出版社2010年版，第305页。

② ［德］马克斯·韦伯著，顾中华译：《社会学的基本概念》，广西师范大学出版社2011年版，第88页。

③ 杨燕江：《西南联大治理模式论》，云南人民出版社2022年版，第253~265页。

④ ［奥］约翰·范德格拉夫等著，王承绪等译：《学术权力——七国高等教育管理体制比较》，浙江教育出版社2002年版，第4页。

（三）高度集权与合理分权相结合的决策机制

从三大会议的权力层级和人员构成看，西南联大内部管理实行的是集权与分权相结合的决策机制。高度集权指的是常委会的统管统摄，在实际管理运转中，“两会”的当然成员都包含“三常委”及秘书主任，且召开会议时均以常委会主席为主席。合理分权指的是常委会将日常行政权和学术权分别赋予“两会”。

在权力层级上，常委会议层级最高，校务会议和教授会议次之。在人员构成上，常委会议的参会人员全部为当然成员；校务会议的当然成员有12名，公共选举产生的成员有11名；教授会议当然成员只有4人，其余全部为选举产生的成员173人（以1942年全体教授、副教授统计）。[①] 由此看出，三大会议中，权力层级最高的常委会议当然成员所占比例最高，全部为当然成员；校务会议的当然成员占到了参会人员的一半以上；只有教授会议的成员以公共选举产生的为主。当然成员主要代表的是“校长”权力，公共选举产生的成员主要代表的是“教授”权力，因此从一定程度上可以认为西南联大实施了“校长治校”和“教授治校”相结合的管理模式（部分研究简单地认为西南联大实施的是“教授治校”模式，这显然与史实有不符之处）。“校长治校”由校长决定学校的一切事务，“教授治校”要求学校事务由教授群体协商议决。[②] 前者主要体现了集权的特征，后者则主要体现了分权的特征。

“高等教育机构作为高深知识的场所，其内部的组织与管理应当符合高深知识活动的规则”，只有“对高深知识活动的特殊工作条件、特别是对不同知识领域不同的工作条件有比较深入的了解，高等教育机构的组织和管理才能根据其特殊的要求来进行安排”[③]。由此观之，西南联大这种高度集权与合理分权相结合的决策机制安排有其合理性，它不仅为师生群体对“高深知识”的探求创造了条件，而且避免了一种合法性的困境——即使学校事务由

---

① 北京大学、清华大学、南开大学、云南师范大学：《国立西南联合大学史料》（第四卷），云南教育出版社1998年版，第321～323页。

② 蔡磊砢：《蔡元培时代的北大“教授治校”制度：困境与变迁》，载《高等教育研究》2007年第2期。

③ 陈洪捷：《论高深知识与高等教育》，载《北京大学教育评论》2006年第4期。

教授进行决策，但是教授对决策后果并不负有责任，学校的全部责任仍由校长担负。① 正是高度集权与合理分权相结合的决策机制既避免了专权，又确保了决策的高度统一性，从而保障了西南联大内部管理的有条不紊和执行有效。

三　从“管理”到“治理”：西南联大内部管理对新时代大学内部治理的启示

在结构系统上，大学内部管理与内部治理的主体结构基本是重叠的，均指涉决策权、行政权、学术权、监督权等权力主体及相互关系。② 从历史逻辑看，大学治理是在大学管理基础上发展衍生的，是大学管理追求的更高标准，③ 如果管理反映了历史的实然状态，那么治理则反映的是对未来追求的应然状态。在一定程度上，管理已然成为治理的历史隐喻。因此，从“管理”到“治理”是大学发展变革和组织运行的自我超越，顺应了国家治理体系和治理能力现代化的趋势与要求。当前，推进新时代大学建设，亟须推动大学管理向治理转变，实现大学内部治理能力的现代化。④ 所以，西南联大内部管理与新时代大学内部治理的联结，不仅揭示了管理与治理承前启后的内在发展逻辑，而且体现了历史与现实的时空联系。将西南联大内部管理的历史经验转化到现实的大学治理启示中，既需要历史的思维视野，也需要现实的理念超越，并最终聚焦到内部治理这一对新时代大学建设得失成败具有决定性影响的问题上，⑤ 既严肃审视西南联大历史场域内部管理的实际状况，

---

① 蔡磊砢：《蔡元培时代的北大“教授治校”制度：困境与变迁》，载《高等教育研究》2007 年第 2 期。

② 赵新亮：《大学内部治理能力现代化的权力运行机制》，载《重庆高教研究》2015 年第 1 期。

③ 李福华：《大学治理的理论基础与组织构架》，教育科学出版社 2008 年版，第 22 页。

④ 赵新亮：《大学内部治理能力现代化的权力运行机制》，载《重庆高教研究》2015 年第 1 期。

⑤ 眭依凡：《关于一流大学建设与大学治理现代化的理性思考》，载《中国高教研究》2019 年第 5 期。

又对接当前大学内部治理的应然诉求，以下层面应重点关注：

（一）在新时代大学内部治理中必须有坚强的领导和决策中枢

西南联大的内部管理之所以能在内外部复杂的环境中较为顺利地推行，一个重要的原因就在于其有一个领导和决策中枢——常委会，由常委会统一领导校务委员会和教授会进行决策，确保了“南渡”使命的完成。如果作一个对照的话，常委会、校务委员会、教授会分别相当于今天大学的党委会、校长办公会、学术委员会。西南联大常委会委员是校务委员会和教授会的当然成员，且常委会主席同时是“两会”主席。这给我们的启示就是，新时代在推进大学内部治理体系和治理能力现代化过程中，一定要理直气壮、名正言顺坚持党的领导，“牢牢掌握党对高校工作的领导权，使高校成为坚持党的领导的坚强阵地”[①]。在实际运行中就是必须坚持和落实好党委领导下的校长负责制，校党委既要管总，管控全局，又要抓大放小，合理分权，正确处理好党委领导、校长负责、教授治学的关系。办好中国的事关键在党，办好中国的大学关键也在党。中国的国家治理中枢和核心是中国共产党，大学的内部治理必须且必然在党的领导下有序进行。

（二）在新时代大学内部治理中要注意参与主体的多样性

西南联大的内部管理体系体现出的治理逻辑是，常委会、校务委员会、教授会、职能部门、教学机构、临时专门委员会、三大学共同参与管理运行，并形成了基于“决策—执行”为组织架构的内外联动的良性运行机制，这正诠释了现代大学治理的多主体性参与理念。在大学治理中，各参与主体分别代表权力的一极，“从权力的视角看，大学充满着各种权力，除政治权力和行政权力以外，还有学术权力、学生权力、职工权力、校友权力、家长权力以及其他利益相关者的权力”[②]。因此，大学治理需要多主体的参与，多主体的治理参与才能保障治理的民主性，应科学合理定位各主体的职能与角色。另外，要特别注意到，在中间层西南联大由校务委员会和教授会参与学校决

---

① 习近平：《习近平谈治国理政》第二卷，外文出版社 2017 年版，第 379 页。

② 张德祥：《1949 年以来中国大学治理的历史变迁——基于政策变革的思考》，载《中国高教研究》2016 年第 2 期。

策，分别执掌行政权和学术权，“两会”的成员又都是教授。这给我们的一个启示就是，大学内部治理中在注重参与主体多样性的基础上，要充分发挥教授的重要作用，兼顾并平衡好其在行政和学术中的定位。

（三）在新时代大学内部治理中要在制度创新上大胆尝试和探索

建设现代大学制度是一流大学建设的重要任务，[①] 是大学内部治理体系有效运转的基础性保障。西南联大的内部管理既吸收了现代大学治理的理念和制度，例如学术自由的理念和教授治校的制度；同时也吸收了中国传统文化的精神，例如刚毅坚卓的精神，其内部管理模式既不是单纯的西方大学模式，也不是纯粹的中国传统的书院模式，而是融贯中西基础上的新型模式。西南联大内部管理其“形”虽有见于西方现代大学制度的影子，但其“神”则蕴含中华优秀传统文化的精髓。大学简单地说，是由精神和制度支撑着的，离开了精神制度就没有存在的意义，没有了制度精神就失去了重要的载体。新时代大学建设“需要突破内部管理制度的惯性”，[②] 在传承和弘扬优秀传统文化精神的基础上大胆进行制度的创新尝试和探索，而创新要在学校层面坚持党委领导下的校长负责制、学院层面坚持党政联席会议制度的前提和框架下进行。比如，可参考西南联大的做法，适当多设置临时专门委员会开展专项性工作，任务完成即可撤销，而不轻易增设常设机构，避免机构和人员的冗杂以及经费开支的增多。同时，临时专门委员会可在校党委的直接领导下开展工作，以此提高决策的执行力和效率。再比如，西南联大的职能部门负责人、临时专门委员会召集人及成员都由教授担任，且都不为此单独领取额外酬金，负责人下面也不设副职。新时代大学内部管理中也可尝试这种做法，以此达到管理与学术的交互，提高内部治理的效能。

（四）在新时代大学内部治理中要继承和发扬优秀传统文化精神

西南联大内部各机构间以及与三大学间的密切配合与紧密合作，一方面从整体上体现出为抵御侵略、共度时艰、保存文脉而进行“文化抗战”的爱

---

① 赵祥辉，刘强：《一流大学建设视域下现代大学制度的诠释与建构》，载《黑龙江高教研究》2018 年第 11 期。

② 潘军：《双一流建设的路径演化：一个制度创新的论域》，载《国家教育行政学院学报》2018 年第 2 期。

国主义精神；另一方面体现出知识分子群体在国难当头时的责任与担当，勇于承担责任，担当历史使命；再一方面则体现出三大学间秉持了包容的精神与气度，使西南联大“以其兼容并包之精神，转移社会一时之风气，内树学术自由之规模，外来民主堡垒之称号”[①]。有了包容的精神，也就能产生“和”与“合”的胸怀。爱国、责任、担当、包容、和合都是中华优秀传统文化精神，西南联大在抗日战争的特殊历史转型期依靠这些精神的支撑，完成了历史使命。新时代大学治理正处在全面深化改革、推进国家治理体系和治理能力现代化的重要关头，处于另一个特殊的历史转型期，在实施内部治理的过程中各主体仍然需要继承和弘扬这些历久弥新的优秀传统文化精神，正确处理好责权利关系，以此构建高度耦合的内部治理体系能量场域。

四　结语

西南联大在特殊的历史时期形成了以常委会决策、校务委员会和教授会参议、职能部门和教学机构执行、临时专门委员会开展专项性工作、与三大学紧密合作为基本要素的内部管理运行体系，在理论上这是一种“基于‘决策—执行’组织架构的‘内核心—外循环’管理模式”。西南联大的内部管理体系具有现代大学内部治理的合理逻辑，更蕴含着中华优秀传统文化的精髓，是新时代大学治理可资借鉴的一个本土案例。应该清醒认识到，“我国有独特的历史、独特的文化、独特的国情，决定了我国必须走自己的高等教育发展道路，扎实办好中国特色社会主义高校。”[②] 在这条道路上，要扎实走好内部治理这步棋。在广泛的意义上，大学治理不仅是“国家治理的重要领域，推进大学治理能力现代化，提升大学治理能力，已成为国家的重要战略目标和任务”[③]。而现实中大学治理“仍是困扰中国大学，特别是顶尖大学成

---

① 西南联大除夕副刊：《联大八年》，西南联大学生出版社 1946 年版，第 1 ~2 页。

② 习近平：《习近平谈治国理政》第二卷，外文出版社 2017 年版，第 376 页。

③ 甘辉：《基于大学治理能力现代化的大学治理体系构建》，载《高等教育研究》2015 年第 7 期。

为世界一流大学的重要制约因素”①。在新时代“双一流”建设进程中，需要大学探索出具有中国特色的现代治理模式，那么借鉴西南联大内部管理的经验，应该持续推进和深化自身内部治理的探索和创新，甚至要比外部治理超前一步、先行一步，试图在内部治理体系改革上取得某种突破，从而实现“为人民服务，为中国共产党治国理政服务，为巩固和发展中国特色社会主义制度服务，为改革开放和社会主义现代化建设服务”② 这“四个服务”的目标，特别是能在为发展中国特色社会主义制度上有直接贡献，进而为其他“三个服务”积累经验。故此，这当然也是实现高等教育内涵式发展的内在逻辑。

① 钱颖一：《大学治理：美国、欧洲、中国》，载《清华大学教育研究》2015 年第 5 期。

② 习近平：《习近平谈治国理政》第二卷，外文出版社 2017 年版，第 377 页。

西南联大“三常委”大学理念比较研究

党的二十大报告指出：“教育是国之大计、党之大计。”① 因此，教育强国建设必然是“国之大者”。教育要真正成其“大”，理念之大当属重中之重。没有理念的教育是没有灵魂的教育，教育强国必须有教育理念的有力支撑。在党和国家层面、在推进中国式现代化进程中，有习近平新时代中国特色社会主义思想的指导，有习近平总书记关于教育的重要论述作为推进教育改革创新的根本遵循，而在具体实践中特别是在一流大学建设中，则需要大学办学理念的引领。但大学理念的形成不是一朝一夕之事，既需要理论的涵养，也需要实践的探索，还需要历史经验的传承和弘扬，对西南联大“三常委”大学理念的研究就属于这个范畴。

一　研究回顾及概念构建

要研究大学理念，首先必须厘清理念的基本概念，同时廓清理念与理论、理想等概念的区别，这样才能透视大学理念的核心内涵。一般来说，诸如大学理念、大学理想、大学精神之类概念属于哲学层面的认识，因此难免有形而上的争论，即便如此，参考和借鉴其他人的研究和认识仍然是必要且重要的。

（一）理念与大学理念

一是对理念的剖析。《辞海》中柏拉图对“理念”的解释是，理念是指“独立存在于事物与人心之外的一般概念，它是事物的原型，事物不过是理

① 习近平：《高举中国特色社会主义伟大旗帜为全面建设社会主义现代化国家而团结奋斗——在中国共产党第二十次全国代表大会上的报告》，人民出版社 2022 年版，第 34 页。

念的不完善的‘摹本’或‘影子’。事物之所以存在，是因为他们‘分有’了理念，理念是永恒不变的、绝对的，是唯一真实的存在”[①]。此种解释带有先验的神秘感，具有唯心性。德国教育家、哲学家雅斯贝尔斯在《什么是教育》一书中指出，“大学的理念存续于每一位学生和教授的实践，相较而言，大学的机构形式则是次要的，如果大学的生命消解了，仅凭机构形式无法将其挽救”[②]。西方对理念与大学理念的研究基于其哲学世界观和大学发展的历史。在这里，雅氏将大学理念解释为一种与实践相对应的、看不见的“生命”，视其为支撑大学发展的内在力量，缺失了这种生命的力量，大学将“存之不存”——即使保留机构的形式，也是一种虚设。

我国学界认为，长期以来“理念”这一词不是普遍使用的概念，“理念”这个概念在一般的教育文献中的使用也并不多见。“理念”一词主要作为一个哲学术语，较早在古希腊哲学家柏拉图和德国哲学家黑格尔哲学体系里使用。从传播路径看，学界还有人认为，台湾学者比大陆学者较先使用了这一词，随后在大陆与台湾日益增多的文化交流中，“理念”一词逐渐被大陆学者采用，并随着多学科发展及教育研究的深入而被引入到教育研究领域。

随着研究的深入，结合大学形成了一些比较有代表性的对理念的界定，比如程光泉认为，理念是一个哲学范畴，是同类事物最完美、最完全的本质，是事物的共性。与此相应，大学理念即是对“大学”这一社会存在的最完美、最完全的本质和特性的规定，是其本然或应然的状态，是大学之所以为大学的共性和根本规定性，它指引和决定着大学的功能、定位、价值选择和发展方向。[③] 这个界定首先把理念置于哲学的范畴来审视，在此基础上把理念理解为大学质的规定性，由它决定了大学的显性功能的释放，主要包括其功能、定位、价值及其相应的实践实然状态。

理念与理论是两个比较相近的概念，理念的英语是 idea，理论的英语是

---

① 《辞海》，中华书局 1999 年版，第 1367 页。

② ［德］雅斯贝尔斯：《什么是教育》，读书·生活·新知三联书店 2021 年版，第 144 页。

③ 程光泉：《哲学视野下的大学理念、大学精神、大学文化》，载《北京师范大学学报（社会科学版）》2010 年第 1 期。

theory，两者有联系也有区别，对理论的探析有助于对理念的理解。顾名思义理论指理解和论述，是指人们对事物本身的掌握和阐释，是一种从现象到本质、从特殊到一般的概括。例如，我们熟知的社会科学理论是对于社会现象和规律的理解和论述，而自然科学理论则是人们对于自然世界的理解与论述。由此可见，理论是人们运用自己的知识和经验对事物现象的本质加以提炼的结果。它不满足于现象，也不满足于特殊，而是一种由此及彼、由特殊到一般、由外到内地对事物属性和本质的深层次认识。

可以看出，理念更强调对本源和存在的把握，理论注重在人的认识基础上对现象分析而达到掌握规律性的东西。理念更强调对原初的存在的把握，但往往是零散的、不系统的观点；理论则在理念的基础上有了更系统、更深入、更整体的思考和理解，形成了成体系的思想和观点。但两者也有类似之处，那就是他们都是具有哲学上位概念的词汇，都具有抽象性和概括性等特征，同时都强调对本源和本质的探索。

二是对大学理念的理解。在对理念和理论理解的基础上，就自然回到大学理念的概念与内涵上，这是研究大学的重要内容。比如，韩延明提出，大学的理念就是大学在理性认识的基础上所形成的理想追求、教育哲学观点及教育思想观念，集中体现了人们对大学本质、宗旨、使命、功能等的认识，是对大学是什么、大学做什么和怎样办大学的理性认识，因此大学理念是个内涵极其丰富的概念，它是零散的、感性的大学教育观念通过理性认识而形成的系统化、哲学性的理论观点，具体包括大学的办学思想、发展方向、目标确立、运营策略、社会责任以及人们对理想大学模式的系统构想，并指出大学理念既是理论的，又是实践的。①

此观点较为全面、系统和深入，首先强调大学理念是“理想追求、教育哲学观点及教育思想观念”的综合，这是第一层逻辑；然后在此基础上进一步指出，大学理念“体现了人们对大学本质、宗旨、使命、功能等的认识”，这是第二层逻辑；最后进而指出，大学理念“是对大学是什么、大学做什么和怎样办大学的理性认识”，这是第三层逻辑。三个层面的逻辑层层递进、

① 韩延明：《大学理念及其相近概念辨析》，载《教育发展研究》2004 年第 Z1 期。

步步推演。

再比如朴雪涛提出，“大学理念是大学的本体论哲学，它是大学利益相关者对大学‘内在属性’和‘外在形态’的追问。……大学理念也就相应地包含了两方面的内容：一是关于‘什么知识最有价值’的回答；二是关于‘大学功用’的定位”①。不难看出，此观点意在从哲学的视角，从内与外两个维度阐释大学理念的双层嵌套逻辑，实际上也是从体与用、术与器的联系揭示大学理念的内在互动关系，着重强调在对“什么知识最有价值”认识的基础上，形成“大学功用”的明晰定位。

（二）大学精神与大学理想

一是对大学精神的探究。无论是在理论还是实践中，大学精神都时刻影响着大学的运转，虽然看不见也摸不着，但却无处不在。即便如此，对大学精神的理解和认识却仍然仁者见仁、智者见智。周本贞等认为：“大学精神就是大学在自身存在和发展的过程中，经过大学人长期的继承与创新的历史积淀而最终形成的共同追求、理想信念、相对独特的价值观和稳定的气质。”② 他们认为，大学精神是大学传统的凝结，是对大学理念的一种内在表达，因为大学理念是大学精神的上位概念。

另外韩延明则认为：“大学精神是指赋予大学以生命活力，并反映了其历史传统、观念形态、社会声誉、人际关系、师生心态、校风校貌和学校个性化特色的一种校园精神文化形态，它是在校园文化特别是校园传统精神文化的基础上，通过校园文化主体的实践活动，并经历史的积淀、凝练发展而成的、高度成熟并被全校师生员工一致认同、具有特殊意义的优秀文化教育遗产和宝贵精神财富。”③ 此种观点认为，大学精神不是一种表层的东西，而是一种深层的元素，是一种在教师、学生的共同实践中于心底默认的价值和意义，并通过师生的性格、道德、行为等要素表现出来，代表了一个大学的

---

① 朴雪涛：《大学理念：意义的阐释与范式的转换》，载《教育研究》2008 年第 8 期。

② 周本贞，高建国，蔡正非等：《守望大学精神》，中国大百科全书出版社 2005 年版，第 16 页。

③ 韩延明：《大学理念及其相近概念辨析》，载《教育发展研究》2004 年第 Z1 期。

气质。

很显然，学界对大学精神有广泛深入的研究，形成了不同的概念和内涵，在此不能全部列举或呈现。同时，上述观点也不一定是最具代表性的观点，作为例子的意义在于，他们实际上分别揭示了两种对大学精神的研究理路，即前者注重对大学精神历史维度的阐释，后者倾向于强调文化的要素，但两者均注意到了大学精神是作为一种内化了的形式而存在的，是剔除了某些具体内容的、内在的稳定性气质，保留了某些纯粹形式的东西的一个概念。如果从更深层进行探究，无论是前者关于大学精神的历史向度，还是后者的文化向度，都可统一为哲学层面的实践范畴。换言之，历史与文化都是实践的，这是历史唯物主义和辩证唯物主义的观点。

二是对大学理想的透视。许征帆主编的《马克思主义辞典》对理想进行了解释，指出理想是一种道德意识概念，指对事物未来的想象、希望和追求，是人们生活和奋斗的目标，是在客观根据的基础上对事物发展的一种合理想象和科学预见。[①] 由于理想是不同价值观、世界观和意识思维的反映，因此大学理想也有不同种类。

顾明远将大学理想分为四类：一类是人文主义的大学理想，以英国大学为代表；一类是功利主义的大学理想，以美国大学为代表；一类是科学研究性的大学理想，以德国大学为代表；一类是教育机会均等主义的大学理想。[②]

有学者则从哲学的层面将大学理想分为三种：一种是理性主义的大学理想，以纽曼、洪堡、怀特海、赫钦斯、弗来克斯纳等人为代表，他们从永恒主义的角度强调大学对理性的启发和对永恒真理的追求，因为他们相信人的永恒本质、教育的永恒本质不变，从而注重古典学科在课程结构中的地位和作用。一种是工具主义的大学理想，以克拉克、科尔、瑞德、博克等人为代表，强调大学为国家服务。一种是存在主义的大学理想，以尼采、加塞特、雅斯贝尔斯、艾肯、沃尔夫人等人为代表，他们把人的存在及人的个人主观意识，当作其存在的出发点，基本论点是萨特的“存在先于本质”，意为人

---

① 许征帆：《马克思主义辞典》，吉林大学出版社 1988 年版，第 1116 页。

② 顾明远：《大学的理想和高等教育改革》，载《吉林教育科学》1997 年第 9 期。

首先存在着，通过他自己的自由选择而决定他的本质，教育的本质在于使学生实现“自我创造”。

基于理想的概念界定以及大学理想的类型，大学理想可看作是一种遵循了大学理念、按照大学理念的题中之义所展现的对大学应然状态的设想。理想总是源于现实，需要在处理好各种现实关系的进程中去达成，所以大学理想蕴含着实践的鲜明导向，在一定程度上，可以说大学理想就是大学实践的可能性。

（三）本研究概念界定

综合上述学者对大学理念的分析，不难看出，大学理念是理念层面的关于大学是什么、应该如何办大学、大学应该办成什么样的理性认识；从哲学的层面看，大学理念是大学理想和大学精神的上位概念，是关于大学的最本源状态和最高层次的理性认识，蕴含着大学的含义、性质、目的、职能、使命等核心要素，因此大学理念具有本源性、抽象性、综合性、概括性等特点。

大学理念的上述定义属本质性定义，本质性定义是对事物的本质特征的概括。[①] 为了方便研究，本文将给大学理念下一个操作性定义对事物本质特征作一种具体化表述。[②]

既然大学理念涵盖了大学的意义、性质、价值、使命等核心要素，而这些要素通常又必须通过大学的基本功能即人才培养、科学研究、社会服务等具体内容表现出来，那么，本文就把大学理念操作化定义为关于大学如何培养人才、如何进行科学研究、如何服务社会的理论认识及其实践，并在其间兼论大学的文化传承与创新。

其中，人才培养涉及教师、学生、知识和课程等要素；科学研究涉及学科、教学、科研等要素；社会服务主要涉及大学与社会的关系，社会服务与人才培养和科学研究密切相关，更确切地说，前者建立在后面两者的基础之上，是其必然的延伸和拓展。因此，大学理念包括对大学教授什么知识、如何传授知识，选择什么样的课程；如何看待学生、如何培养人才；选择什么

① 陈孝彬，高洪源：《教育管理学》，北京师范大学出版社2000年版，第287页。
② 陈孝彬，高洪源：《教育管理学》，北京师范大学出版社2000年版，第287页。

样的学科、如何开展教学和研究；建立怎样的师生关系；如何定位和处理大学与社会的关系等方面的理论认识及其实践。概言之，大学理念是对大学如何进行人才培养、科学研究、社会服务及文化传承与创新的“知”与“行”。[①]

本研究中的“西南联大”指的是诞生于抗日烽火中由北京大学、清华大学和南开大学在昆明组成的国立西南联合大学。“三常委”指的是作为西南联大最高决策机构的常务委员会委员：清华大学校长梅贻琦、北京大学校长蒋梦麟和南开大学校长张伯苓。对“三常委”大学理念的阐释，在时间界限上不可能“严格”限制在西南联大期间，而是遵循大学理念产生与发展的基本规律作前后延展。

二　梅贻琦的大学理念

（一）梅贻琦的人才培养观

人才培养是大学功能的首要表现，是指在教育目标的指引下、在教师和学校环境的影响下，通过知识的传授，培养出适应国家和社会需求的各类人才的过程。人才培养涉及教师、学生、教学、课程等范畴及其相互关系。

1. 人才培养标准

“通才为大，而专家次之”[②] 是梅贻琦所认为的人才培养的标准。对于人才培养的标准，社会上有两种观点，一种认为大学培养的人才应该是专才，掌握一门专业技能，以为社会各行各业准备必要人才；另一种认为大学培养的人才应该是通才，也就是所谓的上知天文、下懂地理、学贯中西、通晓古今之人，培养出能为国家和社会发展出谋划策和引领方向之人。

梅贻琦对人才的要求没有走以上两种极端，而是在某种程度上进行了调

---

① 这样来定义大学理念，也切合中国传统文化中儒家所倡导的知行合一理念，如果只讲“知”的维度或“行”的维度，都属于形而上的范畴，形成对大学理念把握的“真空”；只有将“知”与“行”两个维度有机结合并辩证统一起来，才有利于加深对大学理念的理解。

② 梅贻琦：《大学一解》，载黄延复，马相武：《梅贻琦与清华大学》，山西教育出版社 1995 年版，第 325 页。

和，这种调和是有渊源的，主要渊源就是我国古代的“大学之道”。梅贻琦从“大学之道，在明明德，在新民，在止于至善”的理念出发，[①] 提出要真正发挥大学的功能，达到“新民”的目的，大学培养人才的标准应该是“通才为大，而专家次之”，即以通才为重，其次才是专业型人才，这种思想在很大程度上是符合古今中外大学培养人才目标一贯指向的。而所谓“新民”，即“化民成俗，近者悦服”[②]。

2. 对教师的培养观

教师是培养人才的关键。这里需要着重指出的是，梅贻琦所认为的人才培养的对象不仅有学生，还有教师，这或许是他不同于其他教育家的一大特点。“大师论”是梅贻琦教师观的集中体现。梅贻琦受孟子“所谓故国者，非谓有乔木之谓也，有世臣之谓也”的启迪，推演阐释出“所谓大学者，非谓有大楼之谓也，有大师之谓也”的论断，[③] 可谓是意境高远、韵味隽永。梅贻琦对大学教师的认识是非常深刻和有见地的，他不仅视教师为学生学习的指导者，即传道授业解惑的师者，还把对教师的认识上升到大学本质的层面，把教师视为大学之所以为大学的根本所在。在此基础上，他又进一步认为作为教师中最优秀群体的“大师”则是大学灵魂之所在，由此可见梅贻琦对教师的重视。

可贵的是梅贻琦不仅对教师的认识从理论上给以概括和升华，并且在实践中切实落实。在担任清华大学校长和西南联大常委期间，梅贻琦确实做到对教师特别是“大师”的珍惜与尊重，礼贤下士，聘请了各领域著名学者任教。清华大学在当时可谓名师云集，各种顶尖人才不断涌现。在“大师”的培养下，清华大学的毕业生中很多人都成为中国科技界、教育界、学术界等的领军人物，为中国革命、建设、改革事业作出了重要贡献。清华之所以能

---

① 梅贻琦：《大学一解》，载黄延复，马相武：《梅贻琦与清华大学》，山西教育出版社 1995 年版，第 319 页。

② 梅贻琦：《大学一解》，载黄延复，马相武：《梅贻琦与清华大学》，山西教育出版社 1995 年版，第 319 页。

③ 梅贻琦：《大学一解》，载黄延复，马相武：《梅贻琦与清华大学》，山西教育出版社 1995 年版，第 300～301 页。

从一个留美预备学校迅速发展为学术研究重地，在很大程度上得益于梅贻琦对“大师”的重视和对教师队伍的建设。

3. 对学生的培养观

学生是人才培养的中心目标，梅贻琦对学生的成长成才给予了极大关注。对于学生的培养，梅贻琦在坚持“通才为大，而专家次之”标准的同时，特别强调学生自身修养的重要性。他认为，自身的修养是中国自古至今教育的“基本之部分”，也是儒家哲学的“重心所寄”。无论是《大学》《论语》《中庸》《孟子》，还是宋元理学，其核心思想都强调了自身的修养。但他也批评了时下教育过于重视个人的修养，对于社会和国家的需要没有给以积极回应的倾向。①

梅贻琦认为，无论学习文史哲，还是学习理工学科的学生都要进行自身的修养。修养的途径有两条：一要有闲暇的时间思考，二要能慎独。梅贻琦认为，“纵探历史之悠久，文教之积累，横索人我关系之复杂，社会问题之繁变，而思对此悠久与积累者宜如何承袭节取而有所发明，对复杂繁变者宜如何应付而知所排解，非有闲暇不为也。人生莫非学问也，能自作观察、欣赏、沉思、体会者，斯得之”②。所以，在梅贻琦看来，要修养自身，非有闲暇时间来思考不可得。对此，他还批评了当时大学的课程太多，学生总是忙着整天上课，很难有足够的时间来思考，并认为，学生所上课程“不过自修功夫之资料之补助而已”③。

修养的第二条途径是慎独，这和历史上儒家和理学者所倡导的“内省”意蕴很接近，就是希望通过自我的反思和认识来达到与外界的和谐一致，由此梅贻琦提出学生的修养要能做到“知止而后有定，定而后能静，静而后能

---

① 梅贻琦：《大学一解》，载黄延复，马相武：《梅贻琦与清华大学》，山西教育出版社1995年版，第322页。

② 梅贻琦：《大学一解》，载黄延复，马相武：《梅贻琦与清华大学》，山西教育出版社1995年版，第322页。

③ 梅贻琦：《大学一解》，载黄延复，马相武：《梅贻琦与清华大学》，山西教育出版社1995年版，第322页。

安，安而后能虑，虑而后能得”[1]。这是一个由“知”得“定”、从“定”到“静”、由“静”得“安”、由“安”而“虑”、由“虑”而“得”的一个不断内省和外求的循环往复过程。

4. 师生关系的论述

把学生培养成才，教师是关键，但同时教师也是人才培养的对象，师生之间要教学相长。梅贻琦认为，教师必须做到两点：最基础的是教师要有扎实的专业知识和业务技能，向学生传授必需的文化知识。除此之外，教师还要有高尚的人格修养，要有立志从学的意志和决心，只有这样教师才能做到言传身教，才能在这个过程中与学生结成良好和谐的人际关系，也只有师生之间存有良好的关系才能促进教师的教和学生的学，达到所谓的教学相长的效果。

对此，梅贻琦还用“古者学子从师受业，谓之从游，孟子曰，‘游于圣人之门者难为言’，间尝思之，游之时义大矣哉。学校犹水也，师生犹鱼也，其行动犹游泳也，大鱼前导，小鱼尾随，是从游也，从既久，其濡染观摩之效，自不求而至，不为而成”[2] 的例子，形象地把学校比作水，师生比作鱼，教师是大鱼，学生是小鱼，大鱼带小鱼，小鱼跟大鱼，极为形象、生动地说明师生关系的重要性。

5. 知识课程论

古今中外的教育家在论述教育问题时都比较重视课程知识的内容，梅贻琦同样注重对课程知识的阐述。在梅贻琦看来，要把学生培养为通才，就必须对学生进行通才教育，而进行通才教育的基础和抓手是通识课程。“今日而言学问，不能出自然科学、社会科学与人文科学三大部门；曰通识者，亦曰学子对此三大部门，均有相当准备而已，分而言之，则对每门有充分之了解，合而言之，则于三者之间，能识其会通之所在，而恍然于宇宙之大，品类之多，历史之久，文教之繁，要必有其一以贯之之道，要必有其相为因缘

① 梅贻琦：《大学一解》，载黄延复，马相武：《梅贻琦与清华大学》，山西教育出版社 1995 年版，第 323 页。

② 梅贻琦：《大学一解》，载黄延复，马相武：《梅贻琦与清华大学》，山西教育出版社 1995 年版，第 321 页。

与依倚之理，此则所谓通也。”①

在梅贻琦看来，通识教育的知识包括三方面内容，即自然科学、社会科学和人文科学的课程，要达到所谓的“通”，就必须将这三种知识融会贯通，探索三者的规律，把握三者的联系。应该说，要达到此境界，要求比较高，所以梅贻琦认为单凭时下一年的通才教育和三年的专门教育是难以达到此目的的，因此他认为可以借鉴西方大学的做法，一是延缓分院分系的年限，二是在第一年中增设“通论学程”。② 这种理念对我们今天的课程改革是有借鉴意义的。

为实施通识课程，梅贻琦提出“五育”并举的教育思想。“五育”即德、智、体、美、群。③ 在梅贻琦的观念里，智育的目的是培养学生的专业知识素养和能力，其中教授认真授课，学校管好纪律、教师把好考试关等措施至关重要。德育就是培养学生的道德品行，其核心内容对于国家来说是爱国主义，对于学生个体来说要养成健全人格，教师和学生最好的爱国方式是致力于学术，以学术报效国家。体育的目标就是要培养学生的体格，养成健康的体魄，这样也有助于智育、德育的开展。梅贻琦早在清华大学任校长时就建成足球场、篮球场、角力场、溜冰场等体育硬件设施，这在国内是领先的。美育是梅贻琦很重视的一个方面，他总结我国古代教育中的“礼乐并重”思想，指出礼乐对学生的作用和意义是“礼所以范围人之行为，乐所以陶冶人之性情，使其改过迁善而不自知”。④ 因此，梅贻琦认为要加强学生的美育，使学生对我国优秀传统文化有深刻的了解和认识，以此促进学生个体个性的健康发展。

在梅贻琦的理念中，群育与集体和社会关系密切，但也不是简单实行“集体化”和“社会化”教育，而是要培养学生体会和理解“群体”与“个

---

① 梅贻琦：《大学一解》，载黄延复，马相武：《梅贻琦与清华大学》，山西教育出版社 1995 年版，第 327 页。

② 梅贻琦：《大学一解》，载黄延复，马相武：《梅贻琦与清华大学》，山西教育出版社 1995 年版，第 328 页。

③ 黄延复，马相武：《梅贻琦与清华大学》，山西教育出版社 1995 年版，第 31 页。

④ 黄延复，马相武：《梅贻琦与清华大学》，山西教育出版社 1995 年版，第 38 页。

体”的关系，达到两者的有机统一。[①] “五育”之外，梅贻琦还倡导“劳育”，其意蕴“当然不是着眼于让学生参加多少体力劳动，而是要学生自觉养成吃苦耐劳的精神，以准备担负建国、治国大任”[②]。由上可知，梅贻琦倡导实施通识教育，致力于构筑德、智、体、美、群、劳相结合和统一的“六育”课程体系。[③]

（二）梅贻琦的科学研究观

科学研究是大学的重要功能，梅贻琦非常重视科学研究和学术。他认为要达到“新民”的目的，学术和科学研究是重中之重，开展科学研究的理路在学术自由（Academic Freedom）。对于何为学术自由，他认为宋儒所说的“无所不思，无所不言”最能解释，意指学术自由要以自由之心态，充分发挥个人之思想，而不受到外界的干扰，“大学致力于知、情、志之陶冶者也，以言知，则有博约之原则在，以言情，则有裁节之原则在，以言志，则有持养之原则在，秉此三者而求所谓‘无所不思，无所不言’”[④]。

在此，他进一步阐述了学术自由的尺度在知、情、志等方面的自由发挥和和谐统一。梅贻琦还区分了学术自由与自由主义（Liberalism）和荡放主义（Libertinism）的不同，强调学术自由并非所谓的自由主义和荡放主义，并指出科学研究在“无所不思”的同时，必须克服急功近利的心态，才能真正出成果，强调“其‘无所不思’之中，必有一部分不合时宜之思，其‘无所不言’之中，亦必有一部分不合时宜之言；亦正惟其所思所言，不尽合时宜，乃或不合于将来”[⑤]。也就是告诫在学术自由的“无所不思”中还是要“有所思”，要考虑到“时宜”的问题，也要考虑到“将来”的问题。

当时为开展科学研究，清华大学设立了多个研究所和研究院。其中著名

---

① 黄延复，马相武：《梅贻琦与清华大学》，山西教育出版社1995年版，第38页。

② 黄延复，马相武：《梅贻琦与清华大学》，山西教育出版社1995年版，第39页。

③ 黄延复，马相武：《梅贻琦与清华大学》，山西教育出版社1995年版，第31～40页。

④ 梅贻琦：《大学一解》，载黄延复，马相武：《梅贻琦与清华大学》，山西教育出版社1995年版，第328页。

⑤ 梅贻琦：《大学一解》，载黄延复，马相武：《梅贻琦与清华大学》，山西教育出版社1995年版，第328～329页。

的有由冯友兰任所长的文科研究所、由吴有训任所长的理科研究所和由陈岱孙任所长的法科研究所，其他还有农业、航空、无线电 3 个特种研究所，以及后来在西南联大时期恢复建立的相关研究所等科研院所。①

这些研究所取得的成果显著，主要表现在 4 个方面：一是培养了一批高质量的研究生；二是培养出一批科研带头人；三是完成和发表了一些高质量的学术论文；四是直接服务了国家的战时需要，并为以后的研究奠定了扎实的基础。在研究的基础上，梅贻琦借此在清华大学大力推行学科建设，有的从无到有、从弱到强。

在西南联大时期，清华大学共设 3 个研究所：其一文科研究所，设中国文学部、外国语文学部、哲学部、历史学部，教职员 58 人（57 人由西南联大教授兼任，1 人为外校兼职者），学生 27 人。其二理科研究所，设算学部、物理学部、生物学部、地学部，教职员 24 人（23 人由西南联大教授兼任，1 人为外校兼职者），学生 16 人。其三法科研究所，设政治学部、经济学部、社会学部，教职员 10 人（均由西南联大教授兼任），学生 8 人。随后，清华大学增设了 3 个工科研究所：土木工程学部、机械（航空）工程学部、电机工程学部。② 整体考察梅贻琦自任职清华大学校长开始到西南联大再到复原北返各个时期的特殊情况，可窥见其学科建设的主要原则是国家的需要，具有长远眼光，也反映出科研与学科建设的一般规律。

（三）梅贻琦的社会服务观

处在特殊历史时期，大学服务社会的功能显得尤为突出。梅贻琦深知大学对于社会的贡献和引领作用，认为“大学机构之所以生新民之效者，盖又不出二途。一曰为社会之倡导与表率。……二曰新文化因素之孕育涵养与简练揣摩”③。在梅贻琦看来，大学承担着为社会服务的职能，并举了 14 ~ 15 世纪巴黎大学在平息东西两教皇之争中的领导之功、牛津大学拥护魏克文夫

① 黄延复，马相武：《梅贻琦与清华大学》，山西教育出版社 1995 年版，第 30、67 ~ 79 页。

② 杨燕江：《西南联大治理模式论》，云南人民出版社 2022 年版，第 87 页。

③ 梅贻琦：《大学一解》，载黄延复，马相武：《梅贻琦与清华大学》，山西教育出版社 1995 年版，第 326 页。

（Wyclif）的宗教改革运动、孕育并拥护郝斯（John Hus）宗教改革而成为16世纪马丁·路德宗教改革先声的蒲拉赫（Prague）大学3个例子为证，论述大学为社会服务有2个途径：一是大学起到对社会的引领作用，二是新的文化知识的产生。

关于大学的引领作用，梅贻琦认为，主要凭借师生的人格修养和言行举止来实现。他进一步认为，一所大学就是一个地方人文荟萃之地，是社会文明的集中表现："教化云者，教在学校环境以内，而化则达于学校环境以外"[①]。对于大学新的文化知识的产生功能，梅贻琦认为，师生的品行和才智最为重要："新文化因素之孕育所凭籍者又为何物？师生之德行才智，图书室，新民之一部分自身修而始，曰出身者，亦曰身已修，德已明，可以出而从事于新民而已矣"[②]。由此可见，梅贻琦强调修养在社会发展中的重要作用，没有师生的德性才智，感化社会风气、传承文化精神的目的是不能实现的，故不能适应社会需求。

除此之外，为使大学更好地服务社会需要，梅贻琦积极推动大学间的国际交流与合作。在梅贻琦的推动下，清华大学开展了与国外大学进行国际交流的尝试。比如，在与德国远东协会交流处的合作中，主要活动包括双方互派研究生交流学习，建立定期科学讲座制度；其次是聘请著名专家学者到清华大学讲学，著名的当数"美国航天之父"冯·卡门（Th. Von Karman）、电机数学专家维纳（N. Wiener）和哈达玛（T. Hadamart）、物理专家郎之万（Longerin）和狄拉克（P. A. M. Dirac）。[③] 这些专家学者的到来，为进一步提升清华大学的名声和学术水平起到了积极的推动作用，可以说我国较早的航天工程研究就是起步于清华大学。

---

① 梅贻琦：《大学一解》，载黄延复，马相武：《梅贻琦与清华大学》，山西教育出版社1995年版，第326~327页。

② 梅贻琦：《大学一解》，载黄延复，马相武：《梅贻琦与清华大学》，山西教育出版社1995年版，第327页。

③ 黄延复，马相武：《梅贻琦与清华大学》，山西教育出版社1995年版，第30页。

三　蒋梦麟的大学理念

蒋梦麟的大学理念有其自身特色，在他所论述的人才培养观、科学研究观和社会服务观里，有许多独到的见解。

（一）蒋梦麟的人才培养观

1. 蒋梦麟论从教师到教育家的养成

（1）教育家养成的两个阶段。蒋梦麟视教师为人才，视教育家为人才中的人才，教育家的养成要经过不断地磨炼和修养。蒋梦麟认为教育家的养成必经过两个阶段：第一个阶段是认真研究高等学术，掌握渊博的知识，获得“真学术”，成为一个具有真才实学的“真学问家”；第二个阶段是由学问家通过实践磨炼，最终成为一个“真教育家”，[①] 这一过程就是“高等学术—真学问家—真教育家”的过程。

蒋梦麟在论述学问家和教育家时，前面都要强调一个“真”字，可见他对教育家的见解是非常独到的。在蒋梦麟看来，高等学术和“教育学基础”是真教育家养成的知识基础，他进一步把“教育学基础”的范围及内容划分为两方面，一是关于个人的，一是关于社会的。

关于个人的主要包括培养个人兴趣、性格、态度的知识，具体包括“发展个性”的生理学、遗传学、卫生学、心理学、伦理学、美学；关于社会的包括“发展人群”的社会性的各类知识，具体有人种学、历史地理、伦理学、政治学、群学；还有“发展个性”和“发展人群”都包含的“天然界”的生物学、动物学、植物学、理化及其他科学。[②] 由此可见，蒋梦麟对“教育学基础”的论述就显得更为独特，在他看来教育的知识包括了个人和社会的广泛学科，这或许抓到了高等学术和教育的某些实质性的方面，值得我们做进一步的细细考究。

---

① 蒋梦麟：《高等学术为教育学之基础》，载曲士培主编：《蒋梦麟教育论著选》，人民教育出版社 1995 年版，第 21 ~22 页。

② 蒋梦麟：《高等学术为教育学之基础》，载曲士培主编：《蒋梦麟教育论著选》，人民教育出版社 1995 年版，第 20 ~21 页。

（2）对教育和学术的批评。蒋梦麟对照中西方历史上的大教育家，认为西方大教育家，如亚里士多德（Aristotle）、马丁·路德（Martin Luther）、福禄贝尔（Froebel）、斯宾塞（Spencer）都是大学问家；中国古代的大教育家，如孟子、荀子、程明道、陆象山、朱晦庵、胡安定、王阳明等，也都是大学问家，他们所培养的弟子大多也成为学问大家，因此，要成为真正的教育家，就首先必须研究高等学术，成为真正的学问大家，才懂得真正的教育，从而才能成为真正的教育家。①

蒋梦麟批评了当时学术堕落的状况，他说："吾国有史以来，学问之堕落，于今为甚。今不先讲学术，而望有大教育家出，是终不可能也。无大教育家出，而欲解决中国教育之根本问题，是亦终不可能也。或曰：'方今士夫，竞为虚浮，欺世盗名，弁髦学术。子毋作迂阔之言而自速讪榜！'"② 蒋梦麟此话讲于1918年1月，发表于《教育杂志》第10卷第1期，30年后的西南联大境况已变。这可以说是蒋梦麟对当时国内学术虚浮的批判，鉴于学术之于任何一个时代的重要性，实有值得我们深思的地方。

2. 蒋梦麟论学生的培养

（1）教育的核心问题。蒋梦麟认为教育的核心问题是价值的养成，因此对于学生的教育，要把其价值养成放在首位。他认为，由于天生的遗传和后天环境影响，"此个人与彼个人相去远甚"，不同之人"有上智、有下愚；有大勇、有小勇、有无勇；有善舞，有善弈，有善射，有善御：皆以秉性与环境之不同，而各成其材也"③，教育的目标就是要先实现个人的价值，然后才能实现人类的价值。由此可见，蒋梦麟的教育价值观具有个人本位的色彩，但也不是绝对的。

蒋梦麟认为陆象山所言"天之所以与我者至大至刚，问尔还要做堂堂底

① 蒋梦麟：《高等学术为教育学之基础》，载曲士培主编：《蒋梦麟教育论著选》，人民教育出版社1995年版，第21页。

② 蒋梦麟：《高等学术为教育学之基础》，载曲士培主编：《蒋梦麟教育论著选》，人民教育出版社1995年版，第22页。

③ 蒋梦麟：《个人之价值与教育之关系》，载曲士培主编：《蒋梦麟教育论著选》，人民教育出版社1995年版，第37页。

一个人么”即强调个人价值之养成，人在天性的基础上发展到各方面的极限时就达到了“至大至刚”，也就实现了人的价值。这也是卢梭所谓的“天生成的都好，人造的都不好”的本意所在，希望对学生的培养要能顺应自然的规律。[①]

蒋梦麟在坚持学生个体生命价值实现的基础上，提出个体与群体的关系问题，认为学生的个人价值是在你我他的价值系统中体现的，个人要在三者的相互尊重、相互依存、结而成群的过程中才能实现自我的价值；并进一步认为由于个人的禀赋不同，若能将个人的禀赋在你我他的关系中发挥至极，则可称之为儒家所谓的“至善”，亦即亚里士多德所谓的“Summum Bonum”（至善），[②] 对教育价值的认识形成了自己的理念。

（2）培养目标。蒋梦麟认为，教育总体而普遍的目标是“造成国家的人民”，拥有“独立之思力”，具备“健全之体力”，开展“严整之训练”。[③] 关于“思力”，蒋梦麟认为“人之最贵者，莫若思，思为求知识之最要方法。不思即无真知识，然思尤贵独立”[④]。关于“体力”，蒋梦麟认为，“中国学生，将来出而为社会任事，其责任较他国学生倍徙，若无健全之体力，其能负此重任夫？且国势积弱，强邻环视，苟一旦国有大难，咸须舍身救国”[⑤]。关于“训练”，蒋梦麟认为，“中国人之乏训练，为世界先进国所共知，即吾国人，现亦稍稍觉悟。……学校之中，视此种恶习，当如传染病，极力防止，务使养成一种庄严有序的公民”[⑥]。

---

① 蒋梦麟：《个人之价值与教育之关系》，载曲士培主编：《蒋梦麟教育论著选》，人民教育出版社1995年版，第38页。

② 蒋梦麟：《个人之价值与教育之关系》，载曲士培主编：《蒋梦麟教育论著选》，人民教育出版社1995年版，第38～39页。

③ 蒋梦麟：《建设新国家之教育观念》，载曲士培主编：《蒋梦麟教育论著选》，人民教育出版社1995年版，第49页。

④ 蒋梦麟：《建设新国家之教育观念》，载曲士培主编：《蒋梦麟教育论著选》，人民教育出版社1995年版，第49页。

⑤ 蒋梦麟：《建设新国家之教育观念》，载曲士培主编：《蒋梦麟教育论著选》，人民教育出版社1995年版，第49页。

⑥ 蒋梦麟：《建设新国家之教育观念》，载曲士培主编：《蒋梦麟教育论著选》，人民教育出版社1995年版，第49页。

蒋梦麟针对职业教育，提出要培养两种人才：一种是“自动的人才”；一种是“机械的人才”。“何谓自动的人才，曰，具有远大的眼光，进取的精神。事事图改良，著著求进步。人未敢行者，我独敢行之，人未及知者，我独察先机而知之，此即所谓自动的人才。何谓机械的人才，曰，具一艺之长，精一部分之事。人先提倡，我能随之，此即所谓机械的人才也。”①

照此看来，教育可以培养出两种人，一种是自主、自立、有理想、有远见、敢为人先、特立独行之人；另外一种是掌握了一门专业技能，能谋生，却在别人的带领和指引下做具体事务之人。蒋梦麟认为大学要培养的人才是“自动的人才”而非“机械的人才”，因为“机械的人才”要交由专门的学校培养，大学要培养更高层次的人才，就是他所谓的大学为研究高深学问者的意蕴所在。

（3）人格教育与知识教育。蒋梦麟认为，要对学生施以两种教育：一种是人格教育；另外一种是知识教育。在蒋梦麟看来，人格教育是和知识教育同等重要的一种教育，因此必须对学生施以人格教育。对人格的内涵，蒋梦麟这样解释：“何谓人格？本个人固有之特性，具独立不移之精神，其蕴也如白玉，其发也如春日，而此特性，此精神，即所谓人格也”②。意思就是，人格就是要本着人固有的特性和天赋特质，练就坚毅刚卓、特立独行的精神，这种精神就像玉一样洁白，就像春风一样有力。

蒋梦麟说有了健全的人格就能进行独立的思考和行动，所以人格教育的目的是希望学生能养成善于思考的头脑、敢于担当使命的气概、勇于探索创造和勇往直前的精神，从而成为促进社会进步的积极分子。知识教育是和人格教育相辅相成的。对于学生的知识教育，蒋梦麟作了具有时代印记的论述。他首先肯定并强调了对知识的学习，特别是对科学知识的学习，指出近代以来西方国家都很注重科学知识的学习和研究，其学术具有较强的科学精神；并认为科学就是实事求是，能证明是真理的东西，科学和技术能为人类所利

---

① 蒋梦麟：《职业教育与自动主义》，载曲士培主编：《蒋梦麟教育论著选》，人民教育出版社1995年版，第56页。

② 蒋梦麟：《进化社会的人格教育》，载曲士培主编：《蒋梦麟教育论著选》，人民教育出版社1995年版，第55页。

用而促进社会的进步，要教学生以科学知识，把科学知识变为一种利器来改造社会。[①]

（二）蒋梦麟的科学研究观

1. 重视科学研究

蒋梦麟重视大学的科研，并通过学科的建设来促进科学研究的进步。其实早在蒋梦麟担任北京大学教务长期间，北京大学就先后建立了三个系来开展科研工作，分别是1924年设立的教育学系和东方语言学系，1925年设立的生物学系，1926年在哲学心理学系的基础上成立的新的心理学系，这三个系在当时国内的大学中处于领先地位。[②]

为提高北京大学的科研水平，在设置新学系的基础上，蒋梦麟还采取了三项措施：一项是整顿师资队伍。为提高教师的整体素质和质量，蒋梦麟决定在原来的基础上再聘请一批著名教授来校任教。也就是在此时，刘树杞、李四光、曾昭抡等顶尖专家被聘请到清华任教，这些专家的到来有力促进了清华大学科研的进步和发展。另外一项是进行课程改革。主要措施包括重新规定休学年限、上课时数，取消单位制，实行学分制，规定所有学生都必须掌握一门外语，明确理科学生对文史知识、文科学生对自然科学知识的要求，这一改革思路和梅贻琦的通才教育及通识课程教育主张很类似。第三是扩充和完善硬件设施。新建一批实验室，增购一些仪器设备，选购大批图书资料，为科学研究的顺利开展准备了良好的硬件设备。[③] 实践证明这些措施取得了实效，切实增强了北京大学的科研实力。

2. “奖进学术”的思想

在重视科研方针的指引下，蒋梦麟提出了“奖进学术”的思想。他认为，“学术者，一国精神之所寄。学术衰，则精神怠；精神怠，则文明进步

---

① 蒋梦麟：《过渡时代之思想与教育》，载曲士培主编：《蒋梦麟教育论著选》，人民教育出版社1995年版，第35~36页。

② 《本卷前言》，载曲士培主编：《蒋梦麟教育论著选》，人民教育出版社1995年版，第6页。

③ 《本卷前言》，载曲士培主编：《蒋梦麟教育论著选》，人民教育出版社1995年版，第6~7页。

失主动力矣。故学术者，社会进化之基础也”[①]。蒋梦麟总结出我国古代至今学术的三大弊病：第一是学术没有系统。他认为，先秦诸子百家中最有系统的是墨家，儒家最有系统的书是《大学》，这也是宋代理学家把它从《礼记》中独立出来自成一书的原因，宋儒格物致知的求学方法就出自《大学》。第二是太重应用。他认为如果学术太重应用，那么学术容易停留在社会现实和表象上，而不能穷理。第三是太注重古文字。这样会使理解的人太少，使知识不能普及。[②]

为此，蒋梦麟提出改进学术的措施：一是要运用伦理学和科学的方法系统化学术，并提出搞科学研究要讲究方法的思想，没有科学的方法，那么在科学研究上是不可能有重大突破的；二是要注重培养兴趣，但不能被社会现象所迷惑，要透过现象研究事物的本质；三是科学研究成果要以通俗易懂的语言形式表达出来，这样才能让大众容易理解和接受；四是要遵守学术道德，忠于学术研究，他说“夫对于金钱不忠实，不可以为商。对于行为不忠实，不可以为人。对于知识不忠实，其可以言学术夫?”[③]

蒋梦麟认为提高学术水平需要具备人才和工具两个条件，其中的人才指教师，工具指硬件设备，人才和设备都要经费的支撑，没有经费就基本谈不上学术研究。他说：“设备要有经费去办。学术上的导师要有经费去养他。没经费怎么办得动。设备不完，人材不够，哪里配讲学术。”[④] 在此，蒋梦麟强调了办学经费的问题，可见经费问题始终困扰着教育的发展和学术的进步，而蒋梦麟在那个时代也很清楚地认识和感受到了这个问题。的确，为了提高科研水平，我们应该保障必要的科研经费投入，以保证科研的正常开展。

---

① 蒋梦麟：《和平与教育》，载曲士培主编：《蒋梦麟教育论著选》，人民教育出版社 1995 年版，第 72 页。

② 蒋梦麟：《和平与教育》，载曲士培主编：《蒋梦麟教育论著选》，人民教育出版社 1995 年版，第 72 ~ 73 页。

③ 蒋梦麟：《和平与教育》，载曲士培主编：《蒋梦麟教育论著选》，人民教育出版社 1995 年版，第 72 页。

④ 蒋梦麟：《学风与高等学术》，载曲士培主编：《蒋梦麟教育论著选》，人民教育出版社 1995 年版，第 224 页。

3. 创办研究所的举措

北京大学在国内大学中较早设立了研究所。早在 1917 年，时任北京大学校长的蔡元培在《论大学应设各科研究所之理由》一文中就阐述了大学设立研究所的 3 点理由：一是如果大学无研究所，教师会相互抄袭，不求进取；二是设立研究所可以为学生继续深造提供必备条件；三是研究所可以为毕业生从事科学研究做好准备，[①] 因此北京大学相继设立了文理法三科研究所，促进了学术科研水平的持续提高。

西南联大时期，西南联大研究所按照“校—所—部”制进行设置，由三校分别管理，北京大学共设 3 个研究所：一是文科研究所，汤用彤任所长，设 4 个学部，其中罗常培任外国语学部和中国文学部主任，姚从吾任史学部和人类学部主任。该所有教职员 37 人，全部为兼职者（指外校教师，下同）。学生共计 23 人。二是理科研究所，饶毓泰任所长，设 4 个学部，其中饶毓泰兼任物理学部主任，曾昭抡任化学部主任，孙云铸任地质学部主任，张景钺任生物学部主任。该所有教职员 17 人，全部为兼职者。学生共计 5 人。三是法科研究所，周炳琳任所长，设 1 个学部——法律学部，由燕树棠任主任。该所有教职员 7 人，也全部为兼职者。学生共计 2 人。[②]

研究所虽然由各校单独恢复设置和管理，但在教师的配置和经费等资源的利用上，北京大学与西南联大仍保持密切的合作，特别是教师不仅在西南联大任教，还同时在研究所开展研究工作并带研究生。[③] 西南联大的华罗庚、陈省身、吴有训、吴大猷、周培源、赵九章、沈同等，通过在北京大学以及清华大学、南开大学所设研究所，在数学、物理学、生物学等领域取得具有国际影响的学术成果；陈寅恪、钱穆、冯友兰、闻一多在史学、哲学、古典文学等领域也取得了重要成果，在国内外都享有盛誉，这在当时异常艰苦的环境下非常“了不得”。

---

① 蔡元培：《论大学应设各科研究所之理由》，载《蔡元培选集》，中华书局 1959 年版，第 308 ~ 311 页。

② 杨燕江：《西南联大治理模式论》，云南人民出版社 2022 年版，第 86 ~ 88 页。

③ 杨燕江：《西南联大治理模式论》，云南人民出版社 2022 年版，第 88 页。

（三）蒋梦麟的社会服务观

1. 教育为方法之思想

蒋梦麟认为服务社会是大学的一项重要任务，他分析大学发挥社会服务功能的机制有两条：一是顺应时势，就是大学要能回应社会的需求，为社会服务；二是改造时势，意思就是大学不仅要回应社会的需求，而且还要洞察社会存在的问题，改革社会弊病，从而能引领社会的进步。

蒋梦麟认为，“教育，一方法也，以此方法而解国家、社会、个人、职业种种之问题者也。教育而不能解决问题，则是教育之失败也。故必先有问题而后有教育，无问题而言教育，则凿空而已矣，幻想而已矣。国家有问题，故有国家教育。社会有问题，故有社会教育。个人有问题，故有个人教育。职业有问题，故有职业教育。教育为方法，国家为问题，则曰国家教育”①。这是蒋梦麟的“问题—教育”发生逻辑。

在此，蒋梦麟把教育看作一种方法，用来解决国家、社会和个人的问题，并且强调了问题在前、教育在后的思想，把教育看作是专门解决问题的一种方法。实际上，蒋梦麟把教育提高到另一个更高的层次，把教育视为解决国家问题的一个方法。在特定意义上，虽然职业教育不纯属于大学教育（所谓高深学问或“高等学术”）的范畴，但职业教育当然也能为国家和社会解决专门问题而服务。

2. 教育与政治之关系

蒋梦麟认为教育与政治关系密切。“今日中国优秀分子，以教育事业较为清高，而投身其间者，颇不乏人。若此班优秀分子，绝不注意政治，将一任政客之摧残乎？教育家不关心政治，则学生亦将间接受其影响，将来政治之改良，将以何人负其责任乎？”② 蒋梦麟认为，关心政治并不是一定要参加政治和干涉政治，如果不关心政治，那么改良政治则无人承担，国家的希望也就渺茫了。

---

① 蒋梦麟：《教育与职业》，载曲士培主编：《蒋梦麟教育论著选》，人民教育出版社 1995 年版，第 1 页。

② 蒋梦麟：《教育评论》，载曲士培主编：《蒋梦麟教育论著选》，人民教育出版社 1995 年版，第 97 页。

他还说：“同人以为政治一物，当分作两方面观。一曰政党与政事，教育界所不当涉足或干涉之。涉足政党，则政党之变迁，将影响乎学校。学校之破裂，可立而待。干涉政事，则阻碍行政，抛荒职务，均不可也。二曰政论，若剖明是非，主张正义，启发后生，养成平民政治之习惯等是也；操教育权者责无旁贷，弃而不顾，是弃其天职也。若夫抛荒学校职务，运动选举。口虽不谈政治，而实则贻祸教育，罪莫大焉。”①

由此可见，在蒋梦麟看来，教育者关心政治表现在议论政治、揭晓是非、伸张正义、提高平民的政治觉悟上，相反口上不谈政治，实际上却不守教育本职，搞些“运动选举”，那么将严重贻害教育。在蒋梦麟的大学理念里教育者不应该干涉政党或政治，只应议论政治，恪守教育本职。蒋梦麟虽然认识到了教育与政治的密切关系，但对教育与政治的辩证关系没有彻底廓清，这或许是时代的局限性，也或许是个人的局限性所致。但他对教育与政治关系的阐述无疑是有启发意义的，在这点上他超越了只关心教育而不关心政治的教育者，跳出了就教育论教育的狭窄视野。

四　张伯苓的大学理念

张伯苓的大学理念总的来说和“爱国”关系紧密。以下注重分析其人才培养观、科学研究观和服务社会观的具体内容。

（一）张伯苓的人才培养观

1. 领袖人才之培养观

张伯苓对人才的培养标准是从历史的经验和规律得出的，他认为大学培养人才的目的和标准应该定位在领袖人才上。张伯苓回顾历史，指出我国历史上战乱频繁，从春秋战国到秦朝的统一，从三国两晋南北朝到隋唐的统一，宋元明清虽然都是大一统社会，但也都有外族的入侵和干扰，所以说中国的古代封建史是一个改朝换代的历史，这样就经常使老百姓遭殃，苦不堪言，民不聊生。近代又有外国列强的大肆入侵，且内乱不断，人民仍然处在折磨

① 蒋梦麟：《教育评论》，载曲士培主编：《蒋梦麟教育论著选》，人民教育出版社1995年版，第97页。

与折腾之中。典型的例子是袁世凯和张勋复辟帝制，使国家实力进一步衰微，遭到举国上下的唾骂。

为此，张伯苓总结得出一个道理就是，要根本解决从历史至今这种动乱不稳的往返循环，需要大学教育培养出能治理国家的将才，用张伯苓自己的话来说就是，“经几许困难，我认定救国在教育，说到共和国尤以领袖人才为急务”，[①] 大学要培养出能解决中华民族存亡问题的领袖人才。

张伯苓引用杜威《民主与教育》中的思想说明何为领袖人才，“当一新环境之袭人，须先自定方策，即有一种‘动机’，以应付外来环境之逼迫，以与之较胜负，继续不已，以至终身，始克得胜”[②]。他进一步指出：“今吾华民族所最缺乏者，即此种有‘动机’而能引领全族出此迷津之领袖。”[③] 此处的“动机”被张伯苓视为一种精神，一种“生于忧患，死于安乐”、一种“天将降大任于斯人也，必先苦其心志，劳其筋骨，饿其体肤，空乏其身，行拂乱其所为，所以动心忍性，曾益其所不能”的精神。

张伯苓认为这是中华民族自强不息的精神，只有这种精神方能引领中华民族走出被侵略和被压迫的悲惨境地。在这种人才培养目标的指引下，张伯苓当初创办南开大学的主要目的就是要培养这种领袖人才。根据当时的中国实际，张伯苓后来又提出在大学里进行职业教育的思想，以职业培养人才，以实业兴国。

2. “教学生行”的教师观

张伯苓对教师提出了较高的要求，他认为，现代教师的角色不同于通常情况下那种简单的“教书”活动，或者是“教学生”的活动，也不是“教学生学”的活动，除此之外教师的角色还必须定位在“教学生行”上。对此张伯苓纵古论今，举了三个例子来阐述他思想的合理性：其一是《论语·学

---

① 张伯苓：《解决世界大难题要在教育》，载崔国良编：《张伯苓教育论著选》，人民教育出版社 1997 年版，第 100 页。

② 张伯苓：《南开大学第四学年始业式演说词》，载崔国良编：《张伯苓教育论著选》，人民教育出版社 1997 年版，第 102 页。

③ 张伯苓：《南开大学第四学年始业式演说词》，载崔国良编：《张伯苓教育论著选》，人民教育出版社 1997 年版，第 102 页。

而》中的“子曰：弟子入则孝，出则第，谨而信，泛爱众，而亲仁；行有余力，则以学文。”其二是《中庸》中的“博学之；审问之；慎思之；明辨之；笃行之。”其三是《论语·雍而》中的“哀公问：‘弟子孰为好学?’孔子对曰：‘有颜回者好学；不迁怒，不贰过……’”①

张伯苓据此认为，古代教育在传授知识的同时都很注重“行”，“行有余力，则以学文”“笃行之”“不迁怒，不贰过”讲的都是要注重“行”，就是要亲自去体会，去实践自己的认知，学行并重才能深刻领会知识的真谛。张伯苓还认为，“行”不只是“行动”的“行”，它还指道德、德行，就是要求教师在传授知识的同时，要培养学生的道德，使学生做到像《论语》里所说的“吾日三省吾身，为人谋而不忠乎？与朋友交而不信乎？传不习乎?”②做到学行合一才是一个合格和优秀的教师所应该坚持的，否则学校是培养不出治国安邦之才的。由此可见，张伯苓十分重视对教师道德素养的培养，甚至在一定程度上把它放在了首要的位置上。

3. 科学知识与体育并重的知识课程观

当论及知识与课程的内容时，张伯苓认为对于知识与课程，应该主张让学生学习科学知识，与此同时要对体育给以极大的重视。张伯苓对于科学知识的学习和重视与蒋梦麟相似，但他更强调农工商是富国强国的学习内容，通过农工商等科学知识的学习，使学生掌握现代的农业知识、科学技术、商业技能，才能为国家的经济繁荣和社会进步作出贡献。

对于体育，张伯苓提出“强国必先强种，强种必先强身。国民体魄衰弱，精神萎靡，工作效率低落，服务年龄短促。原因故属多端，要以国人不重视体育为其主要原因。南开学校自成立以来，即以重视体育，为国人倡，以期各个学生有坚强之体魄，及健全之精神”③。由此可见他对体育的认识和

---

① 张伯苓：《学行合一》，载崔国良编：《张伯苓教育论著选》，人民教育出版社1997年版，第157~158页。

② 张伯苓：《学行合一》，载崔国良编：《张伯苓教育论著选》，人民教育出版社1997年版，第159页。

③ 张伯苓：《四十年南开学校之回顾》，载崔国良编：《张伯苓教育论著选》，人民教育出版社1997年版，第306页。

重视程度，这里还需要注重指出的一点是，有研究认为张伯苓是首倡要在中国举办奥运的人[①]。可以想象他的这些思想在其创办的南开大学得到了先行实践，他在南开大学花气力进行体育场所和硬件设施的建设，并定期开展体育比赛活动，取得了明显的成效。南开大学的篮球队和足球队在各种大小比赛中都取得过优异的成绩，在当时的体育界是首屈一指的。

（二）张伯苓的科学研究观

此前已提到，张伯苓崇尚科学，重视科学研究。和梅贻琦、蒋梦麟相同的是，张伯苓在主政南开大学期间，在经费紧张的情况下，还是组织建立了多个科学研究所，为南开大学的科学研究创造了必要的条件。粗略统计当时在南开大学创建的研究所主要有：数学研究所、东北研究所、天津研究所、科学研究所、经济研究所、音乐研究所等。[②]

其中，东北研究所主要任务是研究日本国情，认真翔实地搜集资料，研究日本在我国东北进行的各种不法活动，从而揭露日本人想侵略我国东北的野心。[③] 经济研究所由何廉任主任导师，开展中国经济的调查研究，特别注重对中国农村经济的调查研究。该所在 1935 年开始招收研究生，分别研究土地问题、乡村合作和地方财政问题，[④] 这种研究方法和研究思路是和当时中国的国情比较相符的，因为那时的经济发展滞后，通货膨胀严重，人民生活水平低下。为改善这种状况，南开大学把研究方向和研究内容主要对准了农村，为中国经济学科的发展做了重要工作。

在积极创办科学研究所的同时，张伯苓提出要“以大自然为教室，以全社会为教本，利用活的材料，来充实学生之知识，扩大学生之眼界”[⑤] 的思想，主张科学研究要从自然和社会取材，并把研究成果进行利用，这和当今

---

① 梁吉生：《张伯苓图传》，湖北人民出版社 2007 年版，第 137 页。

② 张伯苓：《四十年南开学校之回顾》，载崔国良编：《张伯苓教育论著选》，人民教育出版社 1997 年版，第 307 页。

③ 梁吉生：《张伯苓教育思想研究》，辽宁教育出版社 1994 年版，第 247 页。

④ 梁吉生：《张伯苓教育思想研究》，辽宁教育出版社 1994 年版，第 248 ~ 249 页。

⑤ 张伯苓：《四十年南开学校之回顾》，载崔国良编：《张伯苓教育论著选》，人民教育出版社 1997 年版，第 307 页。

提倡并坚持的努力把科研成果转化为现实生产力有异曲同工之妙。

（三）张伯苓的社会服务观

1. “知中国，服务中国”之理念

一般认为，大学直接为社会服务的功能，起源于19世纪中叶美国颁布的《莫里尔法案》刺激下发展起来的美国农业院校。中国的大学也受此影响。大约到了20世纪初期，受美国农业院校办学理念和制度的启示，当时出国留学归国的一批进步人士开始效仿美国农业院校为农业生产服务的模式，在中国提出并实践大学为社会直接提供服务的理念。就是在这样的背景下，中国大学逐步发展出为社会直接服务的职能。

张伯苓一生充满爱国之情，时刻不忘国耻，始终牢记“知中国，服务中国”的历史使命。他创办南开大学的目的不是为了个人私欲，而是希望通过创办大学，培养人才，为社会服务，所以他亲自把南开大学的宗旨确立为“知中国，服务中国”。具体而言，“知中国”就是了解中国的国情，包括对中国的历史、政治、经济、文化、民族和社会等特点的分析和认识；“服务中国”在张伯苓看来就是希望通过大学培养出各类人才，在了解国情的基础上解决困扰中华民族生存和发展的各种问题和困难，最终达到使中国强盛起来的目的。“知中国”与“服务中国”紧密相连，相互结合在一起，概而言之，“知中国”是“服务中国”的基础和前提，“服务中国”是“知中国”的目的和指向。

2. 教育现代化之思想

现代化是中国由近代向现代转化的历史趋势，它是个复合名词，涉及多方面要素及多层次问题。张伯苓在论述教育与国家的关系时也使用了现代化这个概念。张伯苓首先洞悉了国情，分析得出当时中国的整个特点可以概括为“愚”和“穷”，[①] 所以提出教育的目的就是要使中国“现代化”。他说：“我之教育目的在以教育之力量，使我中国现代化，使我中国民族能在世界

---

① 张伯苓：《对于南开校友的展望》，载崔国良编：《张伯苓教育论著选》，人民教育出版社1997年版，第249页。

上得到适当的地位，不至受淘汰。”①

为达此目的，张伯苓在南开大学进行了一系列改革，对包括管理制度、人才培养、学科建设、科学研究、知识设置、课程结构甚至是教学方法等做了相应的调整和改革，力争教育能满足社会的需求，能为国家服务，以实现国家的富强和民族的复兴。

张伯苓认为，通过教育的力量来服务国家的发展，可逐渐使国家步入现代化。这一思想的前提实际上首先要求教育要现代化，只有教育按照现代化要求推进，那么才能顺应时势，为国家的现代化服务。当然这里就涉及一个问题（或逻辑）——到底是先有教育的现代化才有国家的现代化，还是先有国家的现代化才有教育的现代化。这的确是个问题，就像鸡与蛋的问题。但毋庸置疑的是，张伯苓在那个纷繁复杂的社会中提出了教育的现代化问题和国家的现代化问题，值得我们进一步加以研究。

五　西南联大“三常委”大学人才培养观比较

（一）梅贻琦与蒋梦麟大学人才培养观之比较

梅贻琦与蒋梦麟大学人才培养观之异同，突出而集中地表现在培养模式上，具体而言就是人才培养是通过“教授治校”的模式，还是通过“校长治校”的模式。前者坚持“教授治校”的理念及其形成的一套培养机制，后者奉行“校长治校”的理念及相应的培养机制。因此，对梅贻琦与蒋梦麟人才培养观的比较，核心在于比较“教授治校”与“校长治校”理念的不同。

梅贻琦的人才培养观源于其“教授治校”的理念。“教授治校”原为欧洲大学的传统和核心理念，是欧洲大学所追求的学术自由和大学自治的集中表现，其合理性主要就在于“教授治校”能在很大程度上保障学术自由和大学自治，能很好地平衡学校与社会、学术权力与行政权力的关系。

但是，“教授治校”的局限性也很明显。实践证明，在20世纪，大学确

① 梁吉生：《张伯苓教育思想研究》，辽宁教育出版社1994年版，第240页。

立它存在的依据有两个，一个是以认识论为基础，另一个是以政治论为基础。[①] 布鲁贝克认为，强调认识论的人，趋向于把高等教育的本质归纳为以“闲逸的好奇”精神追求知识的存在。它们的代表是维布伦、弗莱克斯纳、赫钦斯和怀特海等，他们认为“探讨深奥的知识是学术事业不证自明的目的，与它可能对上帝的荣誉和人类的利益所产生的任何影响都毫不相关。”[②] 按照政治论的观点，“人们探讨深奥的知识不仅出于闲逸的好奇，而且还因为它对国家有着深远的影响。如果没有学院和大学，那么，想理解我们复杂社会的复杂问题就几乎是不可能了，更不用说解决这些问题了”[③]。历史和事实证明，大学存在的两个依据并非截然分开，两者都将会一直支撑着大学的发展，它们是相互结合、内在统一的。所以，完全实行“教授治校”制度很可能会造成大学适应不了社会发展、与社会发展相脱节，教授不能很好地处理除了学术之外的其他事务、不能很好地平衡学术与行政的关系、不能协调大学与社会及相关利益群体的关系问题。

蒋梦麟的人才培养观源于其倡导的“校长治校”理念。蒋梦麟在北京大学内部所实行的“校长治校”制度，其具体组织机构及职能是：学校内部设立评议会—立法机构、行政会议—行政机构、教务会议—学术机构、总务处—事务机构。其中，评议会由学校全体教授选举产生，校长是当然的评议长，职能是审议通过学校发展中的重要规章制度；而行政会议则由各委员会负责人、教务长和总务长三类人员组成，校长也是当然的行政会议主席，职能是行使学校的行政权力。

从上述分析来看，“校长治校”的内涵实质就是由专门的、懂得大学规律和管理规律的人治理大学。“校长治校”是现代大学发展过程中出现的一个治校理念，具有其历史的合理性，它把学校的管理职能进行分层分级，与

---

① ［美］约翰·S. 布鲁贝克著，王承绪等译：《高等教育哲学》，浙江教育出版社2002年版，第13页。

② ［美］约翰·S. 布鲁贝克著，王承绪等译：《高等教育哲学》，浙江教育出版社2002年版，第13~14页。

③ ［美］约翰·S. 布鲁贝克著，王承绪等译：《高等教育哲学》，浙江教育出版社2002年版，第15页。

“教授治校”相比，强化校长的权力、增强校长的权威，校长能很好地处理学校与社会的各种关系，保证大学的顺利运行。但是，和“教授治校”一样，“校长治校”同样存在弊端，那就是它可能产生重管理轻学术的问题。如果运用不恰当还可能造成大学过度行政化，即把大学当成科层组织，并按照行政化的模式管理大学，更甚者会造成官僚主义、学术腐败、学术造假、教育质量下降等相关问题。

到底施行“教授治校”还是“校长治校”，本身并没有绝对的对错，在大学场域讨论这个问题时，必然将其与作为大学核心功能的人才培养联系起来，这时它才成为一个真命题、一个有意义的论题。总的来说，在“教授治校”理念的影响下，梅贻琦提出以“通才为大，而专家次之”的学生人才培养以及“大师论”的教师人才培养观为其显著特点。而在“校长治校”理念的影响下，蒋梦麟强调教育的核心问题是价值的养成，把学生的价值养成放在重要位置，其目标是“造成国家的人民”。

高等教育改革一直以来始终是社会各界关注和讨论的热点话题。随着“钱学森之问”的提出，对高等教育的讨论持续成为一个重要的学术争论点。党和政府历来高度重视教育，在2010年时，在世界政治风云变幻、经济全球化、文化多元化发展的复杂背景下，我国适时出台了《国家中长期教育改革与发展规划纲要（2010—2020年)》，其中对我国高等教育改革与发展做了规划，指出要“随着国家事业单位分类改革推进，探索建立符合学校特点的管理制度和配套政策，克服行政化倾向，取消实际存在的行政级别和行政化管理模式”①。这也就是此际高校去行政化的政策指向。高校去行政化关键先要弄清大学“行政化”的内涵是什么。有研究指出，“所谓大学‘行政化’，是指以官僚科层制为基本特征的行政管理在大学管理中被泛化或滥用，即把大学当作行政机构来管理，把学术事物当作行政事物来管理”②。由此可见，高

---

① 国家中长期教育改革和发展规划纲要（2010—2020年）–中华人民共和国教育部政府门户网站 http：//www. moe. gov. cn/srcsite/A01/s7048/201007/t20100729_ 171904. html? gs_ ws = tqq_ 63587967714443

② 钟秉林：《关于大学“去行政化”几个主要问题的探析》，载《中国高等教育》2010年第9期。

校行政化是把学校当作一个行政机构加以管理。众所周知，官僚科层制又称理性官僚制，是由德国社会学家马克斯·韦伯提出的一个政治社会学概念。在这样的一个组织中，有着直线型的层级关系，整个组织中间靠权力和命令来实现运转，但大学毕竟不是行政机构，也不是一般的组织，它有着自身的特点和发展规律。如果按照行政机构的模式执行管理，会造成大学丧失学术活力。

当然，历史的发展已经证明，大学是需要行政与管理的，正如布鲁贝克所言：“对高等教育在政治上的合法地位用不着大惊小怪，所有伟大的教育哲学家都把教育作为政治的分支来看待，如柏拉图的《理想国》、亚里士多德的《政治学》、约翰·杜威的《民主主义与教育》（1916）等都是如此”①。既然把教育纳入政治的范畴，那么管理就是理所当然的，行政就是必然的。关键的问题是怎么管理、如何行政。纵观大学发展的历史，大学的管理不外乎外部管理和内部管理两个方面。所谓高校去行政化的核心就是要廓清这两个管理的内容和界限。

对大学外部管理而言，大学是意识形态领域重要的场所，作为现代既以“出世”又以“入世”姿态履行历史使命的大学来说，必须也必然受到政府的管理。只不过政府要廓清管理职能、管理方式、管理内容和管理手段，协调好行政权力与学术权力的关系，管理应该遵循教育发展的客观规律。

从大学内部管理来看，高校去行政化就是要充分发挥大学学术委员会、学位委员会、教学指导委员会、教师职称评审委员会等职能，使其在教学、科研、学术等发展中起到应有的功效。与此同时，弱化大学内部行政管理的“机关化”色彩，② 充分树立学术权力的权威，扩大学者及学术参与决策的途径，提高重大事务决策的科学性。综上所述，高校去行政化要综合考虑“教授治校”与“校长治校”各自的合理性与局限性，在结合国情和实际情况的基础上加以合理、科学地取舍。

---

① ［美］约翰·S. 布鲁贝克著，王承绪等译：《高等教育哲学》，浙江教育出版社2002年版，第15页。

② 钟秉林：《关于大学“去行政化”几个主要问题的探析》，载《中国高等教育》2010年第9期。

（二）梅贻琦与张伯苓大学人才培养观之比较

梅贻琦与张伯苓虽然都对人才培养高度重视，也各自进行过诸多论述，但应该说两者在人才培养观上还是有不同之处的，下面试作分析。

梅贻琦本人是一个学贯中西的教育家，对学生的培养和人才的造就，主张进行通才教育。在他那里，通才教育简单地概括就是要文理皆修，学文科的学生要学习一些自然科学方面的知识，而学理科的学生也必须懂得人文的东西。这或许也是梅贻琦最终能成为教育家的原因，因为他所受的教育的知识结构亦如此。在梅贻琦主政清华大学和西南联大时期，培养通才的教育目标自始至终都得到有力贯彻，培养通才的通识教育成为清华大学和西南联大教育的一个特色。

对通识教育的认识，需要对其渊源有所回顾。一般说来，通识教育可以追溯到人文主义这个词，它最早出现在文艺复兴运动时期，其原意是想借助复兴古希腊罗马的古典文化来批判封建教育的残酷，因此人文主义教育主张尊重儿童的身心发展规律、尊重人的价值、尊崇学术，强调对现实生活的享受。

人文主义教育的发展经历了大致 5 个阶段。第一个阶段是 14～17 世纪的文艺复兴时期，又分为前期文艺复兴和后期文艺复兴。在前期的代表中，维多里诺就主张通才教育，但他所倡导的通才教育是以古典学科为核心的，通过对古典名著的学习来培养学生的道德品质，把对道德的培养作为教育的根本。第二个阶段是宗教改革时期。此时的新教教育和路德派教育都比较重视教育的世俗性，主张学习一些自然的学科，这体现了对教育认识的深化，把教育和国家联系起来考虑。第三个阶段是宗教改革至 19 世纪中叶的人文主义教育。此时的教育更多带有了通才教育的色彩，涌现出了一大批教育家，其中就有夸美纽斯提出的“泛智”教育思想，他主张把一切知识教给所有人，这是通才教育的思想体现。除此之外，还有卢梭的自然教育理念。第四个阶段出现在 19 世纪中叶至 20 世纪 70 年代。此时的通才教育突出表现在对古典文科课程的批判和对自然科学知识的追捧，但也导致逐渐在教育领域出现唯科学主义的倾向，从而忽视了对人文科学及其教育重要性的关注。第五阶段就是 20 世纪 70 年代以来的人文主义教育。此时的人文主义教育开始正视并严肃地批判纯科学主义忽视人的倾向，认为真正意义上的人文主义教育必须坚持把人文精神和科学精神完整地统一起来，在强调学习自然科学知识的同时必须关注到文学、艺术、伦理、社会、历史、地理等学科的意义和价值所在，并注意到人的价值和尊严，倡导要享受自由并承担责任。①

梅贻琦的通才教育理念体现了对自然科学和人文科学的兼顾，对人文精神和科学精神的融合。他所主张的通识课程在注重中国传统文化、历史、地理等知识的同时，把自然科学的学科摆在了重要的位置，这也是对西方人文主义精神的一种借鉴。所以，梅贻琦的通才教育理念在当时环境下的提出是有前瞻性的，尽管其通才教育的内涵也存在时代局限性。时至今日，通才教育理念也越来越受到教育家的重视，学校教育也越来越倾向于开设通识课程，特别是在大学教育阶段更是如此。

和梅贻琦有所不同的是，张伯苓曾提出领袖人才的培养理念。在他看来，中国历史一直都是战乱频繁的历史，到了近代也没有根本改观，而且有越来越乱的趋势，为了拯救国家和民族的命运，非得有能领导这个国家走向平稳发展的人才，这种人才就是所谓的领袖人才。考究历史就可以发现，领袖人才的培养似乎一直是中国古代和封建社会培养人才的重点，和国外古代的精英教育类似。

而在中国古代，教育属于一种奢侈品，并不能惠及所有人，资源主要集中在统治阶级、贵族、士大夫等阶层，即便是孔子所倡导的“有教无类”也不是纯粹意义上的面向所有人的教育。教育对象的局限性导致教育的精英主义倾向出现——教育只是少数人的特权，这些受过教育的部分人将来毫无疑问地成为精英阶层和统治阶级。虽然随着封建社会的不断发展，统治阶级为了维护其根本利益，不断扩大受教育的履盖面，但是和广大人民希望接受教育的需求相比，还是远远不够的。

在教育机构上，从发源于西周的官学和发轫于春秋战国时期的私学，无

---

① 参见王凌皓主编：《中外教育史》，东北师范大学出版社 2001 年版，第 326 ~ 343 页；胡金平主编：《中外教育史纲》，南开师范大学出版社 2001 年版，第 160 ~ 174 页；张斌贤主编：《外国教育思想史》，高等教育出版社 2007 年版，第 107 ~ 318 页。

论是宫廷学校，还是书院和私塾，所能接纳的受教育者始终是有限的。如果再从学生出路的视角考察，在“学而优则仕”指挥棒下，通过严酷的科举考试选拔官吏的做法，则更形象而深刻地刻画出中国封建教育的精英主义轮廓。

国外古代的教育也类似中国。在漫长的从古希腊罗马开始，经过黑暗的中世纪，一直到英国的资产阶级革命，其教育也是精英主义倾向的，即便是苏格拉底、柏拉图、亚里士多德这些圣哲也不愿意对所有人施教。其中，柏拉图还曾把人分为金、银、铜三种不同天赋而有区别地对待和教育，除了这三种人以外的人是不能接受教育的，不管是出于阶级的考虑还是出于天赋的差异，甚至他刚开始只愿意在皇宫里教育贵族子弟。在此之后的洛克、夸美纽斯、赫尔巴特等都或多或少存有精英教育的情结。

由此可见，在封建社会里，无论是在中国还是国外，教育上都贯穿着一条主线，那就是精英教育。当然，这种精英教育主要是和阶级性质相关的，同时也是当时社会生产力和生产关系的客观和必然的反映。这里需要指出的是，张伯苓所倡导的培养领袖人才的理念是在考察了历史与当时的社会状况的基础上提出的，有其合理性的一面。因为领袖人物在特殊的历史环境中会起到关键作用，但根本的还是靠人民群众的推动。再有就是，张伯苓的领袖人才和上面提及的精英教育还是有区别的：一是性质的不同。历史上的精英教育主要是封建性质的。二是对象不同。张伯苓虽然显现出精英教育的理念，但他并没有排除其他人受教育的机会，相反他还为之争取权利与机会，对女子教育的重视就是很好的例子。

（三）蒋梦麟与张伯苓大学人才培养观之比较

首先，说说蒋梦麟“个人本位”的教育价值倾向。蒋梦麟把人分为几种类型：上智、下愚；大勇、小勇；善舞、善文。他的这种人才观的认识可能产生两种结果：一种是可以据此区分不同人的气质特征、天赋灵性，从而可以做到所谓的“因材施教”，这是其积极的一方面；但另一种结果是可能让人认为蒋梦麟具有某些主观唯心主义的东西，因为在历史上就曾有几位大思想家和教育家对人进行类似的划分，下面举例说明。

一是被称为“汉代孔子”的董仲舒，他把人性分为三等：“圣人之性”“中民之性”“斗筲之性”，从而对不同的人采取不同的教育方式；一是宋代理学集大成者朱熹，他把人分为“圣人”“贤人”和“中人”，并认为“圣人”先天由“清明之气”形成，没有任何浑浊的杂念，所以圣人是不需要教育的；“贤人”则次于“圣人”，必须通过教育才能达到和圣人差不多的境界；而在“中人”的培养上，教育就起着关键作用，教育得好就可以使他们变为孔子所谓的“君子”；如果不加以教育或者是教育不好，则可能会使他们变为“恶人”。董仲舒和朱熹上述观点都具有主观唯心主义成分，他们在对人性的看法上是唯心主义的，因为他们对人的划分的根本目的是要论证封建伦理纲常的正统性和合理性，从而维护其封建统治。

虽然蒋梦麟对人也进行了划分，但这种划分和董仲舒及朱熹的划分是有区别的，因为蒋梦麟的划分没有男尊女卑，而是在考察了天生遗传因素和后天环境影响的基础上提出，因此他的局限性主要是在于对遗传和环境影响关系的看法上，是倾向于遗传，还是偏向于环境影响。是不是陷入两个极端，这点到目前为止还没有确凿的证据加以证明。

深入窥探，蒋梦麟对教育价值取向的看法具有“个人本位”色彩。在他看来，教育要体现对人的尊重，遵循人身心发展的规律，要为人的自由发展提供空间，最终实现人的自我价值，因此，蒋梦麟的教育价值取向明显地注重个人的价值和意义。这种带有“个人本位”色彩的价值观，实际上是自由主义的范畴，反映的是自由主义教育的要求和特点。但不管怎么说，能够注重人自身的教育价值也是一种自觉认知，它实际上批判和超越了封建的旧式教育的弊病。

其次，讲讲张伯苓“社会本位”的教育价值倾向。和蒋梦麟有差异的是，张伯苓在教育价值取向上更倾向于“社会本位”。他直截了当指出教育要做到知道了解中国，然后去服务中国。教育所培育的人才就是要能了解中国，为中国的发展服务。其实，从当初张伯苓创建南开大学起，他就把服务中国和社会放在了最高的目标上面。他认为历史上中国战乱不断，现在又被日本帝国主义侵略，中华民族已经到了生死存亡的紧要关头。

由此，他寄希望于教育，把教育看成是拯救国家的最重要方法，这样的逻辑就是要求教育要能为社会服务、为国家服务。当然，在强调教育的“社会本位”价值的同时，他也关注个人自身的发展——对体育的重视及对体育精神的倡导就是很好的例证。

有一点需要指出，张伯苓这种“社会本位”的教育价值在某种程度上有“教育救国论”的成分在里面。当时我国特殊的国情驱使一大批爱国主义者投身教育，希望通过教育来挽救国家的命运，20 世纪 20～30 年代各种教育实验和教育思潮的兴起，就是在“教育救国论”的影响下形成的，著名的职业教育思潮、工读教育思潮以及乡村建设运动也是具体实践。最后这些运动都被历史和实践证明是有局限性的，因为教育是国家强盛的基础，但教育并不能在那种复杂的社会环境中真正拯救中国。“三座大山”压迫下的中华民族只有依靠革命，在中国共产党的领导下通过武装斗争才能真正获得解放。尽管如此，张伯苓的教育救国思想是值得我们认真研究和学习的。

六　西南联大“三常委”大学科学研究观比较

（一）梅贻琦与蒋梦麟大学科学研究观之比较

梅贻琦和蒋梦麟对于大学科学研究观更多的是相似的方面。他们都格外重视科学研究，认定科学研究对于大学发展和人才培养的重要性，提出科学研究是基础工程，一定要克服急功近利的心态，踏踏实实专心本职；要从社会发展需要的角度去进行研究，为社会发展解决问题；为能保证科学研究的顺利进展，他们都在任上积极倡导并创建了相关研究院所和实验室；此外，都努力建设新的学科和学系，促进科研的持续进步。

但深入分析，蒋梦麟与梅贻琦在科研观方面还是有所区别的。梅贻琦的科学研究观与其“五育”思想紧密联系。蔡元培最早提出“五育”并举的教育方针：军国民教育——属于意志和体力，目的是强兵自卫、保家卫国；实利主义教育——属于“教育之中坚”，通过普通学术，让学生掌握发展实业的知识与技能，传播与人民生计密切相关的普通文化科学知识，达到兴实业、富国民的目的；公民道德教育——属于德育，作为军国民教育的补充，自由、平等、博爱是其主要内容；世界观教育——属于价值教育，是一种人生观、世界观的教育，探讨生与死、现象与实体、个体与人类关系等问题；美育

——属于情感教育，通过现象世界达到对实体世界的理解。①

梅贻琦在蔡元培的基础上也提出了“五育并举”的思想，而且内容和含义在本质上相差不大。蒋梦麟的观点与军国民教育有差异，认为一个国家必须有体格强健的兵，才能保卫国家、收复失地、维护国家主权。但蒋梦麟又认为德国在战争中虽然失败了，但它的人民依然强大，因为德国在经济、哲学、文学、艺术、应用科学等方面有厚实的基础和突出的成果。② 在此，蒋梦麟就把科学研究和国家的实力和强盛紧密联系起来。

（二）梅贻琦与张伯苓大学科学研究观之比较

梅贻琦和张伯苓科学研究观的比较主要体现在两点：梅贻琦强调学术和科研的自由，张伯苓则注重科研的运用价值。

梅贻琦强调科研是学术自由的重要组成部分，认为学术自由是取得研究成果的必要保证，并举出宋代理学家所提出的“艮言思不出其位，正以戒在位者也，若夫学者，则无所不思，无所不言，以其无责，可以行其志也；若云思不出其位，是自弃于浅陋之学也”③ 的思想来解释何为学术自由，进而概括出“无所不思，无所不言”是学术自由的精髓，大学搞科学研究应该遵循这个原则。此观点在上面章节已做过详细论述，此不赘述。

和梅贻琦相比，张伯苓更注重科学研究的社会运用价值，这是和他的“知中国”和“服务中国”的理念相联系的。为了实现大学科研为社会和国家服务，张伯苓在任南开大学校长期间，到处筹措经费，在极度困难的情况下，组织建立了多个科学研究所，这些研究所都是和社会需求紧密相关的，如上文所述的应用化学研究所、东北研究所、经济研究所等。这些研究所所开展的研究自然没有完全的自由探索空间，而是有很强的针对性和具体指向

① 参见《蔡元培选集》，中华书局 1959 年版，第 8～15 页；胡金平主编：《中外教育史纲》，南开师范大学出版社 2001 年版，第 267～272 页。

② 蒋梦麟：《欧战后世界之思想与教育》《世界大战后吾国教育之注重点》《教育评论》，载曲士培主编：《蒋梦麟教育论著选》，人民教育出版社 1995 年版，第 51～53；58～60；106 页。

③ 梅贻琦：《大学一解》，载黄延复，马相武：《梅贻琦与清华大学》，山西教育出版社 1995 年版，第 328 页。

性的。比如东北研究所主要针对日本在我国东北的活动开展研究，经济研究所主要针对农村及其经济开展研究。由中可见，这类有组织、有明确目的性的学术研究与自由探究式的“无所不思，无所不言”的学术研究还是有不同之处，至少在逻辑起点上是有差别的；虽研究过程都讲究发挥个人的主观能动性，但研究结果的运用却有较大差别。

（三）蒋梦麟与张伯苓大学科学研究观之比较

蒋梦麟与张伯苓大学科学研究观之比较集中于他们对学术科研与政治的关系认识上。蒋梦麟对政治与教育的关系认识基于教育的角色定位，张伯苓对教育与政治的关系侧重从“为政治而教育”的思维逻辑来分析。

首先，来看蒋梦麟论权衡政治与科研的张力。蒋梦麟认为学术科研与政治的关系很大，但要分清并扮演好各自的角色。蒋梦麟对政治与教育的关系认识集中体现在他认为教育者要务本职，不要“抛荒学校职务，运动选举”，正如他所说的“知识界要讨论或参与实际政治，绝不可忘了自身的本职；发展学术、科学、思想等等。于本身上站不住脚，哪里配谈改良政治。也不可利用自身的本职，作避世的桃源，或忘了那学术、科学、思想等等和世务不可隔离的”①。

蒋梦麟的意思是学术科研与政治要分开，这种分开不是不过问政治，那是不可能的，但对政治的关心是以做好本职的学术科研为基础和前提，不可忘了学术而只去搞些运动或选举。这无益于学术本身，也无益于政治的健康发展。对政治的关注主要表现在“议论政治”上，过多地参与政治则是不妥的。

其次，再看张伯苓“为政治而教育”之思想。蒋梦麟正如他所说的那样，是以双重身份出现在人们视线里的。他既是教育家，又是政治家，但当他作为政治家时并没忘记自己教育家的身份，从而一直从事着学术、科学、思想的研究，或者说他是以教育家的身份承担政治家的职责。这种状况也同样发生在张伯苓身上。

---

① 蒋梦麟：《知识阶级的责任问题》，载曲士培主编：《蒋梦麟教育论著选》，人民教育出版社 1995 年版，第 267 页。

张伯苓曾说：“有人说我厌谈政治，其实何尝如此。……我的方针，是先办实业，后谈政治。从实业中拿些钱出来，去办政治，不是从政治中拿些钱出来，去买议员，这种先实业而后政治，就是我的政治梦。”① 由此可知，张伯苓也是把学术科研与政治紧密联系的，和蒋梦麟不同的是他还把学术与科研作为政治的实业基础，希望先通过教育打好基础，从而进入政治领域，以实现他的政治梦想。张伯苓有参与政治的愿望，这也是和蒋梦麟相同的地方。他们两人在西南联大时期都把相关的权力转交给了梅贻琦，从而换得更多的时间和空间去从事政治活动。

从蒋梦麟对教育的认识看，他能清楚地分析出教育与政治、经济和文化的种种关系，看到了教育的复杂性，并能通过历史的线索、国外的动态看到教育发展的趋势。因此，不应截然令教育家和政治泾渭分明，也不能说政治家就办不好教育，关键是他能否平衡好两者的角色、处理好两者的关系。

七 西南联大“三常委”大学社会服务观比较

（一）梅贻琦与蒋梦麟大学社会服务观之比较

一是梅贻琦学术服务社会之理念。由于处在特殊的战乱时期，梅贻琦深知大学对于社会的贡献和引领作用，提出大学服务社会的功能体现在两个方面：培养“新民”之才，即懂得现代科学知识、具有传统文化修养和高尚人格的人才；其二就是树立社会风气，传承中华优秀传统文化。很显然的是，梅贻琦与蒋梦麟都清楚大学对于社会的重要性，所不同的是，蒋梦麟更多的是从政治的角度来认识大学服务社会的，梅贻琦则更多表现出出世的精神，主要从学术与科研本身的规律来认识大学的社会服务功能。梅贻琦对政治显得比较谨慎，他曾在日记中表达了自己的立场，说对政治没有任何深入的研究，对共产主义也没有深刻认识，但对于大学则应该是包容万家的，各派学

---

① 张伯苓：《熏陶人格是根本》，载崔国良编：《张伯苓教育论著选》，人民教育出版社 1997 年版，第 155～156 页。

术可以自由发挥、相互争鸣①。

二是蒋梦麟学术蕴于政治之思想。蒋梦麟认为教育与政治相关联，不问政治是“弃其天职”，只不过是要弄清教育与政治的真正关系，不是让作为知识分子的教育者去直接干涉政治或参与政治，而是要能进行“政论”——议论政治。换言之，应以知识分子的角色扮演“社会的良知”。回到现实，“到近十余年来，才有一些有识之士开始探究‘知识分子’这一概念的缘起，开始认识到身为知识分子所应有的人文品格和责任担当。东西方的一些学者，诸如萨义德、乔姆斯基等人对知识分子的阐述，也才受到知识界一些人的重视。人们开始认识到，并非拥有一定的知识就可成为知识分子，知识分子必须拥有独立的人格、自由的思想和批判的精神，必须成为社会的良知”②。蒋梦麟的学术蕴于政治的思想不但强调知识分子要有学术能力，还要能洞察社会，怀有责任和担当，通过“政论”为社会发声。

（二）梅贻琦与张伯苓大学社会服务观之比较

前面已经提到，梅贻琦主要是从学校和学术本身的规律性来论述大学社会服务功能的，而张伯苓注重从“允公允能”的角度来阐述大学的社会服务观。

梅贻琦在对教育与政治关系的看法上，认为教育要独立于政治，但张伯苓则没有这么认为。在我国，教育独立思想的较早代表是蔡元培，他认为“教育事业当完全交与教育家，保有独立的资格，毫不受各派政党或各派教会的影响”③。

蔡元培指出了教育独立于政治的三个理由：一是教育的目的是要尽力培养学生的个性与群性，而相反的是政党则要通过群性来替代个性，使学生的群性与个性模糊，最终消灭个性的存在和发展；二是教育效果具有隐性和长期性的特点，但是政党求近功；三是政党轮流执政，所以存在不稳定性的特

---

① 民国“至人”梅贻琦 – 文摘报 – 光明网 https：//epaper. gmw. cn/wzb/html/2012 – 05/24/nw. D110000wzb_ 20120524_ 6 – 06. htm

② 柳士同：《文人、士和知识分子》，载《社会科学论坛（学术评论卷）》2009 年第 5 期。

③ 蔡元培：《教育独立议》，载《新教育》1922 年 3 月。

点，其不断的更替必然带来教育政策方面的改变，此于教育十分不利。[①] 蔡元培的这种论述主要基于当时的历史条件，具有时代的局限性。

梅贻琦和蔡元培一样认为教育应独立于政治，其原因主要有两点：一是受美国教育理念的影响；二是受蔡元培的影响。相较而言，张伯苓强调政治与办学的关联性。原因一方面受美国教育的影响，一方面主要是私立教育实践所致。梅贻琦与张伯苓同样不可避免地带有时代的局限性。

如果回到现实，从我国的具体国情看，中国共产党的执政地位是人民和历史的必然选择，中国共产党将长期执政，教育方针将保持稳定性和延续性，且马克思主义并非将个性与群性相对立，而是将两者内在地统一的。从国外的经验来看，现代社会政党的更替也不一定带来教育方针的根本改变，教育跟社会的联系会越来越紧密，双方相互依存。因此，教育不可能完全交给教育家办，不能完全超然于政党与政治，否则教育也不能获得相应的支持与保障，并会逐渐脱离社会发展的实际状况。

“允公允能，日新月异”是对张伯苓大学理念的概括，蕴含了深厚的传统文化底蕴和精神，同时映衬了深刻的西方文明背景。首先是传统文化的熏陶。“允公允能”和“日新月异”渗透着我国传统文化的精髓。“允公允能”源自《诗经》里的“允公允武”，张伯苓把“允公允武”化为“允公允能”，指既有公德，又有能力；“日新月异”源自《礼记》里的“汤之盘铭曰：‘苟日新，日日新，又日新’”，[②] 意指要与时俱进、与时代同步。

“公”其实是在张伯苓对儒家传统文化的推演下形成的思想。中国传统文化，特别是儒家文化强调个人的发展境阶是修身、齐家、治国、平天下。“修身”讲品德，品德“孝”为重；“齐家”遵循三纲五常，“孝”为家庭秩序的根本；“治国”以家庭为保证，家庭安定则国家不乱，“孝”是关键；“平天下”需要“孝”作为秩序，以安百姓。张伯苓据此总结出：“盖孝为人本，失其孝则道衰矣。然细推之，往往失于偏重家之观念，少世界之

① 蔡元培：《教育独立议》，载《新教育》1922 年 3 月。

② 梁吉生：《允公允能　日新月异——南开大学校长张伯苓》，山东教育出版社 2003 年版，第 137 页。

眼光。”①

但是张伯苓绝不是因循守旧之人、迂腐之辈，他对“孝”做了最大限度的转化和发挥，赋予“孝”新的内涵。他认为“孝”实际上就是“公”，“孝”不仅是对自己的父母要孝敬，对自己的兄长要尊敬，更重要的是要对自己的国家也要具有“孝”的品德，即个人要对国家忠诚，以国家为大，为国家着想，为国家奉献力量。

张伯苓对“孝”的阐释不仅赋予其新含义，达到为现实服务的目的，更可贵之处则在于他把中国传统文化中的“孝”与现代西方国家关于民主、自由、科学的观念联系了起来，使中国传统文化中有益的成分焕发出新的活力。在西方，真正意义上的民主、自由、科学等观念主导着人们的思想意识，它强调个人对幸福和自由的追求，但绝不是个人主义的泛滥，也表现了对国家的信仰和奉献。因此，张伯苓大学理念的形成首先是受到了中国传统文化的熏陶，在此基础上他受到了西方文明的影响。

张伯苓秉持“允公允能，日新月异”的校训精神，目的在“培养学生爱国爱群之公德，与夫服务社会之能力”②。他进一步指出，“允公是大公，而不是小公，小公只不过是本位主义而已，算不得什么公了。惟其允公，才能高瞻远瞩，正己教人，发扬集体的爱国思想，消灭自私的本位主义……允能者，是要做到最能，要建设现代化国家，要有现代化的科学才能，而南开学校的教育目的，就在于培养有现代化才能的学生，不仅要求具备现代化的理论才能，而且要具有实际工作的能力”③。这就是“允公允能”之核心要义及实践之道。两者可谓珠联璧合、相得益彰。在张伯苓的理念里，“所谓日新月异，不但每个人要能接受新事物，而且要成为新事物的创始者；不但要能

① 崔国良编：《张伯苓教育论著选》，人民教育出版社 1997 年版，第 126 页。

② 《中国现代教育家传》编委会编：《中国现代教育家传》（第一卷），湖南教育出版社 1986 年版，第 51 页。

③ 张锡祚：《张伯苓与南开大学》，载南开大学校长办公室：《张伯苓纪念文集》，南开大学出版社 1986 年版，第 29 页。

赶上新时代，而且要能走在时代的前列”①。

张伯苓对“公”的解释超脱了个人本位的束缚，把它提升到集体、社会和国家的高度，它的本质是一种爱国主义的思想和情怀，并且继承了中国传统文化的精髓。他对“能”的阐释则结合了时代精神，要求学生不仅要具备现代化的理论知识，还要具有现代生产的技术和技能，要有进行实际工作的能力。唯此，才能培养学生高瞻远瞩和与时俱进的意识，不但要跟上时代的步伐，还要能预测未来，走在时代的前面，做一个时代的引路者。

（三）蒋梦麟与张伯苓大学社会服务观之比较

蒋梦麟和张伯苓都坚持大学要为社会和国家服务，但在用什么服务和怎样服务的问题上有所不同，主要表现在，蒋梦麟坚持“学”为本，张伯苓的实践则代表了以“术”为上的理念。

第一，蒋梦麟“学理”为本的服务理念。蒋梦麟和张伯苓都从爱国的角度体现他们的大学服务社会的理念。蒋梦麟认为最高的观念为爱国，并认为，真正的爱国是学术爱国，真正的救国是学术救国。他说：“空言爱国而无方法以达之，爱国两字，一空架而已，一死体而已。所谓真观念者，必具有活泼动作之精神，国民以此而生，以此而死。凡一切行为思想，皆依此真观念为标准，欲养成此种活动的观念，第一当知个人为民族而存立，第二当养成无我之领袖资格，第三当养成知识与道德调和之个人。以此三事，作求学行事之标准。”②

在此，蒋梦麟提出学术爱国与救国的理念，也就是大学通过学术达到服务社会及国家的能力。他分析得出爱国也是需要方法的，缺乏科学有效的方法是达不到爱国目的的。一个真正的爱国者需要具备三种品质：一是个人为了民族而存在；二是要有担当领袖的气魄和胆识，愿意为民族而奋斗；三是要有知识、有品德，做德才兼备之人。只有这三者共同具备才能达成为社会服务的目的，也才能真正爱国。

---

① 张锡祚：《张伯苓与南开大学》，载南开大学校长办公室：《张伯苓纪念文集》，南开大学出版社 1986 年版，第 29 页。

② 蒋梦麟：《建设新国家之教育观念》，载曲士培主编：《蒋梦麟教育论著选》，人民教育出版社 1995 年版，第 50 页。

第二，张伯苓“技术”为先的服务思想。相较蒋梦麟的是“学理”爱国，张伯苓的则是“技术”爱国，这实际上是关于“学术”的问题。蔡元培较早对“学术”做过论述，他把学术分为两个名词，即“学”与“术”，“学”指“学理”，“术”指“应用”。他认为中国学习西方的教育失败的一个最主要原因就是，没有学习西方纯粹的科学内容。

和蒋梦麟的“学理”爱国相比，张伯苓的爱国更多强调技术性和应用性的实业爱国。张伯苓为了国家的强盛，从实业兴国的思路来办大学，因此，南开大学在建校之初的学科以文、理、商三科为主，开设的课程比较重视实用性。即使是科学研究也注重将其成果运用到实际问题的解决。

南开大学于1928年制订了《南开大学发展方案》，其中对南开大学的学科建设和研究做了原则性的规定：各种研究必须以特定问题的解决为依据，以具体问题为主，这个问题还必须是现实社会亟待解决的。在此原则的指导下，南开大学针对当时通货膨胀的问题开展了物价的调查和统计，为稳定当时不断上涨的物价做出了贡献；其次还进行化学化工方面的应用研究，帮助解决了当时工业发展中存在的一些问题。①

概而言之，与蒋梦麟相比，张伯苓比较重视“术”，以“术”解决各种实际问题，为当时社会和国家的需要作出了贡献。但这并不意味着张伯苓没有“学”的思想，他也看到“学”的重要性，也在南开大学组织过一些基础性的科学研究工作，只不过他在“术”的层面上作了更多的强调。

八　结论及启示

大学理念蕴含了大学的精神、观念、理想，揭示了关于大学是什么、应该怎么办大学的问题，涵盖了大学的含义、性质、目的、职能、使命等内容，而这些内容又通常要通过大学的基本功能，即人才培养、科学研究、社会服务、文化传承与创新等具体表现出来，是关于大学如何培养人才、如何进行科学研究、如何服务社会的认识和实践。通过研究得出以下结论：

① 《中国现代教育家传》编委会编：《中国现代教育家传》（第一卷），湖南教育出版社1986年版，第67～68页。

（一）西南联大“三常委”大学理念具有共同点

1. 西南联大“三常委”大学理念都蕴含强烈的爱国主义情怀

中国的近代史就是一部救亡图存的历史。从地主阶级改革派的龚自珍、魏源、林则徐，到洋务派的曾国藩、李鸿章、左宗棠；从维新派的严复、康有为、梁启超，到孙中山领导的资产阶级革命，都是为了抵御外敌的入侵，求得中华民族的生存与富强而进行斗争。

西南联大“三常委”的大学理念就是在此背景下逐渐形成和发展的，并在本质上是近现代救亡图存中爱国主义的延续与展开。面对新的国内矛盾和民族危机，他们怀着一股强烈的爱国热情，试图通过教育这一途径，解决中国之问题。虽然，教育并非是万能的，特别在那个异常特殊的历史年代里；教育救国论也被历史实践证明是有时代局限性的，但是，他们大学理念里那种爱国、救国的精神超越历史、超越阶级，蕴含跨越时空的智慧。

2. 西南联大“三常委”大学理念的形成得益于三个共同要素

一是三者都具有深厚的传统文化根基。梅贻琦深受中国传统文化的熏陶，气度儒雅，言行举止俨然一位名士，被称为民国“至人”①；蒋梦麟从小受家庭的影响，熟读四书五经，熟悉中国历史；张伯苓从中国传统文化里寻找精髓，形成具有浓厚传统文化气息的办学理念，虽西式味道浓厚，但不失“土货化”② 色彩。再者，梅贻琦借助传统“大学”之理念，提出“所谓大学者，非谓有大楼之谓也，乃有大师之谓也”的“大师论”，根据“修身、齐家、治国、平天下”之理，得出“新民”之论；蒋梦麟纵古论今，学贯中西，得出“大学者，为研究高等学科而设，其学生为将来增进文明之领袖”③ 的论断；张伯苓上溯《诗经》之大义，下究《礼记》之精华，终而得出“允公允能，日新月异”之至道。

---

① 民国“至人”梅贻琦 - 文摘报 - 光明网 https：//epaper. gmw. cn/wzb/html/2012 - 05/24/nw. D110000wzb_ 20120524_ 6 -06. htm

② 王文俊等：《南开大学校史资料选（1919—1949）》，南开大学出版社 1989 年版，第 39 页。

③ 蒋梦麟：《建设新国家之教育观念》，载曲士培主编：《蒋梦麟教育论著选》，人民教育出版社 1995 年版，第 47 页。

二是三者都曾出国留学和考察，深谙西方文化。梅贻琦在南开学堂完成学业后，顺利考取了首批清华留美公费生，到美国深造；蒋梦麟到美国后先在加州大学求学，学习历史和哲学，后在纽约哥伦比亚大学研究教育，师从教育家杜威；张伯苓在恩师严修的带领下远行日本考察教育，后又到美国华盛顿和纽约学习深造。出国留学和考察的经历，给三者了解西方文化和文明提供了重要机会，为其大学理念的形成提供了一种有别于中国传统文化思维的理路。

三是三者都长期从事教育实践。梅贻琦的大学理念连同他沉静、稳健的性格把清华大学定格在“自强不息”“厚德载物”的品格之上；蒋梦麟自由主义的哲学观及他在校长任上的厉行改革之路，成就了北京大学自由奋发之朝气，或许除了大名鼎鼎的蔡元培外，他也是北大人不会忘记的名字；张伯苓为南开可谓一生一世，鞠躬尽瘁，他为南开大学“化缘”筹措办学经费的精神，是为国家之生而生、为国家之富强而“日新月异”的南开大学所永远铭记的。一句话，长期从事的教育实践是三者大学理念形成的直接原因。

3. 西南联大“三常委”的大学理念都极其重视教育之价值

古之言兵者，曰：“兵者，国之大事，死生之地，存亡之道，不可不察也”。梅贻琦从大学新民之效、为社会传承文化的角度，蒋梦麟以学术为一国精神之所寄、社会进化之基石的视野，张伯苓从解决一国之问题为教育的思想，分别深刻阐述并论证教育的重要性，多维度阐发教育之价值，把其提高到了国家存亡兴盛的层面，于是或可化而用“教育者，国之大事，死生之地，存亡之道，不可不察也”这句话来形容。

4. 西南联大“三常委”都没能跳出传统知识分子固有的局限

美国著名学者乔姆斯基曾说过，知识分子的传统实际上就是卑躬屈膝事权贵的传统，如果不背叛它，他就会为自己的行为感到羞耻。这是很有颠覆性意义的，但我们考察历史，无论是中国传统的士大夫，还是西方文明的先哲，大多曾经都作为掌权者的“侍者”，无论以“仕”的身份或是“智囊”的名义出现。这种状态其实在中国古代尤甚。我们暂且不论乔姆斯基是否如他所说那样去做，但他的认识无疑是深刻的。西南联大“三常委”作为那个时代知识分子的代表，纵观其一生，想必他们也认识到这个“传统”和局限，且或许也想“背叛”它，跳出其“怪圈”，但始终未能真正彻底地实现，这应该就是历史的不可逾越性。

（二）西南联大“三常委”大学理念的不同点

在分析西南联大“三常委”大学理念相同点的同时，我们注意到三者之大学理念还存在具体的差异。

1. 梅贻琦大学理念强调“大师”

“大师论”是梅贻琦在深入理解了我国古代“大学之道，在明明德，在新民，在止于至善”的精神实质，以及德国古典大学“大学自治”“学术自由”等的精神基础上提出的。他在实践的过程中，推行“教授治校”，这是其“大师论”的直接体现和反映；继而他又在此理念上提出了“通才教育”和“通识课程”的理论设想，并极力加以践行，取得了人才培养的显著成效。

2. 蒋梦麟大学理念强调“高等学科”和“领袖人才”

蒋梦麟的大学理念集中蕴含在“大学者，为研究高等学科而设，其学生为将来增进文明之领袖”这一论断中。他的这一理念和蔡元培“大学者，‘囊括大典，网络众家’之学府也”[①] 的认识如出一辙，强调了大学对高深学问的研究，让我们隐约看到了德国古典大学的影子。这是不足为奇的，因为如果我们从北京大学的历史来考察的话，就会发现蒋梦麟是在蔡元培的影响和带动下逐步主掌北京大学的，因此他的大学理念必然受到蔡元培大学思想的影响，并在他的言行之间表露出来。所不同的是，蒋梦麟在自身的教育实践中提出既与蔡元培不同，也与梅贻琦不同的“校长治校”思想。

3. 张伯苓大学理念强调“允公允能”和“日新月异”

张伯苓的大学理念与梅贻琦和蒋梦麟也存在很大差异。“允公允能，日新月异”是张伯苓大学理念的集中表达。张伯苓爱国，他想用实际行动来改变旧中国的落后面貌和被动挨打的局面，在对参军还是创办教育的抉择间，他毅然选择了后者，从而教育救国和实业强国成了他最响亮的口号，“允公允能，日新月异”就是他思想的高度凝结。于是，我们看到张伯苓把大学为

① 蔡元培：《蔡元培选集》，中华书局1959年版，第67页。

社会和国家服务的功能发挥到了极致，以至于我们偶尔会问大学是研究高深学问的地方，还是“振兴实业”[①] 的场所。其实这都不是最重要的，因为毕竟张伯苓主撑的南开大学绝对是一所成功的大学。

4. 西南联大“三常委”大学理念的突出特点

分别对梅贻琦“大学者，非谓有大楼之谓也，有大师之谓也”；蒋梦麟“大学者，为研究高等学科而设，其学生为将来增进文明之领袖”；张伯苓“允公允能，日新月异”大学理念的剖析，可以发现三者的大学理念具有如下突出特点：梅贻琦的大学理念在人才培养观上别有眼界，蒋梦麟的大学理念在科学研究观上深有见地，张伯苓的大学理念在社会服务观上极具眼光。

上述三者大学理念中分别凸显的“人才培养”“科学研究”“社会服务”的观念更接近现代大学理念及其功能的内涵，并预示了其发展演进的某种趋势。其中的“人才培养”观强调并预示大学将加大对高尖端人才的培养，“科学研究”观突出并预示大学将把科研摆在极其重要的位置，且教学与研究要有机融合；“社会服务”观应验并预示大学将越来越和社会需要紧密结合，越来越要为社会和国家发展提供不可或缺的支持。

（三）西南联大“三常委”大学理念异同的原因分析

通过上述分析，西南联大“三常委”大学理念有相同的地方，也有不同的地方，他们的大学理念产生异同的原因，除了三者教育哲学观和认识论有所不同之外，还跟他们的成长经历、学习和留学经历以及教育实践密切相关，下面试再对其进行简要梳理和分析。

1. 梅贻琦大学理念的形成

（1）平凡的出生与优异的成绩

和蒋梦麟相比，梅贻琦的家境显得寒碜。他 1889 年出生于天津，父辈不像蒋梦麟那样是小地主，而只是一个小秀才，因为各种原因最后只成为一名盐店职员，所以其家庭经济状况一般。但是梅贻琦的父亲和蒋梦麟的父亲一样都重视子女教育，因此虽然条件差，还是让梅贻琦从小就熟读了儒家经典

① 张伯苓：《振兴实业，增进物质文明》，载崔国良编：《张伯苓教育论著选》，人民教育出版社 1997 年版，第 118～119 页。

和中国各种历史著作。梅贻琦也没有辜负家人的希望，只要看过的书大多能背诵，后来“四书烂熟”，五经常引。[①] 优异的成绩使他顺利考入著名的南开学堂，成为南开中学的第一批学生，在张伯苓校长的精心栽培下，梅贻琦顺利考取了首批清华留美公费生。也就是从上南开学堂起，梅贻琦和张伯苓结下了深厚的情谊。

（2）君子之德与终身校长

梅贻琦被誉为清华大学的“终身校长”。他从 1931 年开始执掌清华，通过苦心经营使清华大学从一所不起眼的庚款留美预备学校，一跃成为与北大齐名的学术重地。之所以会取得巨大的成就，是与梅贻琦在清华大学期间的改革分不开的。

首先梅贻琦礼贤下士、尊重人才，渴望人才的到来。有研究说清华大学国学院四大导师之一的赵元任就是梅贻琦亲自去火车站接回来任教的；还有数学天才华罗庚从一个初中学历生最终破格成为教授，就与梅贻琦重视人才的举措密不可分。

其次是民主办学、民主管理。梅贻琦在清华大学实行“教授治校”制度，建立起民主的集体领导制度，主要内容是建立了包括评议会、教授会等在内的民主决策和管理机构。[②] 相关内容前面已有论述，此不赘论。在长期的教育实践中，梅贻琦最终得出了“大学者，非谓有大楼之谓也，有大师之谓也”的“悟道之言”，这是他一贯做法的思想遵循。

其实梅贻琦是为清华定了格的。他个性独特，喜欢喝绍兴酒，但很有节制。偶尔过量，就用右肘支着头，倚在桌边，闭目养一下神，然后再饮，似乎从来不醉。朋友们都称赞他的酒德。[③] 同时梅贻琦个性沉静，寡言、慎言。叶公超曾用“慢、稳、刚”三个字形容他，这也是对他君子风度的高度概

① 赵赓扬：《琐事忆梅师》，载黄延复，马相武：《梅贻琦与清华大学》，山西教育出版社 1995 年版，第 175 页。

② 陈岱孙：《三四十年代清华大学校务领导体制和前校长梅贻琦》，载黄延复，马相武：《梅贻琦与清华大学》，山西教育出版社 1995 年版，第 152 ~ 153 页。

③ 郑天挺：《梅贻琦先生和西南联大》，载黄延复，马相武：《梅贻琦与清华大学》，山西教育出版社 1995 年版，第 164 页。

括。“梅先生本身就代表清华的品格精神”①，在他“身教重于言教”的影响下，清华也定格为一种沉稳、刚健的品格。

清华大学的教师和学生都认为梅贻琦是个“君子”，并“翕然称之”，对他的评价则是“胥无异词”，② 获此赞誉非常难能可贵。这在一定程度上和中国古代士大夫“修身、齐家、治国、平天下”的抱负类似，也和《周易》所谓“天行健，君子以自强不息。地势坤，君子以厚德载物”的品格具有相同意蕴。当然，梅贻琦这种沉稳、刚健的个性可能还跟他对时事的态度有很大的关系。

（3）去留之间若有遗憾

俗话说，天下大势，合久必分，分久必合，当历史再次走到了分与合的关节点，去留成为一个不愿选择但又必须选择的问题。1949 年，由共产党领导的军队进驻北平，北平和平解放。在此背景下所有的自由知识分子都面临着去与留的问题。关于梅贻琦当时去留的真实想法，一直以来都有两种版本，一种是他学生袁随善的说法，一种是吴泽霖的说法。前者说梅贻琦曾说过舍不得离开清华的，但后者则说梅贻琦遇到他说他一定要走，为的是保护清华的基金。现在已很难说哪一种说法准确，但事实是梅贻琦的确离开了清华，离开了大陆，而真正决定他去留的应该是他对形势的判断，梅贻琦“不相信马列主义和共产主义”③，或许这才是促使梅贻琦离开的主要原因。如果按此原因分析，那么梅贻琦的这种判断被历史证明是有遗憾的，也许他后来也认识到这一点。这就是历史，它让后人不断地回味，也不断地思索。

2. 蒋梦麟大学理念的形成

以下主要依据蒋梦麟自传《西潮·新潮》的描述进行分析。

---

① 西南联大除夕副刊主编：《联大八年》，西南联大学生出版社 1946 年版，第 201 页。

② 黄延复，马相武：《梅贻琦与清华大学》，山西教育出版社 1995 年版，第 125 ~ 291 页。

③ 吴泽霖：《记教育家梅月涵先生》，载黄延复，马相武：《梅贻琦与清华大学》，山西教育出版社 1995 年版，第 143 页。吴泽霖在此文中强调梅贻琦“并没有做过损害共产党的事。”

（1）从儿童到青年时代中国社会的变化——蒋梦麟大学理念形成的社会背景。

蒋梦麟出生在浙江农村一个小村庄的小康人家，兄弟姐妹很多，他是最小的一个，上面有一个姐姐和三个哥哥；蒋梦麟出生时恰好碰到战火纷飞的时代，就在他刚出生那年，英国通过战争从中国夺走了对缅甸的宗主国权，在中法战争中，法国则夺走了对越南的宗主国权。[①] 实际上中国宗主权的不断失去，预示着西方国家将对中国发动更多的侵略。

蒋梦麟说，中国的这种状况就像一只橘子，橘皮被剥开以后，细菌自然就开始侵蚀橘子内部了。中国当时也就是像个橘子，正被一步步地剥分。随着不断长大，蒋梦麟开始了解到过去发生在中国的很多大事情，太平天国运动就是其中之一。但由于蒋梦麟所在村庄的落后、封闭，他对外界发生的大事很难真正理解，包括国际上的大的战争。

村民们的生活基本上还是自给自足，似乎一切都还很平静。但这种平静将很快被打破，因为西方列强已经开始在中国沿海不断开辟新的通商口岸，西方的商品不断通过口岸输送进中国。与此同时，西方的思想观念也被介绍进来，不断输入中国沿海和内地，强力冲击着传统的中国社会。

随着西方列强在中国开辟通商口岸，外国商品不断输入内地，西方思想以及军舰加速入侵的进程，中国传统社会开始被西方的现代科学、发明和工业所改变。[②] 这就是蒋梦麟整个童年时代的主要社会背景，也是其大学理念形成的深刻历史背景。

（2）从受传统教育到留美求学——蒋梦麟大学理念的文化基础。

蒋梦麟的童年比较幸运，因为他还可以在私塾接受初等教育，所以他一开始就受到中国传统文化的影响和熏陶。那时虽然读四书五经比较枯燥无味，但是蒋梦麟还是相信“所有的学者名流，达官贵人不是都经过寒窗苦读的煎熬吗？”“吃得苦中苦，方为人上人。”“天子重英豪，文章教尔曹。万般皆下

---

① 蒋梦麟：《西潮与新潮——蒋梦麟回忆录》，东方出版社2006年版，第19页。

② 蒋梦麟：《西潮与新潮——蒋梦麟回忆录》，东方出版社2006年版，第36页。

品，惟有读书高。”“别人怀宝剑，我有笔如刀。”①。因此，蒋梦麟小时候读书刻苦认真，抱有远大的理想，成绩一向优异。

蒋梦麟的家庭对他的影响也很大，因为他实际上出生在一个殷实的小地主家庭，他的父辈比较有文化和眼光，所以从小就注意对蒋梦麟的教育，这使他比其他的孩子有更多、更好的受教育的机会。尽管受的是传统教育，但毕竟也让蒋梦麟对中国传统文化的了解打下了厚实基础。

很快到 19 岁，蒋梦麟顺利毕业于浙江高等学堂。此后，他参加科举考试，并在第一次就考中，但他并没有继续这条道路，而是在当时的留学热潮影响下毅然决定出国留学深造。对于为何到西方求学，蒋梦麟这样描述：“一个中国学生如果要了解西方文明，也只能根据他对本国文化的了解。他对本国文化的了解愈深，对西方文化的了解愈易，根据这种推理，我觉得自己在国内求学时，常常为读经史子集而深夜不眠，这种苦功总算没有白费，我现在之所以能够吸收、消化西洋思想，完全是这些苦功的结果。我想，我今后的工作就是找出中国究竟缺少些什么，然后向西方吸收所需要的东西。心里有了这些观念以后，我渐渐增加了自信，减少了羞怯，同时前途也显得更为光明。”②

由此可以推知以下几点：一是蒋梦麟对中国传统文化没有持完全否定的态度，而是认为它对学习借鉴西洋文明是有帮助的；其次他对西洋文化保持着清醒的态度，希望学到的是适合中国的、中国需要的，能正确认识和对待中西文化交流的知识；第三是蒋梦麟把国家责任放在理想的最高点上，求学是为国家，为了将来“更为光明”。

蒋梦麟出国留学主要到过两个国家，一个是德国，另一个是美国。在两国的求学过程中，他很好地了解了西方文化。他在美国哥伦比亚大学深造期间还得到了教育家杜威的亲自指导，这是对他思想影响很大的一位导师。杜威同时还是胡适的博士生导师。杜威和中国有不解之缘，他曾和中国的思想界人士长期保持着交流，并到北京大学演讲，还担任过两年的北京大学客座

---

① 蒋梦麟：《西潮与新潮——蒋梦麟回忆录》，东方出版社 2006 年版，第 39 页。

② 蒋梦麟：《西潮与新潮——蒋梦麟回忆录》，东方出版社 2006 年版，第 94 页。

教授。蒋梦麟留美的经历是其大学理念形成的另一个重要文化基础。

（3）游移于中西之间——蒋梦麟教育理念的张力。

在美国的留学经历，使蒋梦麟深刻理解和对照了中西文化的不同，进而能对两者进行融通。蒋梦麟曾说，他在美国求学的时候，习惯于用中国的文化思维度量美国的事物；等学成归国后，这种状况又反过来了，他又习惯于用美国的文化思维来度量中国的事物，还有就是更多的时候是在使用一种混合的文化思维来考察事物的。[①] 是的，正如蒋梦麟所言，其实他的思想是混合的，刚开始是以中国的文化视角去审视美国文化，而回国后他则反过来以美国的标准来检视中国的东西，但随着他对两者的不断理解和比较，再在实践中探索后，他能在结合中国实际的基础上，兼采两者之长，并根据不同变化游刃于两者之间，形成一种智慧的张力。

3. 张伯苓大学理念的形成

（1）张伯苓的学习背景

“知道中国的，便知道有个南开。这不是吹，也不是嗙，真的，天下谁人不知，南开有个张校长?!”[②]，这是老舍和曹禺为张伯苓写的诗。就是这样一个大名鼎鼎之人于1876年4月5日出生在天津，一个战略要地，一个美丽的海滨城市，一个北方的商业重镇。张伯苓出生时的家境比起蒋梦麟和梅贻琦好一些，他祖辈经商，“经过几代的经营，已成殷实富庶之家”，但父辈没有通过读书参加科举考试入仕，[③] 这个希望被寄托在张伯苓的身上。

带着家族的希望，父亲从小就让张伯苓读《百家姓》《千字文》《神童诗》，然后又读《大学》《中庸》《论语》《孟子》等儒家经典。张伯苓以优异的成绩考取了北洋水师学堂，当时他认为只有海军强大了才能救中国，但是中国海军的溃败惊醒了张伯苓，他认为掌握知识才是救国的根本，于是毅

---

① 蒋梦麟：《西潮与新潮——蒋梦麟回忆录》，东方出版社2006年版，第120页。

② 《中国现代教育家传》编委会编：《中国现代教育家传》（第一卷），湖南教育出版社1986年版，第41页。

③ 《中国现代教育家传》编委会编：《中国现代教育家传》（第一卷），湖南教育出版社1986年版，第42页。

然转而从事教育。[1]

（2）从武力救国到教育救国。

前面已经提到，张伯苓从小就树立了刻苦努力、参军救国的理想，但甲午战争中中国军队的一败涂地终于使张伯苓的希望无情地破灭了。西方列强疯狂的侵略和中国无力的抵抗，让张伯苓如梦初醒，转变了思想，认为武力不是救国的根本，于是开始了漫长的教育救国探索之路，这对于张伯苓来说是个巨大的转变。

在谈及张伯苓的教育救国之路时，必然要提到严修。严修被张伯苓的教育救国理想感动，于是在 1904 年带着张伯苓途经上海，远到日本考察教育。这次去日本他们待了两个多月，张伯苓认真而细致地参观和考察了日本的各级各类学校，考察内容相当繁多，包括教育行政制度、学校管理、课程、教学内容和方法、硬件设施等等。[2]

在日本的这次教育考察对张伯苓的影响很大，对其大学理念的形成有直接的关系。此后不久，张伯苓又远行到了美国的华盛顿和纽约两大城市参观考察教育，并乘此机会接着到欧洲继续学习和考察教育，直到 1918 年 12 月才回到中国。[3] 由此可见，张伯苓为办教育，先后到日本、美国和欧洲考察教育，并在美国进修教育，这对他大学理念的形成产生了直接影响，为他此后在南开大学和西南联大的教育实践提供了经验，并在结合中国具体实际的过程中，终于形成了他独具特色和内涵的大学理念“允公允能，日新月异”。

（四）启示

西南联大“三常委”的大学理念内涵丰富，有异有同，各有千秋。于今，仍有启示意义。

（一）深化对大学理念的辩证认识

在西方近代大学发展史上，有两位最重要的人物：威廉·冯·洪堡

① 《中国现代教育家传》编委会编：《中国现代教育家传》（第一卷），湖南教育出版社 1986 年版，第 44 ~ 47 页。

② 《中国现代教育家传》编委会编：《中国现代教育家传》（第一卷），湖南教育出版社 1986 年版，第 47 ~ 49 页。

③ 《中国现代教育家传》编委会编：《中国现代教育家传》（第一卷），湖南教育出版社 1986 年版，第 61 ~ 62 页。

(Wilhelm von Humboldt, 1767～1835) 和约翰·亨利·纽曼 (John Henry Newman, 1801～1890)。他们是溯源大学理念所绕不开的人物，而两者大学理念的差别则是我们深化对大学理念辩证认识的重要参照面。

首先，在对待科研与教学的问题上，纽曼不承认大学应有科研的功能，而洪堡则看到了科研与教学的密切关系，并主张科研与教学相结合。其次，在对自由教育与专业教育的认识上，纽曼比较偏激，只承认自由教育在大学里的合法性，即便如此，他也主要注重古典学科特别是文学的地位，把自由教育的目的限定在培养理智上面，美德的培养则放在大学以外的宗教上；而洪堡则提出“发展知识”的观点，有效回应了社会发展的需求。再次，在看待大学与社会的关系时，纽曼看重宗教对大学的影响，对大学与社会，特别是与政府的关系上则估计不足，而洪堡似乎看到了大学与社会的特殊关系。①

当然，洪堡与纽曼对大学理念认识的共同点也颇多，特别是对大学自治、学术自由、大学要研究高深学问等所共同持有的理念则是西方大学发展的核心命题，并成为许多国家大学发展的理念参考。

如此看来，大学理念并非千篇一律，也并非永恒不变，而是随着时代的变迁和社会的发展而变化的，并受到人的哲学观和认识论的限制，同时跟各国各地区特殊的历史文化环境有很大关系。故而，在对大学理念的认识上，要坚持历史唯物主义和辩证唯物主义的观点，用辩证和发展的眼光加以检视，并要在实践中不断加以积累、更新和完善。

在近现代，中国的学者们主要通过两条途径追寻大学理念：第一条是借助西方传统大学理念和名校办学理念来建构自己的大学理念；第二条是挖掘中国传统智慧，通过研究重要人物的教育思想和教育实践勾勒出具有时代特征的大学理念。因此，在对大学理念的探寻中，充满了中国与西方、传统与现代、经验主义与理想主义的矛盾和选择。

“三常委”在中国大学史上的地位是和蔡元培紧密相连的，他们的大学

---

① 参见《译者前言》，载［英］约翰·亨利·纽曼著，徐辉、顾建新等译：《大学的理想》，浙江教育出版社 2001 年版；张斌贤主编：《外国教育思想史》，高等教育出版社 2007 年版，第 262～271 页；王凌皓主编：《中外教育史》，东北师范大学出版社 2001 年版，第 274～275 页。

理念影射出中国大学教育在经地主阶级改革运动、洋务运动、戊戌维新运动、资产阶级革命、五四运动及蔡元培教育改革历史演进后的特殊境像，因此成为中国大学理念发展的一个分水岭。但他们却承接着古代与当代，成为中国大学教育从古代发展到近代，又从近代发展到现代，再从现代发展到当代的一个联结点。从“三常委”的身上，我们感悟到了我国古代“大学”教育的理念，体会到了西方大学教育的传统，预示着现代大学教育的某些原型和方向。

（二）西南联大“三常委”大学理念的现实启示

1. 梅贻琦大学理念的启示

梅贻琦大学理念的启示主要是：大学要培养高尖端人才。高尖端人才是“钱学森之问”的核心论题。但应该看到，改革开放以来，中国的高等教育取得了长足的发展与进步，规模已经超越美国，成为高等教育第一大国。新时代新阶段我们正在建设教育强国。与此同时应该注意到，我们离党和国家、社会对高尖端人才的需求还有较大差距，高等教育质量还有待进一步提高。梅贻琦的大学理念强调“大师”的作用，倡导“通才教育”的模式，以这样的理念办大学，能为高尖端人才的培养借鉴其中的合理成分。

2. 蒋梦麟大学理念的启示

蒋梦麟大学理念的启示主要是：教育家的养成是有规律可循的。一个时期以来，中国的高等教育质量受到社会各界的关注甚至质疑，他们的依据之一就是中国似乎没有真正的教育家，让教育家办教育和培养真正的教育家成为热门的话题。在蒋梦麟的大学理念里曾论述过教育家的培养问题，他认为教育家首先要研究“教育学”，它不仅包括了教育学科这门学科，还涉及地理、历史等综合学科的内容；其次在懂得“教育学”之后就能成为真正的学问家；最后通过不断地实践，学问家才能成为真正的教育家。由此可以看出，其教育家的养成路径可以概括为：“教育学”的学习—成为真正学问家—通过教育实践—成为真正教育家，其内蕴着教育家必须有“教育学”知识，必须是真正的学问家，还必须有教育实践经验，才能成为真正的教育家。这对今天培养教育家是个启示，我们培养的教育家要有真学问，而不是假学问；要有真实践，而不是假实践；建设中国式现代化教育强国需要的教育家是真正的教育家，而不是假的教育家。

3. 张伯苓大学理念的启示

张伯苓大学理念的启示主要是：现代大学的功能在随着社会发展而变化。简要概括，国外大学的发展经历了中世纪知识分子行会性质式的微小型大学，因为当时大学的规模很小，教师和学生的人数都很少；还经历了 17～19 世纪象牙塔梦想型的大学，此时的大学显得很“尊贵”，它崇尚科学、尊崇理性，具有浓烈的古典主义情结；也经历了二战后复杂型的大学，这时大学已不再是中世纪的那种毫不起眼的行会式大学，也不是近代以来那种“独善其身”式的大学，而越来越像一个复杂的系统，越来越与社会发展和国家命运紧密联系。

整体来看，中国的大学发展历程与西方的大学发展历程在内在进路上具有逻辑的相通性。张伯苓的大学理念适应了大学发展变化的需要和趋势，他把南开大学置于社会这个复杂的系统当中来考察和审视，没有置身事外，而是以积极入世的心态融入社会的变革和“知中国”“服务中国”的命运当中，把“为国家、为民族”确立为它的宗旨和终极目标，这是值得当今大学审视办学理念时认真思考的。

4. 西南联大“三常委”大学理念的共同启示

西南联大在极其艰苦的历史环境中，培养了一大批包括诺贝尔奖获得者杨振宁、李政道在内的顶尖人才，西南联大不愧为当时的一所世界一流大学。建设一批世界一流大学，一直是中国高等教育的梦想，“211 工程”“985 工程”“双一流”建设就是这种尝试和接续努力。西南联大“三常委”大学理念的有机融合，为我们创建世界一流大学提供了一个本土案例启示。

有学者在研究了“诺贝尔自然科学奖与世界一流大学”的关系后提出，世界一流大学的共同特征是：实施本科通识教育、实施科学研究与研究生培养一体化机制、拥有世界一流学术水平的优势学科和拥有雄厚的师资队伍。①西南联大“三常委”中，梅贻琦的“大师论”“通才教育”和“通识课程”

① 陈其荣：《诺贝尔自然科学奖与世界一流大学》，载《上海大学学报（社会科学版）》2010 年第 6 期。

教育模式，加上蒋梦麟的注重“研究高等学问”的科研理念和学科建设思想，再加上张伯苓的为“筹措经费”以“招揽名师”的做法，能基本满足上述建设世界一流大学的理念和条件。问题的关键是，我们将如何把三者的理念在相加的基础上进行有机融合并结合现实进行创造性转化和创新性发展。

本研究以“西南联大‘三常委’的大学理念比较”作为研究主题，将现代大学人才培养、科学研究和社会服务的三项基本功能作为“三常委”大学理念的具体比较内容，以“三常委”整个一生的历程特别是西南联大时期作为比较的时间范围，在此逻辑框架下，试图为我国高等教育改革以及创建世界一流大学提供某些理念上的历史经验启示和本土智慧借鉴。虽然这个想法给我的研究注入了很大的动力，但由于本人的能力所限，本研究还存在如下问题：

一是在研究逻辑上，本研究在探讨了大学理念的本质性定义后，接着把大学理念操作化定义为关于大学如何培养人才、如何进行科学研究、如何进行社会服务的理论认识及其实践。这样做虽然易于操作，但有“用之不尽”和“意犹未尽”之嫌。除此之外，本研究在对大学理念、大学理想、大学精神、教育思想等概念廓清上还不很严格，还需要进一步探讨。

二是基于人才培养、科学研究和社会服务三个维度，采用两两比对的方式，分别对“三常委”的“人才培养观”“科学研究观”和“社会服务观”做比较时，对其异同的分析和揭示还不够全面和深刻，还有进一步探讨的较大空间。

三是本研究未能实现借“三常委”大学理念揭示其教育思想作为“历史中的教育思想”的“多”，在教育思想历史的“一”中的历史坐标的研究设想，也未能深刻地阐释出教育家养成的更深层次规律，从而使对“三常委”大学理念于现今的启示和借鉴的研究缺乏应有的理论深度。

以上是本研究存在的主要不足之处，也是今后进一步研究的重点和难点所在，希望能起到抛砖引玉之效，引起学界更多关注与探究，将西南联大“三常委”的大学理念再深入研究下去。

中国共产党与西南联大

在救亡图存时代背景下，中国近现代史上最进步的政党中国共产党与自觉担负时代使命的西南联大①之间有其精神和追求上的契合之处。原北大、清华、南开三大学南迁后，中国共产党通过及时建立和发展地下组织与西南联大建立了联系，在此基础上组织开展了4个阶段的抗日救亡运动和爱国民主运动，在这些运动中形成了党在联大工作的3个显著特点：以青年学生为主体，以社团活动为主要手段，把学生运动与群众运动结合起来；把教育作为统一战线的重要纽带，纳入抗战救国的整体谋划中，为解放战争的胜利和新中国的建立发挥了特殊作用；党在联大的工作是党对三校工作的延续，继承和发扬了“一二·九”运动和五四运动的光荣传统，促使联大发展成为“民主堡垒”。因此，党在联大领导的这场革命与斗争，实质上不但促进联大作为“学术重镇”而影响那个时代，而且更为关键的是使其赢得了“民主堡垒”的殊荣而对中华民族伟大复兴的历史进程产生了深远影响。

西南联大已经走过80余年的历史。“不忘历史才能开辟未来，善于继承才能善于创新”，② 在新时代纪念联大的精神遗产，继承和发扬联大的光荣革命传统，具有重要的现实价值和意义。中国共产党与联大精神和传统的形成密不可分。联大“内树学术自由之规模，外来‘民主堡垒’之称号”③，同时以“学术堡垒”和“民主堡垒”而名垂青史，而后者在某种意义上对中国革命和中华民族伟大复兴进程产生了更深刻的影响，甚至对前者起着不可替代的促进作用，党在其间扮演着特殊而关键的角色，但长期以来这并未引起学

---

① 本文所指西南联大，包含了联大的前身国立长沙临时大学在内，历时9年。

② 习近平：《习近平谈治国理政》第二卷，外文出版社2017年版，第313页。

③ 此句出自西南联大纪念碑碑文（冯友兰：《国立西南联合大学纪念碑碑文》，1946年），对联大定位做了恰如其分的概括。

界足够的重视。本文将在已有相关研究的基础上对此问题做进一步探讨。

一　中国共产党地下组织在西南联大的建立及发展

党与联大的关系基于党的地下组织在联大内部的建立。抗战爆发后，党组织首先在长沙临大建立了党支部，延续了党在原北大、清华、南开三校的活动。长沙临大西迁云南后，党组织及时在联大建立并得到发展，为党在联大工作的开展奠定了领导和组织基础。

（一）三校南迁与长沙临大党支部的建立

1937 年卢沟桥事变后，北大、清华、南开三校南迁，在长沙合组国立长沙临时大学（简称“长沙临大”）。在此背景下，中共北平市委根据中共中央北方局指示，组织北平地下党员和“民先”（中华民族解放先锋队）队员撤退，根据情况分散到各地参加抗战。9 月下旬，北大地下党员在黄启威同志家开会，决定建立党支部，由吴磊伯任党支部书记；10 月，北大、清华的地下党员组成了长沙临大党支部，[①] 支部书记为高宏明（丁务淳），由中共湖南省委领导。[②] 长沙临大党支部原有党员 18 人[③]，后新发展了 7 名学生入党[④]。此外，临大地下党员中还有王亚文、何锡麟、苏哲文 3 人虽然组织关系不在长沙临大党支部，但仍在长沙临大开展活动，因此长沙临大共有党员 28 人。[⑤]

---

① 鉴于现有史料，笔者未查找到此际南开党员情况。

② 见北京大学党组织史编写小组：《南系地下党组织史（1937 年 9 月—1949 年 2 月 4 日）》（内部材料），1988 年，第 1～2 页。

③ 原北大党员 7 人：徐晃（许焕国）、曹振之（曹盼之）、吴磊伯、陈谨（陈纯英）、黄启威、关士聪、张生力（张干胜）；原清华党员 11 人：周宏明、吴继周、张华俊、徐贤议、杨少任、曹国枢、黄葳（戴中扆）、王天眷、熊向晖（熊汇荃）、许立群（杨承栋）、郭建。见北京大学党组织史编写小组：《南系地下党组织史（1937 年 9 月—1949 年 2 月 4 日）（内部材料）》，1988 年，第 2 页。

④ 这 7 名学生党员为：张韵芝、池际尚、高秉洁、宋平（宋延平）、陈舜瑶、杨赓（杨隆誉）、田方增。见北京大学党组织史编写小组：《南系地下党组织史（1937 年 9 月—1949 年 2 月 4 日）（内部材料）》，1988 年，第 2 页。

⑤ 西南联大党史编写组：《中共西南联大地下组织和群众革命活动简史》，云南人民出版社 1994 年版，第 7～8 页。

（二）临大西迁与西南联大党支部的建立

1938年2月，长沙临大开始西迁云南。根据组织安排，长沙临大大部分党员参加到了各地的抗日斗争和地下工作中。其中，宋平（宋延平）[①]、陈舜瑶、何锡麟等前往延安，周宏明、吴继周等留在长沙继续开展地下工作。熊向晖参加湖南青年战地服务团，后来又根据周恩来同志的指示到胡宗南身边任机要秘书。[②] 徐贤议等党员随校迁往云南，4月底到达昆明。

西迁入滇后，长沙临大改称国立西南联合大学。7月，原在北平入党的力易周，在延安陕北公学学习后，被组织派往大后方开展工作，辗转到了云南。他先到联大蒙自分校文法学院寄宿，认识了联大“民先”队员辛毓庄、郭松懋、迟习儒以及成为党员发展对象的袁永熙，并与他们一起在蒙自县文庙办夜校，教当地群众识字，进行抗日宣传。[③] 8月，联大蒙自分校结束，师生迁往昆明，在北平入党的黄元镇、郝诒纯、徐干（徐树仁）也到了昆明，并考入联大，力易周也考入联大，由他们四人成立了联大临时党支部，力易周任书记；11月，力易周又发展袁永熙为正式党员。[④] 此时，中共长江局指派的王亚文也到达昆明开展工作，他根据叶剑英、黄文杰同志的指示在联大建立了以徐贤议为书记的另一个党支部，党员有王亚文、徐贤议、莫家鼎、张遵骧、汤一雄、张鹊梅6人；不久又发展了张定华、汤德明入党，由此而形成联大党组织建立初期2个党支部平行并存的局面。[⑤]

1939年1月，中共中央南方局（简称“南方局”）在重庆正式成立，周恩来同志任书记，统一领导南方国统区和沦陷区党的各项工作；同月，南方局决定成立中共云南省工作委员会（简称“云南省工委”）；3月，云南省工

---

① 宋平后来担任周恩来同志的秘书，新中国成立后曾任中共中央政治局常委。

② 熊向晖从事地下工作多年，在党的情报工作史上是一个具有传奇色彩的人物，曾受到毛泽东同志称赞。

③ 西南联大党史编写组：《中共西南联大地下组织和群众革命活动简史》，云南人民出版社1994年版，第11～12页。

④ 西南联大党史编写组：《中共西南联大地下组织和群众革命活动简史》，云南人民出版社1994年版，第12页。

⑤ 西南联大党史编写组：《中共西南联大地下组织和群众革命活动简史》，云南人民出版社1994年版，第13页。

委决定在联大建立由其直接领导的党支部，袁永熙任支部书记；7月，王亚文毕业调回南方局工作，由其领导的党支部党员组织关系转入袁永熙任书记的党支部，自此联大两个平行的党支部统一为一个党支部，党的领导关系得以调整，领导力量得到加强。①

（三）西南联大党总支的建立与发展

根据形势的发展，联大党员人数不断增多，队伍不断壮大。1940年，党在联大建立了党总支，袁永熙、李振穆、熊德基先后担任总支书记。② 这一时期，联大党总支由云南省工委青委直接领导，先后由青委书记何礼和青委组织委员杨天华联系，共有党员83人，是联大党员人数较多的时期。由于这个总支坚持一线的经常性工作，又称“一线总支”，下设5个分支机构：①文理法学院男生党分支（党员46人），分支书记先后为莫家鼎、古念良；②文理法学院女生党小组（党员11人），组长陈琏；③工学院党小组（党员3人），组长徐华舫；④师范学院党分支（党员15人），分支书记熊德基；⑤叙永分校临时党分支（党员8人），分支书记徐干。③ 党组织在联大五大学院和分校实现全覆盖。1940年底，云南省工委鉴于严峻的形势，又在联大秘密建立了一个党总支，以防一线总支遭到破坏后可以接替开展工作。这个总支对一线总支是保密的，又称“二线总支”。二线总支由云南省工委青委杨天华直接联系，先后由李之楠（李志强）、邹斯颐担任总支书记。二线党总支坚持开展工作到1941年3月。④

根据现有史料，9年间在联大工作、学习过的地下学生党员共有206

① 西南联大党史编写组：《中共西南联大地下组织和群众革命活动简史》，云南人民出版社1994年版，第12～14页。

② 西南联合大学北京校友会：《国立西南联合大学校史：一九三七至一九四六年的北大、清华、南开》，北京大学出版社2006年版，第339页。

③ 西南联大党史编写组：《中共西南联大地下组织和群众革命活动简史》，云南人民出版社1994年版，第14～16页。

④ 西南联大党史编写组：《中共西南联大地下组织和群众革命活动简史》，云南人民出版社1994年版，第16页。

人。[①] 在联大党员的影响下，许多在校期间是“民青”（即民主青年同盟，属党的秘密外围组织）成员的学生也入了党组织，也有许多毕业离校后的学生经联大学生党员介绍加入了党组织。值得注意的是，1940 年联大有地下党员 83 人，约占云南省党员总数（247 人）的 33.6%。[②] 联大党组织成为“云南党员人数最多、最集中、力量最强的地下党组织”[③]，在西南地区产生了广泛影响，并在党领导的全国青年学生抗日救亡运动和爱国民主运动中发挥了特殊作用。

二　中国共产党地下组织在西南联大的主要工作

在救亡图存的时代背景下，在抗日民族统一战线政策的指引下，根据抗日形势的发展和国共关系的调整，党及时组织和引导联大青年学生开展了广泛而深入的抗日救亡运动和爱国民主运动。

第一阶段（1937 年 9 月至 1939 年 6 月），以党组织在长沙临大的建立和南方局与云南省工委的成立为标志，可称为“起始阶段”。这一阶段原北大、清华的党员居多，又新发展了一批学生党员。党在联大工作的领导机关由长江局变为南方局，并具体由云南省工委直接领导，实现了领导关系的调整。该阶段党在联大的核心工作任务是，在坚持抗日民族统一战线基础上，开展抗日救亡活动，同时有效应对国民党的“溶共”“防共”“限共”方针。此际，长沙临大党支部一成立就立即组织开展活动，其中临大话剧团与当地剧团联合演出杨翰笙的《前夜》，进行抗日宣传和劳军活动；发动长沙全市大中学校学生，联合举行“一二·九”运动两周年纪念大会；组织进步学生编辑出版刊物《火线下》，反驳亡国论；南京沦陷后，提出倡议召开长沙市民

① 北京大学党组织史编写小组：《中共南系地下党组织史》（内部材料），1988 年，第 26 页。

② 中共云南省委党史研究室：《中共云南地方党史大事记（1919—1950 年）》，云南人民出版社 1992 年版，第 107 页。

③ 西南联大党史编写组：《中共西南联大地下组织和群众革命活动简史》，云南人民出版社 1994 年版，第 4 页。

反日大会[①]；等等。

长沙临大西迁云南后，党在联大建立党支部的同时，立即着手加强党的秘密外围组织和进步学生社团的建设，先后组织成立了民先、群社、联大话剧团等。其中，群社“以十几个中国共产党党员和民族解放先锋队队员为核心，联络了20多个同学共同发起”，“群社坚持真理，广泛联系群众，注意解决学生生活的实际问题，在学生中产生了良好的影响，社员发展到200多人，工作开展得有声有色”[②]。在党组织的推动下，依托进步社团，在1938年“九·一八”7周年纪念日，联大学生联合昆明大中学校学生一起举行了大型歌咏晚会，高唱《义勇军进行曲》等抗战歌曲，鼓舞群众抗日斗志。1939年1月，联大话剧团在新滇大戏院演出话剧《祖国》，观众跟着高呼爱国口号。与此同时，党组织领导学生开展了针对国民党反动政策的有针对性的斗争。以上这些社团活动成为宣传贯彻党的政策、团结广大学生开展抗日救亡活动和同国民党反动派作斗争的重要阵地，为党在联大的工作推进奠定了前期基础。此时，党在联大领导的学生活动同时在校内和校外开展，促进了昆明爱国民主运动的发展。

第二阶段（1939年7月至1940年12月），以联大2个平行党支部的统一和国民党第一次反共高潮为标志，可称为“发展阶段”。这一时期吸收和发展了50余名党员。该阶段党组织的重点任务是坚持既联合又斗争的抗日民族统一战线政策，开展抗战救国，与国民党的反共限共政策作斗争。为此，联大地下党组织既要回击国民党的反共高潮，又要尽可能团结各方力量把统一战线推行下去。其间，联大党支部书记袁永熙参加了于1939年夏天由南方局举行的青年工作会议，并向中央青委书记冯文彬汇报了联大党的工作以及“民先”和“群社”的工作，明确了下一步工作的方向。接下来，党组织于1939年秋在联大成立了引擎社，这是一个以民族解放先锋队队员为核心成员

---

① 西南联大党史编写组：《中共西南联大地下组织和群众革命活动简史》，云南人民出版社1994年版，第8页。

② 李光荣，宣淑君：《季节燃起的花朵：西南联大文学社团研究》，中华书局2011年版，第4~5页。

的社团，其性质和特点均与群社接近。[①] 该社机关报《引擎》发表的“杂文和评论大都是针对当时国民党政府和社会上的不良风气进行尖锐的抨击”[②]。鉴于国民党推行的反共方针，为防止党员暴露，党组织根据中央指示精神，于1939年底撤销了曾在联大初期组织学生开展爱国民主运动中发挥骨干作用的“民先”，但其成员仍在党组织直接领导下继续开展活动。在与国民党反动派作斗争的同时，积极深入开展抗战救亡活动。1940年初，由党员萧荻等发起成立了冬青文艺社，刊登壁报《冬青》《街头诗页》宣传抗日；1940年春，联大歌咏团在昆明广播电台演唱《黄河大合唱》《游击队歌》等抗战歌曲；铁马体育会团结广大同学开展学生喜闻乐见的学习性和生活性活动，保持乐观向上的革命精神。

为巩固和扩大抗日民族统一战线，联大的教授群体成为党组织重点争取的进步和中坚力量。毛泽东同志在1940年为中共中央起草的对党内的指示《论政策》中明确提出：“在目前反共高潮的形势下，我们的政策有决定的意义。……对于国内各阶级相互关系的基本政策，是发展进步势力，争取中间势力，孤立反共顽固派。”[③] 据楚图南回忆，华岗带来了周恩来同志的信，明确要求“像闻一多这样的知识分子，对国民党反动派的腐败是反抗的，他们也在探索，在找出路，而且他们在学术界，在青年学生中，还是有广泛的社会联系和影响的，所以应该争取他们，团结他们”[④]。为此，在党组织的安排下，进步学生和党员专门上门慰问和鼓励进步教授，向他们推荐进步书籍，介绍革命道理，还主动保护他们的人身安全，[⑤] 成为教授们思想和安全上的“帮手”。

第三阶段是（1941年1月至1945年8月），以“皖南事变”和抗战胜利

---

① 李光荣，宣淑君：《季节燃起的花朵：西南联大文学社团研究》，中华书局2011年版，第5页。

② 西南联大校友会：《笳吹弦诵在春城》，云南人民出版社1986年版，第17页。

③ 毛泽东：《毛泽东选集》（第二卷），人民出版社1991年版，第762～763页。

④ 楚图南：《记和华岗同志在一起工作的日子》，载《文史哲》1980年第4期。

⑤ 黄海燕：《浅论西南联大“民主堡垒”成因》，载《辽宁师范大学学报》1993年第2期。

为标志，可称为“隐蔽积蓄”阶段。这一时期发展党员70余人。该阶段党组织在联大的中心工作是在两种力量的较量中扩大和巩固抗日民族统一战线，同时对国民党第二次反共高潮进行强有力反击。“皖南事变”成为国民党第二次反共高潮的高峰，面对这样的严峻形势，党仍以抗日大局为重，进行坚决的反击。[①] 这一时期国民党反动派强行解散了进步社团，部分进步学生还被开除，党组织领导的活动已无法通过公开的形式开展，于是联大党组织按照南方局提出的“勤学、勤业、勤交友”策略，根据“荫蔽精干，长期埋伏，积蓄力量，以待时机，反对急性和暴露”的白区工作方针制定斗争策略，所领导的工作变为更加隐蔽的地下活动与面上的“三勤”活动。虽然党员隐蔽起来了，但通过“三勤”活动他们起到模范带头作用。据联大校友潘镛先生回忆，当时谁是共产党员是看得出来的，“一般从外表看勤奋好学、善良、正直的就是了，但大家都不敢说出来”[②]。联大学生党员不仅带头开展民主运动，而且也是“勤学”的模范，学习成绩优秀。比如，党员学生郝诒纯在党组织的领导下，不仅担任了联大第三届、第四届学生自治会主席，积极组织学生开展活动，同时刻苦努力学习，从英语专业转到地质专业，因成绩优秀，受到教师的夸奖，后来当选为中科院院士。

这时联大的党员成分也随着国共关系和全国民主运动的变化而发生了变化。鉴于国内政治形势日渐严峻，一方面联大部分党员受到白色恐怖威胁，“当时已传出逮捕和迫害进步学生的消息，中共云南省工委乃于二、三月（按：1941年）间有计划地将联大大部分党员和少数进步学生从学校撤出，分散到云南各地隐蔽。群社和引擎社等都停止了活动”[③]。疏散到云南少数民族、边疆地区的党员，有的做了中小学教师，有的组建进步社团，有的参加地方抗日活动，他们在地方积极团结和发动各族群众，宣传了党的方针政策和主张，培养了革命和民主的力量。当地部分青年受到感召后还报考了联大。

---

① 中共中央党史研究室：《中国共产党的九十年》，中共党史出版社、党建读物出版社2016年版，第220页。

② 2017年7月采访记录，昆明。

③ 西南联合大学北京校友会：《国立西南联合大学校史：一九三七至一九四六年的北大、清华、南开》，北京大学出版社2006年版，第339页。

另一方面，全国其他地方的党员部分转移到联大，与联大的党员一起组织开展斗争。比如，1941 年 1 月 6 日，以联大学生为主体举行的倒孔游行，高喊“打倒孔祥熙”的口号，这是“皖南事变”后昆明学生举行的首次民主运动，得到武汉大学、浙江大学等高校学生声援，预示着新的民主运动的到来；1944 年 5 月 4 日举行了纪念“五四”座谈会，经过沉寂的联大民主精神再次被唤醒；同年 10 月 10 日举行的形势演讲会，反投降、反独裁成为主题，要求保障民主、自由、集会等权利；是年 12 月 25 日举行的纪念护国起义大会，联大学生发起要求扩大民主的运动；1945 年 5 月 4 日至 11 日 2 次举行了五四运动纪念大游行，成立了“昆明学生联合会”，为新的爱国民主运动的开展做了准备；[①] 该年 7 月 7 日举行的“抗战纪念大会”发表通电，要求建立独立、自由、民主、统一、富强的新中国，为“一二·一”运动这个高潮的到来做了准备。

值得注意的是，这时期党组织在联大善于抓住学生的日常生活开展工作。例如，因为昆明物价上涨严重，“（按：1943 年）较战前几过二百倍”[②]。“伙食问题最为学生关心，党组织就重点抓学生福利，党员都积极参加伙食团为同学服务，在同学中树立了威信。党组织还利用每月公布账目之机揭露物价飞涨和四大家族发国难财的事实。”[③] 再例如，根据学生自治会（此时已在党组织的领导下工作）的意见，1944 年 5 月，联大常委会决定拨给 30 万元特别补助救济费，余额为学生生活福利之用[④]；12 月，拨给费用 5 万元用于举行欢送从军同学同乐会。[⑤] 党组织开展的这些工作赢得了更多同学的信任和

① 萧超然等：《北京大学校史（1898—1949）》，上海教育出版社 1981 年版，第 58 页。

② 郑天挺：《郑天挺西南联大日记》（下册），中华书局 2018 年版，第 672 页。

③ 黄海燕：《浅论西南联大“民主堡垒”成因》，载《辽宁师范大学学报》1993 年第 2 期。

④ 北京大学档案：常委会第二九八次会议记录（1944 年 5 月 10 日），载北京大学、清华大学、南开大学、云南师范大学：《国立西南联合大学史料》（第二卷），云南教育出版社 1998 年版，第 334 页。

⑤ 北京大学档案：常委会第二九八次会议记录（1944 年 5 月 10 日），载北京大学、清华大学、南开大学、云南师范大学：《国立西南联合大学史料》（第二卷），云南教育出版社 1998 年版，第 362 页。

拥护，团结和扩大了民主与进步的力量，党在广大同学中的声望得到进一步提高。

第四阶段是（1945 年 9 月至 1946 年 7 月），以反内战座谈会（时事晚会）举办和联大结束在昆办学为标志，可称为“高潮阶段”。这时期发展党员 60 余人。该阶段党组织的重点任务是领导和引导青年学生反内战争民主，为建立民主共和国而奋斗。抗战胜利后党的政策重心放在反内战争民主，致力于建立民主的联合政府上。据此，党组织在联大的工作思路，一是把联大的民主运动与云南大学、中法大学、英文专科学校等在云南高校的民主运动紧密结合起来，形成反内战的有效联合，进一步扩大影响；二是以青年学生为主体进行带动，放手发动全昆明市乃至全省的群众参与到民主运动中来，形成声势浩大的反内战争民主运动新高潮；三是把工作重心从校外转回校内，宣传重点放在做好学生的思想政治工作上。

该阶段党组织在联大开展的重要工作和组织的重大活动主要有：1945 年 11 月，党组织决定以联大学生为主体召开以反内战为主题的时事晚会。“民青”成员在党组织领导下积极参与筹划，冲破各种阻碍后，于 25 日举行反内战座谈会（时事晚会）。晚会以联大学生为主体，联合云南大学、中法大学、省立医专学生 6 千余人，提出反内战、要和平，美军撤出中国等要求，但被反动派包围会场并开枪、开炮恐吓威胁，于是引发全市学生罢课。罢课学校达到 31 所，并组成“罢联”，联大等五校为“罢联”常委，最终发表了“罢课宣言”，其核心内容是“立即制止内战”“组织民主的联合政府”。这个宣言“由联大第一支部袁永熙等写出初稿，再经省工委书记郑伯克修改，所有参加罢课的学校学生自治会都组织全体学生认真讨论过。它充分体现了党对这场学生运动的领导。”①

国民党反动派为了镇压这场正义的学生爱国民主运动，成立了“反罢课委员会”，实施了一系列残暴的行动，特别是于 12 月 1 日组织暴徒手持凶器，悍然攻打联大、云大、中法、南英中学等学校，联大党员潘琰、南箐中学教

① 西南联大党史编写组：《中共西南联大地下组织和群众革命活动简史》，云南人民出版社 1994 年版，第 8 页。

师党员于再、联大学生李鲁连、昆华工校学生张华昌等4人牺牲，联大教授、学生等50余人受伤，酿成震惊中外的“一二·一惨案”，成为“一二·一”运动的最高潮。惨案发生后，在党组织领导下以联大学生为主体的3万多昆明全市大中学生开展了声势浩大的联合罢课运动，向国民党反动派展开了有理、有利、有节的斗争，取得了运动的胜利。党组织通过这些运动在广大学生和知识分子中进一步宣传了党的政策，树立起与国民党反动派完全不同的形象，争取了民心，扩大了民主的力量，对广大师生的思想转变产生了深刻影响，为解放战争和新中国的建立厚植了更广泛的民意基础。

三　中国共产党地下组织在西南联大工作的特点

党在联大4个阶段的工作，以组织和引导青年学生开展抗日救亡运动和爱国民主运动为主线，形成与党在根据地和解放区高校不同的工作方式，具有3个方面显著特点。

（一）以青年学生为主体，以社团活动为主要手段，把学生运动与群众运动结合起来

周恩来同志1937年12月31日在《现阶段青年运动的性质和任务》中指出：“在国家环境整个的变动下，青年在这时代所占的地位是最困难而又最重要的。”他强调“我们中国的青年，不仅要在救亡的事业中复兴民族，而且要担负起将来建国的责任”[①]，同时指出“青年是争取和平民主的先锋队，谁有青年谁就有将来，国民党反动派残杀青年，压迫青年；共产党则爱护青年，培养青年”[②]。基于青年学生的地位、责任和角色，党在联大的整体工作以学生为切入点，继而争取教授，再通过教授鼓舞学生参加运动，最后形成教师鼓励学生、带动学生，学生帮助教师，师生互动的情形。在这个过程中学生在争取教授等工作中发挥了积极而特殊的作用。

党在联大坚持通过社团的带动开展工作。党组织领导下的社团在面上主要开展3个方面的活动：一是开展抗日救亡宣传，唤起学生、市民、群众的

---

① 周恩来：《周恩来选集》（上卷），人民出版社1980年版，第89页。

② 《新华日报（重庆）》，1945年12月13日。

觉醒，激发抗日救国的热情及民族精神；二是学术活动，进行知识的学习和学术的讨论与争鸣，这为联大的学术自由创造了良好条件；三是开展文艺和体育活动，增强了学生的体魄，增进了友谊，丰富了精神生活，广泛联系和团结了广大同学。这些社团大多都取得了“合法地位”——按照国民党当局和学校规定向训导处登记备案，并聘请教授为导师。党组织加强对这些进步社团的领导，对其负责人进行组织讨论后提名，人选大多是党员，这就保证及时准确宣传党的政策和主张，积极领导进步学生开展抗日救亡和民主运动工作。其实，联大的党员绝大部分分别进入相关社团，因此党在联大工作的开展主要以社团为“合法”渠道。

党组织善于通过学生骨干广泛发动群众，把学生运动与群众运动有机结合起来。毛泽东同志指出：“把党的方针变为群众的方针，还需要我们长期坚持的、百折不挠的、艰苦卓绝的、耐心而不怕麻烦的努力。没有这样一种努力是一切都不成功的。抗日民族统一战线的组成、巩固及其任务的完成，民主共和国在中国的实现，丝毫也不能离开这一争取群众的努力。”① 在这一方针指引下，联大党员“深入农村、工厂和市民中，用各种形式（包括集会演讲、文艺表演以及个别交谈等）宣传抗日，有力地鼓舞了云南各族人民的抗日情绪”②。尤其是“皖南事变”后，“疏散出去的学生，先后有 100 多人。他们在各地从事教学工作同时做些群众工作，起到了到云南当地撒播民主种子的作用。后来又有少数同学到建水、磨黑原来疏散下乡的同学处，他们在当地较好地开展了群众工作”③。例如，1941 届电机系学生何东昌（曾任教育部党组书记、部长）就是其中的代表。他加入了党的秘密外围组织“民青”，后到蒙化初级中学任教（现大理州巍山一中），在那里继续开展群众工作。

（二）把教育作为统一战线的重要纽带，纳入抗战救国的整体谋划中，

---

① 毛泽东：《毛泽东选集》（第一卷），人民出版社 1991 年版，第 279 页。

② 谢本书：《西南联大的民主精神——西南联大研究之二》，载《云南师范大学哲学社会科学学报》1991 年第 5 期。

③ 西南联合大学北京校友会：《国立西南联合大学校史：一九三七至一九四六年的北大、清华、南开》，北京大学出版社 2006 年版，第 339 页。

为解放战争的胜利和新中国的建立发挥了特殊作用

党在联大的工作是和党的整个抗日方针政策、整个抗日民族统一战线、国共合作整体方针变化相适应的，是其有机组成部分，其活动步骤基本地与上述政策步调一致。甚至在全国爱国民主运动陷入低潮和沉寂之际，党组织领导的联大学生运动起到了引领和突破的作用，这突出表现在当国民党推行消极抗日积极反共政策，特别是“皖南事变”后全国民主运动陷入最低潮时，联大以“一二·一”运动为高潮和代表的一系列爱国民主运动，打破了这个黯淡的局面，有力地支持和配合了党在抗战后期的战略布局。

伟大的抗战必须有伟大的抗战教育运动与之相配合。[①] 在教育统战方针的指导下，基于教授在联大治校中的重要地位和作用，党组织最大限度争取教授的支持。1943 年 10 月成立的中国民主同盟云南支部的成员、联大教授闻一多、吴晗、曾昭抡、潘光旦、罗隆基等，鼓励学生参加民主运动。像闻一多、吴晗等教授实际上成为党领导的学生爱国民主运动的“公开领导人”，他们“有一个共同点——爱国和崇尚科学、民主，可以说是一个爱国的群体”[②]。在教授爱国情怀和正义感的影响下学生参加的“绝大多数的斗争都能得到学校的同情和谅解”[③]。例如，国民党要求开除“皖南事变”后撤离联大的进步学生，大多教授反对，进步学生得到保护；“一二·一惨案”发生后，党组织领导进步学生和教授同反动派展开了激烈的斗争，教授们发出《为十一月二十五日地方军政当局侵害集会自由事件抗议书》，教授会则通过了《呈国民政府军事委员会告诉状》。[④]

在团结同学和争取教授的过程中，联大成为党在新民主主义革命时期思想政治工作的一个典范。党在联大的思政工作促使相当数量师生实现了思想

---

① 贾本乾：《论毛泽东的抗战教育思想及其现实意义》，载《毛泽东思想研究》1993 年第 1 期。

② 许琤：《许琤回忆录》（内部资料），2013 年，第 21 页。

③ 王文俊等：《南开大学校史资料选（1919—1949）》，南开大学出版社 1989 年版，第 617 页。

④ 北京大学档案：常委会第三二一次会议记录（1944 年 12 月 27 日），载北京大学、清华大学、南开大学、云南师范大学：《国立西南联合大学史料》（第一卷），云南教育出版社 1998 年版，第 214 ~ 215 页。

和道路的转向。广大教授群体和普通教师及学生内心充满了激情和热情，但有时困惑，甚至感觉“报国无门”，因此他们需要正确的领导和指引，党组织敏锐地觉察到这些新的动向，并及时而自觉地担当起了这个重任。他们对国民党反动派和政治专制独裁及政府官员的贪污腐败深恶痛绝，这也需要党组织的正确领导与之斗争。刘浩曾回忆：“我和闻先生很亲切地畅谈了大约两个小时，向他介绍了抗日根据地的情况，我党的主张，同时讲了国民党反动派阴谋对日妥协、准备反共等情况。”[①]“在刘浩的分析劝说下，同年（按：1944 年）秋，闻一多加入中国民主同盟（刘为了闻更好地开展民主工作，劝闻加入民盟）。”[②] 闻一多先生曾说，“他在黑暗中探索了半辈子，现在才看到中国的光明之路就是共产党指明的道路，他愿为此奋斗不息”[③]。吴晗等教授也有类似的经历。

党在联大的思政工作进一步争取了青年学生和知识界的民心，这从“一二·一”运动中师生的反应和行动就可以清楚地看出来。同时，党在联大对三校青年学生工作的成效与复员北返后党组织对三校学生的持续领导形成前后衔接，促成反美反蒋的“第二条战线”的形成，为解放战争超乎预期取得胜利凝聚了更多的民意共识。延续着联大的精神和传统，北返后作为南系的联大地下党组织与北系党组织合并，形成统一领导下的强大力量，联合开展和参与了抗暴运动，“5.20”反饥饿、反内战、反迫害运动，反对“4.9”惨案的请愿示威，反对美国扶植日本的抗议游行，反对“7.5”惨案的华北、东北学生联合大游行以及反逮捕、迎接解放等一系列的斗争。[④]“学生运动的

---

① 闻黎明，侯菊坤：《闻一多年谱长编》（下），上海交通大学出版社 2014 年版，第 872 页。

② 周建华，陈昶：《从书斋到广场——论闻一多西南联大时期之思想转变》，载《江汉论坛》2017 年第 5 期。

③ 闻黎明，侯菊坤：《闻一多年谱长编》（下），上海交通大学出版社 2014 年版，第 872 页。

④ 北京大学党组织史编写小组：《南系地下党组织史（1937 年 9 月—1949 年 2 月 4 日）》（内部资料），1988 年，第 3 页。

高涨，不可避免地要促进整个人民运动的高涨。”① 这些斗争形成了全国性的反美反蒋的巨浪，发展成为“伟大正义的学生运动和蒋介石反动政府之间的尖锐斗争”，形成了“第二条战线”，使蒋介石反动政府“处在全民的包围中”，② 一个崭新的民主共和国即将在人民的期待中诞生。

（三）党在联大的工作是党对三校工作的延续，继承和发扬了“一二·九”运动和五四运动的光荣传统，促使联大发展成为“民主堡垒”

北大是中国最早宣传马克思主义的阵地，也是党在北方最早建立支部的地方。几乎与北大同时，南开和清华也产生了党员，并分别紧随于 1924 年、1926 年建立其党支部。联大相当一部分教授群体，在学生时代参加了或经历了五四运动，身上流淌着爱国、民主、科学的血液，并深受“一二·九”运动的影响，这种精神之源成为联大“爱国民主运动兴起的得天独厚的土壤”③。

南方局和云南省工委高度重视联大党的工作，并自始至终进行了正确的领导，组织开展了系列爱国民主运动，继承和发扬了“一二·九”运动和五四运动的光荣传统，这种继承和发扬以“一二·一”运动为主要标志。运动发生后，毛泽东同志发出号召，“援助国民党区域正在发展的民主运动（以昆明罢课为标志）”④。此处的“昆明罢课”指的就是“一二·一”运动。除了 3 万余人参加系列运动和 6 千余人参加时事晚会，前来悼念“一二·一惨案”的群众就有 15 万人，占其时昆明市总人口的一半。故此，周恩来同志指出：“我们处在新的一二·九时期，昆明惨案就是新的‘一二·九’。”“五四青年运动未完成的任务，由‘一二·九’青年运动继承起来，‘一二·九’未完成的任务，由今天的青年运动继承起来”，⑤ 对“一二·一”运动的历史

---

① 中共中央党史研究室：《中国共产党的九十年》，中共党史出版社、党建读物出版社 2016 年版，第 291 页。

② 毛泽东：《毛泽东选集》（第二卷），人民出版社 1991 年版，第 522 ~ 523 页。

③ 西南联合大学北京校友会：《国立西南联合大学校史：一九三七至一九四六年的北大、清华、南开》，北京大学出版社 2006 年版，第 333 页。

④ 毛泽东：《毛泽东选集》（第四卷），人民出版社 1991 年版，第 1177 页。

⑤ 《新华日报（重庆）》，1945 年 12 月 13 日。

地位给予了高度评价。

联大之所以能在极端艰苦的条件下，培养出如此众多的杰出人才，其中一个重要原因就在于联大自始至终继承和发扬了五四运动和“一二·九”运动的光荣传统。[①] 党领导下的联大爱国民主运动影响之大，对扩大党的同盟者、扩大民族民主的统一战线起了重要推动作用，把党领导的民主运动推向了新的高度，从根本上促使联大在“学术堡垒”的基础上发展成为“民主堡垒”。党的领导就成为联大“民主堡垒”形成的根本性决定因素。毛泽东同志曾强调，“共产党员不能不自觉地担负起团结全国人民克服各种不良现象的重大的责任。在这里，共产党员的先锋作用和模范作用是十分重要的”[②]。在长江局之后，南方局和云南省工委负责领导党在联大的工作，南方局由周恩来同志领导，先后派周新民、李文宜、华岗等同志到昆明领导学生运动，保证了联大学生运动沿着正确的方向发展。

四　结论及启示

中国共产党与西南联大有深厚的渊源和密切的关系，在救亡图存时代使命的驱使之下，两者在精神和追求上形成某种程度的契合。党组织在联大的主要工作始终以抗日大局为重，组织广大青年学生开展抗日救亡活动，同时发动青年学生开展爱国民主运动，开展了与国民党反动派的坚决斗争。虽然西南联大是一所主要按照西方现代大学理念和制度构建起来的大学，但是中国共产党基于时代使命和历史责任进入其间，并直接发挥领导青年、引导知识分子的作用，这在中国大学发展史上是一个重大事件。

党组织在联大的工作与党在抗日根据地大学的治理是两种完全不同的模式，但党善于抓好对师生政治、思想、方向的领导和指引却是共同的特点，且均取得了良好效果并产生了深刻影响。这反映出党在革命和战争年代在履行为人民服务宗旨的过程中，善于把高校作为重要的抓手，通过高校向社会各界宣传党的方针政策，传播爱国、民主、科学的思想，引领社会进步思潮，

---

① 许琤：《许琤回忆录》（内部资料），2013 年，第 19 ~ 20 页。

② 毛泽东：《毛泽东选集》（第二卷），人民出版社 1991 年版，第 521 ~ 522 页。

引导正确舆论。这实际上成为党在为实现中华民族伟大复兴征程中如何发挥大学作用所做的早期探索。概括起来，这个探索是以学生工作为开端的，继而开展教师工作，再后来两者并行并进；这个工作本质上是思想政治工作。应该说，这种探索对新中国成立后党对大学的领导、管理、治理都积累了宝贵的经验，为走符合中国实际和特色的大学发展之路做了铺垫。

通过本研究，还引发我们深入思考一所大学的真正价值和使命是什么，一所大学的伟大和先进性体现在什么地方，如何评价一所大学的贡献，大学如何在民族复兴中发挥作用以及发挥什么样的作用。其实，党与联大的关系不仅反映在9年期间的工作，还持续影响到解放战争时期、新中国的建立和建设甚至改革开放40多年的实践。这个影响，过去、现在、将来都将长久地持续存在并发挥作用。或许还没有哪所大学像联大这样在党领导的民族复兴中扮演如此特殊的角色。西南联大之所以能扮演这样的角色，除了师生本身对知识和真理的追求外，离不开党对师生方向的引领、思想的指导、目标的指引。只有不忘为民族、为国家奉献的初心，把国家和民族的命运与自身命运紧紧连在一起，大学才能走在正确的道路上，也只有这样才能激发出师生无限的动力和潜力，才能做出无愧于时代的贡献。

进而，从党组织与联大关系的经验来看，新时代我们在推进大学治理体系和治理能力现代化过程中，一定要坚持和加强党的领导，“牢牢掌握党对高校工作的领导权，使高校成为坚持党的领导的坚强阵地”①。抗战时期党在联大的探索是在党没有掌握学校领导权的艰难情形下进行的，党一旦掌握领导权则将极大地激发广大师生的潜力，这从新中国成立特别是改革开放40多年来党在高校的领导和党对高校的治理中得到了充分证明。因此，从联大的经验及新中国成立后我国高校治理的历史看，大学治理和深化改革要理直气壮、名正言顺坚持党的领导，因为“我国有独特的历史、独特的文化、独特的国情，决定了我国必须走自己的高等教育发展道路，扎实办好中国特色社

① 习近平:《习近平谈治国理政》第二卷，外文出版社2017年版，第379页。

会主义高校”[①]。一言以蔽之，“党政军民学，东西南北中，党是领导一切的”[②]。办好中国的事关键在党，办好中国的大学关键也在党。中国的国家治理中枢和核心是中国共产党，大学的治理必然在党的坚强领导下有序进行。

① 习近平：《习近平谈治国理政》第二卷，外文出版社2017年版，第376页。

② 习近平：《决胜全面建成小康社会 夺取新时代中国特色社会主义伟大胜利——在中国共产党第十九次全国代表大会上的报告》，人民出版社2017年版，第20页。

强化统制与维护自治

——国民政府教育部与西南联大之关系探微

20 世纪三四十年代的中国有两个极具象征意义的地方：革命圣地延安、大学教育高地西南联大。如果说前者决定了中国的政治前途和历史命运，那么后者则对延续中国的传统和文化起了重要作用。西南联大作为一所战时大学，因其在抗日战争的特殊环境下所取得的成就和塑造的精神而超越了国界，具有普适性意义，不仅在中国高等教育史，甚至在世界高等教育史上都具有独特的价值。① 西南联大取得成功的因素是多方面的，但是在抗日战争的特殊环境里，需要谨慎处理好自身与国民政府教育部的关系却是至关重要的。为此，教育部所实施的统制政策与西南联大为保持自身自治而采取的应对之间形成此消彼长的动态关系。

一　国民政府教育部对西南联大的统制

抗日战争期间，实际控制后方教育系统的是国民党的 CC 派，陈立夫亲任教育部长。教育部对教育的统制是抗战时期教育的一个基本特征，且呈不断强化的趋势。“1938 年 1 月陈立夫出任教育部长。在当时人们的揣测中，CC 系势必趁此机会向教育界渗透。”② 这样的揣测并非毫无根据，事实上“除了在大中学校强制实行训育制度和导师制度外，还通过行政手段，颁布

---

① ［美］易社强著，饶家荣译：《战争与革命中的西南联大》，九州出版社 2012 年版，第 2～3 页。

② 王奇生：《战时大学校园中的国民党：以西南联大为中心》，载《历史研究》2006 年第 4 期。

一系列部订的规章制度和措施。如统一招生办法，教科书，大学课程表，学籍规则，教师资格审查，教师聘任待遇等规定，因此联大和后方其他大学一样，受到了国民党更加严密的统制”①。此际，西南联大作为一所有重要影响力的联合大学，自然也成为其统治的重点对象。下面，通过9年间教育部向西南联大发布的训令、指令、通令、来电、代电、复电、回复、函等各类政令，管窥一二。

由史料可知，1937年至1946年的9年间，教育部向西南联大发布了600余政令。② 统而观之，在19个类别的政令中，数量由多到少基本能反映教育部对西南联大统制由强到弱的特点。如果从前五类统制类别看，教育部在（1）各类经费拨付及各项费用预算，（2）教师补助、奖助、津贴、改善待遇、救济、奖金、周转金，（3）学生救济、补助、津贴、补贴，（4）人事和教师管理，（5）开展社会服务等领域分别共发布了110、105、54、50、47个政令，这5个类别属教育部主要统制领域。

在前5项统制领域中，关于经费拨付及各项费用预算的统制则是最强的。在抗日战争特殊环境中，西南联大办学必须依赖教育部在经费上的支持。国民政府对西南联大的拨款机制是将原拨给三大学的经费先照惯例分别拨给三大学，然后又经三大学再转而拨付给西南联大。具体情况是，“该临时大学经常费为北大、清华、南开三校原有经费七成之半。至开办费则由中英庚款董事会协拨”③。应该看到，教育部对西南联大的统制最关键的是基于其办学经费划拨权的掌握。9年来，经费始终是困扰西南联大办学的一个经常性问题，在其所召开的全部385次常委会中，几乎每次会议都有关于经费的议题，包括年度预算、建筑费、租借费、图书仪器购置费、教师薪酬、学生补贴费、修缮费、各界捐赠费等各类费用的筹集、分配、使用情况。

---

① 萧超然等：《北京大学校史（1898—1949）》，上海教育出版社1981年版，第249页。

② 北京大学、清华大学、南开大学、云南师范大学：《国立西南联合大学史料》（第二卷），云南教育出版社1998年版，第3～453页。

③ 清华大学校史研究室：《清华大学史料选编·国立清华大学时期（1928—1937）》（第二卷·下），清华大学出版社1990年版，第98页。

此际教育部不仅通过经费这个牛鼻子试图强化对西南联大的统制，直至把触角延伸到了西南联大本想自主确定的招生考试、课程设置、教材选用、学生训育、内部人事任免、校内机构设置等领域。在普遍意义上，经费是决定大学办学的一个关键因素，拨款主体的性质，往往决定了办学自主权的性质；经费来源将左右学校与拨款主体的责权利关系。大学的自治受经费的影响甚大，但即使这样，作为其时最有声望的大学，西南联大并没有丧失自身该有的独立性和对自治的努力，而是通过积极地应对，较为妥善地处理了与教育部的关系，双方关系整体上处于动态平衡之中。

从后5个统制类别来看，教育部在（1）教职员薪金、待遇、课时费、差旅费等规定，（2）学校行政工作管理，（3）规范办公时间、校历、假期时数，（4）会计室及会计室主任的管理，（5）派督学和委员到校视察等领域分别共发布了11、9、7、5、3个政令，此5类主要涉及具体行政事务性工作，相对而言则为教育部统制较弱的领域，但并不能就此认为教育部统制的放松。例如，教育部直接控制着西南联大的部分人事任免权，其中就包含会计室主任的任免，由此为形成对西南联大经费的垂直管理创造了重要条件。

从全部年份来看，自1938至1946年，教育部下发的政令数量分别为8、13、13、36、124、96、137、144、79个。从整体趋势看，除1943年和1946年之外，教育部下发的政令数量呈逐年增加的趋势（1945年达到最高值），说明教育部对西南联大的统制呈不断加强的趋势。但是，1943年可能因为战事紧张，教育部无暇更多顾及西南联大，政令数量相对减少，而1946年主要精力已经转移到三大学复原北返上，教育部政令也相应减少。另外，因前3年西南联大可以说是白手起家、百废待兴，一切刚刚起步，又恰逢国民政府应对战争最紧要的关头，因此教育部对西南联大下发的政令数量不多。然而，到了中后期，当运行相对平稳之后，教育部各项统制措施自然加强。

二　西南联大维护自治的基础

论及“自治”，一般认为大学自治是学术自由的基础。需要指出的是，大学自治有其特定的内涵和范围，是政治权力和学术权力的张力所涉的一个范畴。大学自产生以来，就不断受到社会的干涉以及政府的管制，在实行自治与摆脱控制之间始终存在博弈，两者的张力时松时紧。[①] 但这里要强调的是，西南联大在需要政府特殊支持和保护的环境里，却依然尽可能地保持学术自由的风格和自治的底线，以此保持师生的积极性和创造性，实属不易。

有研究认为："与开战前很有地位的大学相比，西南联合大学更像是传统的书院。"[②] 在其眼中书院似乎是中国古代高等学术自治的象征或模板，至少"在某些时候，书院尽享自治"[③]。西南联大"在西南边远的昆明继续发挥着自由主义模式的示范大学作用。西南联合大学在最困难的形势和环境下进行运转，其重要而突出的学术地位说明了美国与德国的学术传统与中国传统书院的多元价值观在某种程度上显示了有机地结合"[④]。在此，我们不难理解"最困难的形势和环境"应该不仅指西南联大所处的战争环境，以及当时极端贫乏的物质条件，也应该包括国民政府的统制。也就是说，即使在这种形势下，西南联大通过极力维护自治，以此保障师生有足够自由的空间在教学相长的氛围里不断取得新的成绩。与教育部的统制相对，一个利好的情势是，"当时的西南联合大学远离战争期间的重庆都城，又受到云南省政府的保护，该省不太受国民党的控制，这在很大程度上保证了大学的自治"[⑤]。这就在外部政治环境上，为西南联大的自治和学术自由创造了另一个有利的外部条件。

实际上，西南联大的自治还与清华、北大、南开三大学的自治传统密不可分。其中，清华大学的自治是由来已久的。罗家伦主政时期以及梅贻琦刚任校长时均特别注重学校的特殊地位——学术自由和学校自治。[⑥] 同时，在

① ［美］约翰·S. 布鲁贝克著，王承绪等译：《高等教育哲学》，浙江教育出版社2001年版，第15页。

② ［加拿大］许美德，潘乃容：《东西方文化交流与高等教育》，南京师范大学出版社2003年版，第403页。

③ ［加拿大］许美德，潘乃容：《东西方文化交流与高等教育》，南京师范大学出版社2003年版，第385页。

④ ［加拿大］许美德，潘乃容：《东西方文化交流与高等教育》，南京师范大学出版社2003年版，第402页。

⑤ ［加拿大］许美德，潘乃容：《东西方文化交流与高等教育》，南京师范大学出版社2003年版，第403页。

⑥ 清华大学校史研究室：《清华大学史料选编·国立清华大学时期（1928—1937）》（第二卷·上），清华大学出版社1991年版，第199、219页。

“一二·九”运动中清华大学扮演着重要的角色，清华大学救国会曾发表告全国民众书，号召抗日救国，维护国家主权和领土完整。[①] 该运动及所体现出的精神与实施学校自治的精神是相互促进的。正因如此，到了西南联大时期，梅贻琦能将清华大学的一些管理制度坚持并沿用，其核心归旨仍为学校自治和学术自由。

另外，北京大学也具有自治的传统。这从五四运动中体现得最深刻，因为北大学人在五四运动中扮演了重要角色。五四运动的精神是多方面的，但归根结底五四运动的精神实质是革命的，它反对文化、政治、经济的压迫，争取独立和自治，这是思想和精神层面的一次深刻变革。一代代北京大学的知识分子，继承和发扬着包括五四运动在内的传统——由历史长期积淀而成、群体共有的精神风貌和心理特质。[②] 再从办学理念看，蔡元培执掌北京大学以后，确立了其思想自由、兼容并包的办学方针，蒋梦麟出任北京大学校长后，“北大继续推行蔡元培提倡的‘学术自由’的主张”[③]，这些都为北京大学的自治传统打上深深的烙印。

再者，南开大学作为20世纪二三十年代我国著名的私立大学，其创办之初即希望以教育救亡图存，确立了“允公允能”的校训，期以教育之力建设中国、发展中国。虽然为私立大学，但其办学理念也是遵循学校自治和学术自由的，这可从其组织结构设置及其职能、学校章程等知其大意。[④] 自遭受了日本侵略者的残酷毁坏，作为私立性质的大学，其争取自治性和独立性的要求更是不言而喻的。

由此可见，“北大、清华、南开三校创办的时间虽有先后，却都在不同的基础上，从不同的道路，发展成为现代的高等学府”。“蔡元培、蒋梦麟、

---

① 清华大学校史研究室：《清华大学史料选编·国立清华大学时期（1928—1937）》（第二卷·下），清华大学出版社1990年版，第906页。

② 萧超然：《北京大学与近现代中国》，中国社会科学出版社2005年版，第31页。

③ 西南联合大学北京校友会：《国立西南联合大学校史——一九三七至一九四六年的北大、清华、南开》，北京大学出版社2006年版，第3页。

④ 王文俊等：《南开大学校史资料选（1919—1949）》，南开大学出版社1989年版，第118～140页。

梅贻琦、张伯苓等教育家，对办学的许多重大问题，看法十分接近……在行政管理上，都强调民主管理，实行教授治校。”① 西南联大由三大学联合组建，将三大学的教职员融为一体，将三大学的文化传统移植到新的环境里，将三大学的自治精神继承和发扬在西南大地，因此形成了维护自治的内生动力。

三　西南联大对国民政府教育部统制的应对

从常委会决议事项看，② 西南联大执行了教育部绝大部分的政令，其中以经费拨付和预算、教师薪金及补贴、学生津补贴及资助等为主，在经费的执行上基本严格按照教育部政令办理。这主要因战时经费极其紧张，回旋余地有限，除了部分社会各界捐款以及管理庚款委员会补助外，西南联大实难有其他更多经费来源。西南联大为保持自治，对教育部部分政令则进行了抵制。限于篇幅，这里只介绍两个情况。

一是应对教育部对课程设置的干涉。教育部曾于民国廿八年（1939 年）和廿九年（1940 年）间发过 3 次训令，以统一大学课程设置和学生成绩考核方法。③ 西南联大教授对此十分抵触，遂以校务会议的名义呈函常委会：“敬悉部中对于大学应设课程以及考核学生成绩方法均有详细规定，其各课程亦须呈部核示。部中重视高等教育，故指示不厌其详，但准此以往则大学将直等于教育部高等教育司中一科，同人不敏，窃有未喻。夫大学为最高学府，包罗万象，要当同归而殊途，一致而百虑，岂可刻板文章，勒令从同……盖本校承北大、清华、南开三校之旧，一切设施均有成规，行之多年，纵不敢谓为极有成绩，亦可谓为当无流弊，似不必轻易更张”④。西南联大教授们除

---

① 西南联合大学北京校友会：《国立西南联合大学校史——一九三七至一九四六年的北大、清华、南开》，北京大学出版社 2006 年版，第 9 ~ 10 页。

② 北京大学、清华大学、南开大学、云南师范大学：《国立西南联合大学史料》（第二卷），云南教育出版社 1998 年版，第 3 ~ 453 页。

③ 萧超然等：《北京大学校史（1898—1949）》，上海教育出版社 1981 年版，第 256 页。

④ 北京大学、清华大学、南开大学、云南师范大学：《国立西南联合大学史料》（第一卷），云南教育出版社 1998 年版，第 17 ~ 18 页。

了认为教育部对课程与学生考试方法整齐划一的做法，无疑是将大学视为教育部的一个职能部门，与大学作为最高学府的性质大相径庭。除此之外，教授们还认为，此等做法将束缚大学手脚，那么想要推陈出新就困难了。与此同时，教授们还指出，如果连课程及考试方法都要听命于教育部，则教授在学生心目中只相当于教育部一个科员，教授不能施展才学，学生也轻视教授之存在，教学相长亦可望不可及。

呈函提到的“一切设施均有成规”应指“科系的必修和选修科目，战前是由各校系教授会根据自己的专业需要和教学传统决定的”[①] 这个传统。但是在教育部强化统制的做法之下，“现在改由教育部统一规定，广大教师对此当然是有抵触的。因而在实际确定课程时，并没有完全按照教育部制订的一套执行”[②]。在统一课程设置中，教育部特别重视党义课的设置。教育部要求西南联大开设党课，为此西南联大不得不成立党义教学委员会，由姚从吾、陈雪屏、周炳琳、贺麟、崔书琴任委员，组织开设《党史》《三民主义与大学教育》《民族主义》《民权主义》《民生主义》《理想与现实》等专题讲座，并要求学生将《三民主义》《建国大纲》《建国方略》《中国之命运》等书籍作为必读书，同时规定要参与相关讨论，最终还要进行成绩考核。[③] 与此同时，教育部将党义课规定为公共必修课，但西南联大并未严格遵照部令行事，而是“采取大课堂讲座形式，后干脆改用学生交读书报告方法代替。实际上大多数同学从未听课，也未交读书报告，但成绩单上这门课程一律及格。”[④]

陈立夫出任教育部长后，教育部对大学的统制逐步加强了。“大学里的课程，甚至教材都要规定，这是陈立夫做了教育部长后才有的现象。这些花

---

① 萧超然等：《北京大学校史（1898—1949）》，上海教育出版社 1981 年版，第 256 页。

② 萧超然等：《北京大学校史（1898—1949）》，上海教育出版社 1981 年版，第 256 页。

③ 北京大学、清华大学、南开大学、云南师范大学：《国立西南联合大学史料》（第三卷），云南教育出版社 1998 年版，第 115～116 页。

④ 黎勤，李凌：《龙云与民主堡垒西南联大》，载《炎黄春秋》2005 年第 4 期。

样引起了教授中普遍的反感。”[①] 曾昭抡曾抨击：“实质上，从各方面来看，对于目前教育的不满，是很显然的。……各学校的教职员，凡是有见解，有抱负的——或者可以说，愿以教育为事业的——无时不感觉烦闷、苦恼和无聊。从许多教育文化界同人的眼光来看，现在的教育不但较以前没有进步，而且大有每况愈下的趋势。”[②] 由此可知，虽然教育部通过课程设置强化了对西南联大教育教学的统制，但大部分师生却保持高度警惕且做出抵制行为，致使教育部统制的效果不佳，甚至适得其反。

二是应对教育部政治上的渗透。第一是政治上对学生的渗透。学生自治也是学校自治的重要组成部分，在学生自治上，学生自治会可就诸如校风问题与学校管理层进行协商，维护学生权益。[③] 教育部也试图通过学生自治会对学生进行政治渗透。“国民党西南联大直属区党部和三民主义青年团（简称三青团）直属分团部筹备处于 1938 年底成立，由历史系教授姚从吾任筹备处主任。以后正式建立时，两者分开，姚从吾任党部书记长，教育学系主任陈雪屏任分团部主任。党团办公室都设于师范学院。”[④] 通过区党部和分团部吸收学生，进行政治渗透，扩大影响，于是一度出现学生自治会中主要职位全被三青团成员占据并引发学生不满的情况。[⑤] 此举引起西南联大很多师生的反感。为了恢复学生自治会在维护学生自治上的作用，西南联大积极引导学生修改学生自治会选举办法，先由各系学生提出各机构候选人，再由全体同学投票选举。此后，自治会设有 3 位常务理事，分别负责会务、对外交流、学术事务。此外选出学联代表 3 人，职责是与负责学联事务的常务理事出席

---

① 萧超然等：《北京大学校史（1898—1949）》，上海教育出版社 1981 年版，第 249 页。

② 萧超然等：《北京大学校史（1898—1949）》，上海教育出版社 1981 年版，第 249 页。

③ 云南省档案馆档案：为校风问题致信常务委员、训导长及教务长，学生自治会，1032-001-00013-010，1942 年 1 月 17 日。

④ 西南联合大学北京校友会：《国立西南联合大学校史——一九三七至一九四六年的北大、清华、南开》，北京大学出版社 2006 年版，第 336 页。

⑤ 云南省档案馆档案：学生自治会呈训导处新会章，西南联大，1032-001-00045-002，1943 年 4 月 29 日。

学联活动。①

在中共地下党组织的领导和影响下，一些进步教授也积极引导学生自治会与教育部的统制作周旋。“皖南事变”后，“三民主义青年团中央组织处处长康泽到昆明，试图迫使云南地方政府逮捕进步学生，办集中营，但遭到云南地方知名人士的抵制，云南省主席龙云不予支持，联大当局也及时致电教育部，要求维护联大的民主自由传统”②。国民政府意图逮捕和迫害西南联大进步学生的行为，给西南联大的自治带来巨大的冲击。此后，西南联大师生反对内战，要求组建联合政府的民主运动（“一二·一”运动）又遭到国民党的残酷镇压，西南联大教授袁复礼被殴打，学生潘琰、李鲁连被手榴弹炸伤并遭毒打致死。至此，国民政府粗暴干涉学校自治，残酷迫害学生民主运动的行径致使其失去了在相当部分知识分子和学生中的威信，其合法地位进一步遭到质疑和挑战。这是国民政府粗暴干涉西南联大自治不可避免的后果。

第二是政治上对教师的渗透。国民政府于 1941 年 3 月规定：“大学区党部书记有权列席校务会议。这是国民党中央对大学党部与学校当局关系之唯一法规。区党部书记仅具‘列席’校务会议资格。”根据这一规定，“姚从吾当选为联大区党部书记后，按理可以‘列席’校务会议，但他让周炳琳、冯友兰代为列席，显然对‘列席’兴趣不大。周当时是教务长，冯是文学院院长，两人均是校务会议正式成员，故代为‘列席’者，不过名义和形式罢了。”③ 作为一名国民党党员，姚从吾虽然并非反感或抵制教育部的做法，但由于他本人的主观操作，在客观上使西南联大在应对教育部政治渗透上获得了相对缓和的空间。

张奚若教授却相反，“他的威信很高，国民党聘他为国民参议会的参议员，但当他发现这个参政会有名无实，不过为国民党一党专政装点门面的时

① 西南联大除夕副刊主编：《联大八年》，西南联大学生出版社 1946 年版，第 134～135 页。

② 西南联合大学北京校友会：《国立西南联合大学校史——一九三七至一九四六年的北大、清华、南开》，北京大学出版社 2006 年版，第 339 页。

③ 王奇生：《战时大学校园中的国民党：以西南联大为中心》，载《历史研究》2006 年第 4 期。

候，他就拒不参加了，并把政府寄来的让他到重庆开会的经费退回，在电报上写道：‘无政可参，经费退回’。当时教育部规定大学系主任以上领导人员，一律要填表加入国民党，他带头拒不填表，影响一些系主任也不填表，教育部也无可奈何，此事就不了了之”[①]。张奚若等教授通过个人直接的行为，较大程度上抵制了教育部对西南联大的政治渗透。

结　语

从大学发轫之历史看，大学自治和学术自由是其重要特征之一，[②] 但大学的发展无论其自由度和自治性的高低与否，它始终无法跳出事物普遍联系性的必然规律，甚而呈现出其政治性、国家性、社会性不断加强的趋势。[③] 实际上，于大学而言，“尽管学术自由已使权力和影响力的重心从大学的中心管理层转移至全体教员的身上，但教授和管理者们在面对国家提出的要求时却都丧失了某些独立性。”[④] 为此，大学在普遍联系的层面上须应对与外部的关系，西南联大须主要应对国民政府教育部的统制，对保持自身的自治即使是在战争条件下也始终没有放松。

整体上看，西南联大与教育部的关系从纵向的时间来看，大体上是前期多遵照教育部指令行事，后期抵制较多。原因是前期处于民族危难之际，两者均以救亡图存为共同的目标，西南联大与教育部更大程度上是相互支持、理解、合作，况且教育部也无暇更多顾及学校的具体事务，统制措施相应较少。后期则相反，教育部对大学的统制呈现加强趋势，由此西南联大也受到教育部越来越多的干预，甚至连校历及其学期与假期日数都要严格规定。出现这种情况，原因可能是战局逐渐扭转，抗战初期的一致对外政策使国民政

---

① 黎勤，李凌：《龙云与民主堡垒西南联大》，载《炎黄春秋》2005 年第 4 期。

② ［英］约翰·亨利·纽曼著，徐辉等译：《大学的理想》，浙江教育出版社 2001 年版，第 1～4 页。

③ ［美］约翰·S. 布鲁贝克著，王承绪等译：《高等教育哲学》，浙江教育出版社 2001 年版，第 13～18 页。

④ ［美］德里克·博克著，徐小洲等译：《走出象牙塔——现代大学的社会责任》，浙江教育出版社 2001 年版，第 40 页。

府把主要精力放在对外上，而战事转折后便能将更多精力放在内部。不过无论如何，西南联大在经历了前期的应对和调适后，形成了较稳固的系统，对来自教育部的统制能够形成抵制的力量以及自我调节的机制，以此保持自身最大限度的自治和学术自由。

“在地化”视域下的西南联大研究

西南联大（以下简称“联大”）作为一段历史已经过去80余年，近年来联大研究持续受到关注，已成为教育史、思想史、文化史、学术史等领域的热门话题，甚至有发展成为“西南联大学”的趋势。回顾联大研究已有成果不难发现，缺乏明晰的理论视角是大多数研究的薄弱点，而部分有理论支撑的研究通常又以西方学术理论为基础。[①] 经过较长时期的研究积累，联大研究已处于一个转型期，必须在理论视角的思考上进行反思，积极回应来自内部和外部的质疑，以此构建联大研究的“合法性”基础。从可预期的长远解读分析，或者基于一种学术共同体价值取向的角度看，联大研究应该走向一种更高的自觉，朝着“西南联大学”自主知识体系的方向发展。以一门学科或科学的标准和规范来提升研究的品质，这无疑需要研究者构建明晰的研究理论、方法、内容体系。其中，研究的理论在根本上决定了研究的方法与内容，所以理论的视域是根本性和基础性的，本研究拟对“在地化”这一理论视角在联大研究中的理论意蕴、研究意义、研究可能性以及研究的维度进行分析。

一　“在地化”：作为理论之意蕴

“在地化”（Localization）作为一种理论视角，较早兴起于人类学，继而

① 比如对联大“教授治校”问题的研究，基本上可归类于此。不少研究者认为联大实行的是“教授治校”制度，并以此提出中国大学改革的“教授治校方案”。殊不知所谓“教授治校”有着复杂的西方历史文化质性规定，不适合生搬硬套于中国大学。中国大学实行的是党委领导、校长负责、教授治学、师生监督的基本制度，这是中国特色社会主义大学制度的主要特征。如一味按照西方大学中“教授治校”的思维做文章，难免陷入水土不服的困境，难以有效回应新时代高校深化改革的重大理论与现实问题。

在社会学、文化学、民族学等社会科学领域扩散。按照杨念群先生的观点，“在地化”研究起因于区域文化与社会演变的不平衡状态，这使得不同地区可提供给研究者的探索场景和资料存在差异性，生长于特定“区域”的研究者，具备某种先天性的研究优势，从而导致“在地化”研究的兴起。①

这一认识主要是从“区域”的特殊性及由此导致的社会、文化、场景及资料的差异性来分析“在地化”研究的起因。因循这一解释，联大的“在地化”研究应该起因于联大所在地云南（昆明）区域文化和社会发展演变较之北京、天津、台湾、美国等与联大有较大关联度的地区的特殊性，前者所能提供给研究者的“探索场景和资料”较之后者的差异性，以及生长于前者所属区域的研究者对联大研究具有的某种“先天性的优势”。以上特征的确在联大已有研究中不同程度显现出来，但具体情形却不能做“单线”解释，关于这一点后文将具体论述。

“在地化”研究的兴起不仅与“区域”有关，还与研究者本人有关，而研究者的“研究意识”则是一个重要的影响因素。20 世纪 90 年代以来，在经历了一股猛烈的“向西看”潮流后，中国学者开始进行学术反思与身份反省，由此兴起了以“地方史”为代表的研究转向，并促发了“在地化”研究的兴起。从这一学术历程看，“在地化”研究起源于研究者在进行自我在地身份认同的基础上，开展的有意识、有反思、有目标的研究实践。这意味着研究者自觉进行联大的“在地化”研究实践，需要一种自觉的“在地化”意识。这种研究意识可以跳出作者的区域限制，对联大感兴趣者都可能成为“在地化研究者”，但研究仍以特定区域为中心，聚焦的也是在地资源的差异性，只不过这部分研究者的数量不一定超过在地区域研究者数量而已。

综合两种“在地化”研究起源情形，本研究中的“在地化”指的是研究者基于特定区域的社会、文化、场景，以自觉的“在地”身份，充分利用在地资料和资源优势，开展的有意识、有反思、有目的研究实践。“在地化”

① 杨念群：《“在地化”研究的得失与中国社会史发展的前景》，载《天津社会科学》2007 年第 1 期。

的三个核心要素是“区域”“研究者”“资源”。进一步分析，“在地化”的基础是“特定区域的社会、文化、场景”，身份是自觉的“在地”身份（包含区域内和区域外作者，通常以前者居多），媒介是在地资料和资源，特点是具有意识性、反思性、目的性。由此可见，“在地化”的核心是“在地”，由它规定了研究者与研究对象、研究内容的具体所涉所指以及交互关系。“在地化”理论意蕴的要素结构如图1所示。

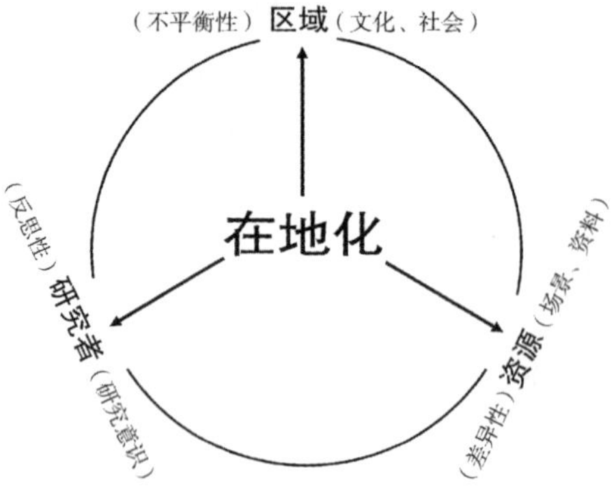

图1 “在地化”理论意蕴的要素结构

其实，从“在地化”三要素及相互关系看，其本质符合历史唯物主义和辩证唯物主义的基本意蕴，“在地化”意识作为研究者思维和行为的一种产物，与其所处的环境密不可分，是特定环境的产物，并与之相适应。无论思维和意识“都是人脑的产物，而人本身是自然界的产物，是在他们的环境中并且和这个环境一起发展起来的；不言而喻，人脑的产物，归根到底亦即自然界的产物，并不同自然界的其他联系相矛盾，而是相适应的”①。也就是说，“在地化”研究意识是研究者在特定区域的社会、文化、场景中引发的，与区域内的资源、资料结合并产生联系的结果。从这点看，“在地化”研究意识是一种主观反映客观，主观与客观相适应，主、客观相互联系的一种辩证和历史的思维，因此“在地化”具有科学的理论意蕴。

① 《马克思恩格斯选集》（第三卷），人民出版社1972年版，第74~75页.

进一步分析，无论是“在地化”的“区域”起因，还是“研究意识”起因，两者均可归属于“内部起因”，与此对应的外部起因则主要是对“西学”的批判和对“中学”的构建，“在一定意义上，在地化知识是在对全球化知识体系的批判中建立起来的”①。由此而涉及两对关系：

一是“在地化”与“本土化”的辩证关系。由于“在地化”涉及“区域”“文化”“社会”等要素，似乎是“本土化”的翻版，其实不然。从宏观的国别视野看，“‘本土’本身也是一个变化不居的、模糊的实体”，②“本土”是相对于“西方”而言的一个概念，此时“本土”也指“中国”。“在地”有明显的区域范围所指，“本土”的空间范畴更宽更广，包含了“在地”这个下位概念。“本土”对应“中学”，“西方”对应“西学”，“本土”与“西方”更具“政治意味”，此时“西方”甚至是霸权的隐喻。从微观的意蕴看，郑金洲认为，“本土化”指的是使外来的而非本土原有的某事物发生转变，使之在解释、说明、应用等方面适合本地的情况，形成具有本地特色或特征的事物。③ 王铭铭则指出：“‘本土化’为本身预先设定了一个独立的、完整的社会文化体系的存在，即一个本体的存在。”④ 这意味着，本土社会的事务处于支配地位，外来或返归者处于被支配地位。也就是说“本土化”“强调的是外来者在主观上融入当地社会和本地人归返乡土的过程，具有对当地社会的主观认同倾向”⑤。

由此可见，“在地化”与“本土化”的区别主要是，“在地化没有‘本土化’那么强烈的理论前提预设，它强调的是外来者接触当地社会并与当地社会发生互动的客观过程，外来者的客籍身份并没有消散；它显示的是外来

① 邱建生：《在地化知识与平民教育的使命》，载《中国图书评论》2014 年第 6 期。

② 李亚平：《客商“在地化”的概念、进程与其意义——以近代兰州客商为中心》，载《兰州学刊》2014 年第 4 期。

③ 郑金洲：《教育文化学》，人民教育出版社 2010 年版，第 373 页。

④ 王铭铭：《西学“中国化”的历史困境》，广西师范大学出版社 2005 年版，第 2～3页。

⑤ 李亚平：《客商“在地化”的概念、进程与其意义——以近代兰州客商为中心》，载《兰州学刊》2014 年第 4 期。

者在保持自身一定独特性的基础上，融入客籍社会的基本过程”①。

结合联大实际，“在地化”显然比“本土化”更能反映其历史进程，北大、清华、南开三校师生把迁往云南称为中国历史上的第四次“南渡”，是暂时的避难，其目标是“待驱除仇寇，复神京，还燕碣”。② 从文化和学术影响力，包括其时之政治意义，三者结合起来使联大作为“强势”的客体流入作为文化、学术“弱势”主体的云南（昆明）本地，这和“本土化”预设的理论前提——本地具有“支配”地位，而客体具被支配或顺从地位——恰好相反。联大在云南（昆明）是一个逐渐融入与互动的过程，但始终保持了自身的“独特性”，并对当地产生“引领性”与主导性的影响。

二是“在地化”与“全球化”的对立统一关系。实际上，“在地化”知识虽然是基于区域所蕴含的地方性知识建立起来的，但又并非一般意义上的地方性知识，而是“地方性知识的升级版，在更高的台阶上俯瞰全球化知识及其对应的工业文明。它具备地方性知识倡导的多样性、包容性特征，也具备普遍性知识表面上倡导的开放性、平权性等特征。在地化不是地方化，也不是与全球化的分庭抗礼，它是普遍的，是科学和理性的”③。这意在指出“在地化”知识是在对“西学”建设性的批判中发轫的，是对“全球化”的“俯瞰”，但它又不是与之绝对对立，同样具有多样性和包容性的特征，也具有开放性和平权性的理论特质。“在地化”知识在具有地方性的同时，也具有开放性、多样性，并具有“全球化”所具有的“普遍性”特质。

虽然，有一既成事实，即“不论所谓的‘全球化’或‘国际化’，其文化核心质性是具历史性的，总体成分可以说来自西方（第二次世界大战后，特别是来自美国）；更具体地说，即以‘理性化’为主轴的所谓‘现代化’，”同时也是“西方优势地区把劣势的亚非地区文化（知识体是其一）纳

① 李亚平：《客商“在地化”的概念、进程与其意义——以近代兰州客商为中心》，载《兰州学刊》2014 年第 4 期。

② 冯友兰：《国立西南联合大学纪念碑碑文》，1946 年。

③ 邱建生：《在地化知识与平民教育的使命》，载《中国图书评论》2014 年第 6 期。

入其体系之内一种极具'征服'意涵的文化渗透与移位现象"①。但是，"在地化"研究还是要防止走向另一个极端，即对西方学术理论的回避，即使"在地化"是在"全球化"以西方为标准的"现代化"的驱使下反思而形成的，但也不能一律采取拒绝与回避的态度。

二 "在地化"之于西南联大研究：意义何在?

（一）推动联大研究向可能的新范式转向

"在地化"对于转型期的联大研究意义不仅是一种思路或思维的启示，更重要的是一种方法论的转变，从而导向可能的新范式转向。关于"范式"，库恩指出，"范式是共有的范例"，"它代表着一个特定共同体的成员所共有的信念、价值、技术等等构成的整体"②。据此理解，联大"在地化"研究范式，指的是联大研究过程中所形成的以"在地"为价值和信念的共同体，并将其付诸实践的一系列活动以及所取得的成效。这个范式，如果"把它们当作模型和范例，可以取代明确的规则以作为常规科学中其他谜题解答的基础"③。也就是说，如果"在地化"研究可以作为联大研究的一个新范式，则能为联大研究的"谜题"解答提供一个范例和基础。

联大研究的"在地化"范式属于批判性反思，需要具有强烈的"在地化"历史意识与深厚的哲学体认，所谓历史意识是对"社会现实上（按：联大历史）的'所以然'有所体认"，哲学体认是对"（按：研究者）何以如是想在认知上的根本缘由"的思考。④"在地化"范式的转向可能推动联大研究形成一种"学术共同体"和"价值共同体"，从而把联大研究引向纵深，

---

① 叶启政：《高等教育"国际化/在地化"的吊诡与超越的彼岸》，载《北京大学教育评论》2017 年第 3 期。

② ［美］托马斯·库恩著，金吾伦等译：《科学革命的结构》，北京大学出版社 2012 年版，第 187 页。

③ ［美］托马斯·库恩著，金吾伦等译：《科学革命的结构》，北京大学出版社 2012 年版，第 175 页。

④ 叶启政：《高等教育"国际化/在地化"的吊诡与超越的彼岸》，载《北京大学教育评论》2017 年第 3 期。

导向更大的研究空间，扩展研究的范畴，展现更多的研究可能性。

（二）有助于构建本土学术话语体系

20 世纪 80 年代以来，“（大陆学者）基本是以回应西方中国学的论题来奠定自身的分布格局的”，[①]“并误以为他们（西方学者）探讨中国问题的苦恼和思考，理所应当地同样成为我们自己的阐释目标”[②]。“在地化”则深刻反映了中国学者居于中国现阶段（新时代）所处的世界位置具有的价值追求，“当代中国的伟大社会变革，不是简单延续我国历史文化的母版，不是简单套用马克思主义经典作家设想的模板，不是其他国家社会主义实践的再版，也不是国外现代化发展的翻版”，[③] 中国处于世界多极化发展的重要一极，中国学者需要建立与我国国际地位相呼应的本土话语体系，“这是一个需要理论而且一定能够产生理论的时代，这是一个需要思想而且一定能够产生思想的时代”[④]，回归本土优秀文化传统，在借鉴学习西方优秀成果基础上构建自主知识和理论体系，应是中国学者的自觉追求。

前文已述，“在地化”是“本土化”的下位概念，“在地”是通向“本土”的重要途径，通过联大“在地化”研究是构建“本土化”话语体系的题中之义。本土话语体系与西方知识体系相对，“单面地向西方知识体系倾斜‘认同’的‘国际化’，是一种对历史—文化质性的失忆症表现，更是因长期历史创伤而掏空了自信心之文化自卑情结的自然反映。在这样向西方一面倒地倾斜之学术体制主导下，在地所呈现与内涵的集体深层文化意义被异化”[⑤]。“在地化”的兴起在一定程度上是史学回归传统的一种反应，它不再

---

① 杨念群：《“在地化”研究的得失与中国社会史发展的前景》，载《天津社会科学》2007 年第 1 期。

② 杨念群：《“在地化”研究的得失与中国社会史发展的前景》，载《天津社会科学》2007 年第 1 期。

③ 中共中央宣传部：《习近平新时代中国特色社会主义思想学习纲要》，学习出版社、人民出版社 2019 年版，第 31 ~ 32 页。

④ 《结合中国特色社会主义伟大实践　加快构建中国特色哲学社会科学》，载《人民日报》，2016 年 5 月 18 日。

⑤ 叶启政：《高等教育“国际化/在地化”的吊诡与超越的彼岸》，载《北京大学教育评论》2017 年第 3 期。

以西方理论为框架，进行“单线”解释，而是追溯到历史真相中去。“在地”不仅蕴含我们要追问的知识体系中的“是什么”，更重要的是往深处追问“为什么是这样”“如此这样到底有何背景做后盾”“如此这样有着怎样的深层意义”等“攸关知识的文化—历史‘动机’”的后设性的问题。[①] 一句话，“必须用我们自己的头脑进行思考，并决定什么东西能在我们自己的土壤里生长起来”[②]，唯有如此才能形成自我学术体系的特色、风格、气派。所以，“在地化”是“缔造具有自信心之知识体制的基本生机条件，而这正是所有非西方社会所必要追求的共同理想”[③]，也是坚持“四个自信”的应有之义。由此看来，“在地化”是进行自我学术反思的集中折射，以此构建的联大研究学术话语体系，正是构建中国本土学术话语体系所期待的。

（三）关怀时代与当下

克罗齐说：“一切历史都是当代史”，[④] 其旨意在结合现实需要重新研究历史，以获得新的理解，攫取新的经验和启示，以便服务时代与当下。“社会的实况不同，或更准确地说，政治意识形态不同，自然就有值得关心的不同课题。”[⑤] 联大处于抗战时期的中国，联大的“在地化”研究现在又是在中国特色社会主义新时代的环境中进行的，“值得关心的课题”应该有哪些呢？其言外之意乃是“什么知识是有用的”？“知识能否配合与满足在地的实际需要，自然是首要的考虑”[⑥]。“在地化”研究通过历史感觉的积累与培育，有

---

① 叶启政：《高等教育“国际化/在地化”的吊诡与超越的彼岸》，载《北京大学教育评论》2017 年第 3 期。

② 毛泽东：《毛泽东文集》（第 3 卷），人民出版社 1996 年版，第 192 页。

③ 叶启政：《高等教育“国际化/在地化”的吊诡与超越的彼岸》，载《北京大学教育评论》2017 年第 3 期。

④ ［意］贝奈戴托·克罗齐著，傅任敢译：《历史学的理论和实际》，商务印书馆 1982 年版，第 87 页。

⑤ 叶启政：《高等教育“国际化/在地化”的吊诡与超越的彼岸》，载《北京大学教育评论》2017 年第 3 期。

⑥ 叶启政：《高等教育“国际化/在地化”的吊诡与超越的彼岸》，载《北京大学教育评论》2017 年第 3 期。

可能提升研究的品质，[①] 形成和积累起更多有益的知识。这样的价值判断必定以时代为坐标，以当下为现实选择。

联大虽然深受西方大学制度的影响，但在更大程度上却是“在地化”的结果。此处的“在地”有两层含义：一指的是联大是发生在中国本土的抗日战争的一个结果；二指联大是在中国本土组建与发展起来的，离不开中国文化土壤的滋养。已有对联大的研究往往注重“西方制度体制机制”的影响及相关的因素，而对其“在地”演化研究得不多。如果从与之密切关联的高等教育改革的需求——诸如借鉴、启发、价值、意义等——则后者显得更为重要，即“在地”转化更符合时宜，这是毋庸置疑的，而也是容易被忽视的。因为“在地的”有一个内在意涵：审视并谋求（或维系）既有状态，以实践共同期待的理想目标。[②] 这一共同目标可以是当前的中国高等教育改革经验问题，可以是更长远的中国文化发展方向问题，还可以是深邃的中国学术史发展转型问题，凡此等等，事关时代关怀，关怀当下。

三 “在地化”之于西南联大研究：何以可能?

（一）既有联大研究呈现“在地化”趋势

作为学术的“西南联大研究”自改革开放以来大致经历了40年，分3个阶段：联大研究前10年是研究的兴起阶段，联大研究进入学术视野；中间20年是研究的“爆发期”，联大研究进入一个高峰时期；后10年是研究的转型期，联大研究面临外部的质疑和内部的反思。从联大研究的实际情况看，的确出现了“在地化”研究的趋向，其表现是：①联大研究中最早的作者是任继愈、郑临川、杜运燮、王景山等联大学生，他们是历史场景的亲历者或与联大有直接联系的人。②以CNKI收录文章分析，截至目前，有2000余篇联大研究文章，其中云南籍作者约300篇，约占总数的15%；论文数量排前

① 杨念群：《“在地化”研究的得失与中国社会史发展的前景》，载《天津社会科学》2007年第1期。

② 叶启政：《高等教育“国际化/在地化”的吊诡与超越的彼岸》，载《北京大学教育评论》2017年第3期。

几位的作者主要是云南籍。③从研究主题或内容看，与“云南”“昆明”“蒙自”“地方”等具“在地化”隐喻的关键词有关的成果约160篇，约占联大研究成果总数的9%。④从发表联大文章的学术期刊看，数量居前两位的是《云南师范大学学报》（哲社版）和《学术探索》（云南期刊），两者共发表了近200篇。

以上现象说明，联大研究中研究者以历史亲历者、“生长于斯”者为主[①]，研究的“资料”（主题、内容）具有“在地化”的特征，成果的发表也以在地学术期刊为主，联大研究呈现出“在地化”的动向。但是也有一些情况是特殊的，比如，虽然云南区域内研究者成果数量居多，但并不意味着除此之外的研究者成果不显著，像闻黎明、谢泳等，虽然不具备地理“区域”优势，但其联大研究成果有目共睹，这种情况可解释为在地区域外研究者在“本土化”趋势下的“在地化”反思现象。正如前文对“在地化”研究缘起的分析，既有联大研究所呈现的“在地化”趋势，有的是因“区域”优势而起，有的是因区域内外作者的反思意识而起，但无论哪种情形都为联大“在地化”研究气候的形成做了铺垫。

（二）联大历史本身即是“在地化”的历史

“在地化”通常经历“进入—适应—融入—嬗变”4个阶段，联大在昆办学历史就是其进入云南、适应云南、融入云南、在云南实现嬗变的历史。云南（昆明）成为联大历史场景展开的核心区域，联大研究还有以北京—天津、中国台湾、美国等为次核心区组成的三大“在地区域”，三个区域所具有的研究意义和价值是不同的，但又是相互联系的。

联大“进入”云南，意味着占有了“在地化”的空间区域，在特定区域环境中，“人类不但能适应环境，还能控制环境”[②]。联大学人不断适应当地社会和文化生活环境，师生习惯“泡茶馆”、爱上“云烟”和“云腿”等就是例证。再进一步，联大与云南地方政府建立了良性互动关系，并在昆明等

---

① 比如张曼菱、杨立德、吴宝璋、李光荣、杨绍军等都是代表。

② 吕思勉：《中国近代史（1840—1949）》，华东师范大学出版社2012年版，第3期。

地兴办学校，同时还参与云南地方水电、矿产开发等则证明其逐步融入了地方。在进入、适应、融入的基础上，联大还影响和引领了云南地方经济社会发展，实现了嬗变。因此，对联大历史的各个阶段及其间教学、学术研究、学生培养、经费筹措、与中央及地方关系、社会服务等各个层面的研究，如果要深入内里、揭示规律，都离不开直接或间接对“在地”的讨论，本质上都可归结为联大的“在地化”研究。

（三）云南具联大“在地化”研究的特殊环境

“在地化”研究的前提是“在地”，它首要的意义在于其所规定的研究环境的特殊性和差异性，从而构成了研究的基础条件。“为什么西南联大没有迁到重庆，而能够在昆明开展那样令人瞩目的优秀教育工作呢?”① 这是许多人的疑问，它涉及了一个重要的问题——地理环境。由于云南和昆明的特殊地理环境，能为联大创造相对安全的办学环境和良好的科研条件，这是以往联大研究不够被重视的一个问题。布罗代尔对菲利普二世时代的地中海和地中海世界研究的经验所提示的是，对涉及社会、文化、思想活动的历史研究离不开对地理环境作用的分析。② “昆明地处西南边陲，距离抗日战争前线较远，可以有比较稳定的学习环境；有滇越铁路、滇缅公路可通国外，图书仪器进口比较方便，可以较便利地了解国际学术和科研发展的动态。”③

已有研究者注意到了联大所处的自然环境问题，例如，谢泳提出“西南联合大学为什么成功？……昆明自然环境比较好，可能也是一个原因。我们

---

① ［日］安藤彦太郎：《我们为什么要研究西南联大——从日本人的视角来谈》，载伊继东，周本贞：《西南联大与现代中国研究》，人民出版社 2008 年版，第 30 页。

② 布罗代尔在其成名作《菲利普二世时代的地中海和地中海世界》的写作中，把“环境的作用”放在第一部分，并用了大量篇幅对地中海地区的地理地形、资源、气候、民众生活、人文等进行介绍和论述。据此为后面章节对地中海沿岸地区国家经济和社会发展状况的分析奠定相应基础。（［法］费尔南·布罗代尔著，唐家龙等译：《菲利普二世时代的地中海和地中海世界》，商务印书馆 1996 年版，第 19 ~ 527 页）。这或许可将其称为历史研究的“环境方法”。

③ 西南联合大学北京校友会：《国立西南联合大学校史：一九三七至一九四六年的北大、清华、南开》，北京大学出版社 2006 年版，第 79 页。

现在不大关注西南联合大学所处的自然环境，我们比较关注人文条件”①。这的确是以往其他研究容易忽视的一个问题，云南和昆明的自然环境是独一无二的，在战争的环境中更显得异常可贵。蒋梦麟对昆明就有亲身的体会和感悟，回忆说：“昆明的气候非常理想，它位于半热带，海拔约六千尺，整个城有点像避暑胜地……昆明四季如春，夏季多雨，阵雨刚好冲散夏日的炎暑。其他季节多半有温煦的阳光照耀着农作密茂的田野”②。特定的环境孕育了特定的资源，云南（昆明）这一区域环境孕育了丰富的资源，它以动物王国、植物王国、有色金属王国著称。这些资源因素都影响到了联大的办学，是对其进行“在地化”研究的重要条件。

（四）“在地化”意识的逐渐增强

“在地化”意识是“本土化”意识增强的必然结果，也是对自我主体性的觉醒和反省的结果。当然，“在地化”意识的增强不仅与研究者自我反思能力有关，还与所在地区的国际社会地位和影响有关，而且往往成正比关系。如果说一段时期以来“向西看”，“配合了西方在现代化道路设计上所制定的意识形态全球化方向”，③ 那么，进入新时代以来，随着文化自信的逐步增强，并在此趋势下被强化的“在地化”意识是防止盲目对标“国际化”而导致“同质化”的有效路径选择。“国际化”不可避免地会受西方既有标准的影响，稍有不慎就可能滑向“同质化”的危险境地，在这种向西倒的学术攻势下，“倘若劣势地区的学者缺乏足够敏感的自我警觉与反省能力的话，优势地区的知识体系因其特殊历史—文化条件而形塑出来的特殊理想性与规范性，会毫无保留地被移植到劣势地区，在知识的经营上获得了具普遍意涵的正统性”④。“在地化”显然是与西方强势的“国际化”相异的形象而出现

① 谢泳：《西南联大与中国现代知识分子》，福建教育出版社2009年版，第150页。

② 蒋梦麟：《西潮与新潮——蒋梦麟回忆录》，东方出版社2005年版，第256页。

③ 杨念群：《“在地化”研究的得失与中国社会史发展的前景》，载《天津社会科学》2007年第1期。

④ 叶启政：《高等教育“国际化/在地化”的吊诡与超越的彼岸》，载《北京大学教育评论》2017年第3期。

的，即使不是抵制也是一种抗衡的力量，归根结底是自我意识的觉醒。

随着“在地化”意识的逐渐增强，“在地化”将不断显现其优越性。它不仅能深切感悟社会脉动，而且还能推动“本土化”的持续演进，进而展现有自身特色的“国际化”范型，所以，联大的“在地化”研究实际上是学术自信的表现，会成为文化自信的内在驱动力。因循着“在地化意识”，联大研究就能不忘本来、吸收外来、面向未来，既向内看又向外看，既向前看又向后看。[①] 其中，“本来”指中国优秀文化传统和精神元素，“外来”指包括西方在内的一切人类文明的有益成果，“未来”指发展的方向；“向内看”指关注国内情势，“向外看”指眼观外部世界变化，“向前看”指向未来看、瞄准前沿、把握趋势，“向后看”指反观历史、以史为鉴。

四　“在地化”之于西南联大研究：如何进行？

“在地化”的理论意蕴包含了“区域”“研究者”“资源”三个核心要素，在此框架下可构思出联大“在地化”研究的维度。

（一）区域：深挖在地空间的物质生活样态

在战争的特殊年代，空间所形成的区域，往往构成特定的物质生活世界，这是一个相对固定、流动性较少的空间，但这种在地空间却蕴含丰富多彩的物质生活样态。“我们以往有一个认识误区，就是当观察历史上的知识精英的活动时，往往比较注意他们的‘思想’层面，而且我们常常认为要了解精英，只理解他们‘思想’表达就足够了。”[②] 其实不然，从物质世界研究联大的“知识精英”是深入了解他们的一个重要方面，作为精神生活的基础，离开物质世界很难全面地把握其精神（思想）动态或心理状态。所以，“在地化”研究中应该深入探究联大“知识精英”们在云南（昆明）的物质生活世界，比如抗战期间昆明物价水平及对“知识精英”的影响、“知识精英”的

---

① 习近平：《习近平谈治国理政》第二卷，外文出版社 2017 年版，第 339 页。

② 杨念群：《“在地化”研究的得失与中国社会史发展的前景》，载《天津社会科学》2007 年第 1 期。

工资收入情况等。虽然这方面也有一些研究，但离深入解开“知识精英”的精神世界之谜似乎还远远不够，亟须以“在地”为基础从社会史的角度来展开微观的探索，以经济史的角度来作更深入的把握。这方面研究的资料则要特别关注“知识精英”的日记、书信、账本、回忆录等，它们在当时或许没有公开发表，但在并不经意的记录中却蕴藏了作者真实而丰富的“感觉世界”（structure of feeling）。[①]“知识精英”的生活细节不应该被当作“干扰因素”而被忽视，比如饮酒（例如《郑天挺西南联大日记》中多处记载梅贻琦与同事饮酒的情况）、泡茶馆（师生泡茶馆成为常态）、教授夫人们摆摊设点（梅贻琦夫人卖糕点等）、患病（陈寅恪患眼疾、朱自清患胃病等）、到地方寻访（刘文典到磨黑等）。单独物质研究或思想研究都不能深入解读联大“知识精英”的真实世界，只有把两者贯通起来，相互参证，联系起来综合分析才能真正读通、读透、读懂，获得同情之理解，以求达至通解、彻悟之境界。

（二）研究者：强化问题意识

对于学术研究而言，“主要的困难不是答案，而是问题。因此，真正的批判要分析的不是答案，而是问题”[②]。“在地化”作为一种批判性反思的结果，其所指向的联大研究要以“问题分析”为主，增强问题意识。借鉴米歇尔·福柯（Michel Foucault）在其著作《临床医学的诞生》里专门讨论的“目视”（regard）知识理论，对问题的分析或者问题意识离不开“目视”——“摆脱了冥思……开始倾听理性的声音而抛弃了想象”[③]。目视的实现途径是阐释（Exégèse），即“通过禁忌、象征、具象，通过全部启示机制来倾听那无限神秘、永远超越自身的上帝圣言”[④]。福柯关于“阐释”的这一含义强调“启示

① 杨念群：《“在地化”研究的得失与中国社会史发展的前景》，载《天津社会科学》2007年第1期。

② 《马克思恩格斯全集》（第40卷），人民出版社1982年版，第289页。

③ ［法］米歇尔·福柯著，刘北成译：《临床医学的诞生》，译林出版社2011年版，第4页。

④ ［法］米歇尔·福柯著，刘北成译：《临床医学的诞生》，译林出版社2011年版，第4页。

机制”的作用，与近代以来中国文化语境中“理性”所包含的“人类思维能力及思维方式”[①] 之意蕴是相通的，这一意蕴也是中国语境中“阐释”（Explanation）之含义所指，即阐释“是对现象、事物，以及思想进行逻辑阐明的活动”，[②] 此含义中的“现象”“事物”与福柯对阐释所规设的“禁忌”“象征”“具象”是相对应的或者互为隐喻。何为“启示机制”？无非就是“创造概念、命题、范畴，以及它们的意义与价值”，[③] 唯此方可“倾听”（触及）“上帝圣言”——所谓的历史真理（本相）。在福柯看来，目视是一种全面的观察，把有关信息都汇集到一个卷宗里，力求获得一个完整客观的看法。[④]“真相之深居事物最隐晦的核心，乃是与经验目视的无上权力相联，后者将事物转暗为明。”[⑤] 受此启发，在联大“在地化”研究中，通过“目视”，并利用阐释的功夫，创造关于联大新的概念、命题、范畴，揭示联大历史的“所指”与“能指”，触向联大历史的深处，从而有可能实现超越性的自我回归。

（三）资源：体悟历史在场感

“在地化”研究的资源涉及场景和资料。场景有助于产生生活经验并涵养历史经验，对此“在地化”研究者比“非在地化”研究者具备先天的优势。前者“往往能够充分调动长期积累下来的本地生活经验去验证过去曾发生在这个地区的各种似曾相识的历史经验，由此把他们的生活经验学理化，尽管这种经验绝不可能覆盖这个地区所有人群的生活状态，但仅仅是从个人生活经验中延伸至历史的认知状态，就足以增加某种地方历史的现场感”[⑥]。

---

① 张江：《“理”“性”辨》，载《中国社会科学》2018 年第 9 期。

② 张江：《“理”“性”辨》，载《中国社会科学》2018 年第 9 期。

③ 张江：《“理”“性”辨》，载《中国社会科学》2018 年第 9 期。

④ ［法］米歇尔·福柯著，刘北成译：《临床医学的诞生》，译林出版社 2011 年版，第 7 页。

⑤ ［法］米歇尔·福柯著，刘北成译：《临床医学的诞生》，译林出版社 2011 年版，第 6 页。

⑥ 杨念群：《“在地化”研究的得失与中国社会史发展的前景》，载《天津社会科学》2007 年第 1 期。

张曼菱应是这方面研究的代表。在预设的场景中，由"在地化"研究者的生活经验和由此积累的历史经验形成的在地经验，是"提供具鲜活之'拟情'感受的泉源……是促使人们的心灵产生折射作用、进而足以使得灵感开发以及蕴生想象力与原创力的心理基础"[①]。单就此而言联大的"在地化"研究者"显然具备更为成熟和优越的条件"。[②] 故此，联大研究要"注重经验，主张朴实的观察，强调让事物自己显露给观察的目光，而不要用话语来干扰它们"[③]。但这并不是说不要"言说"，而是强调"言说"的技巧与方式。

"在地化"的资料显然是极其丰富的，但是"研究中国近代的历史学家，往往汲汲与探察近代发生'世变'的原因和自身所处时代的关联意义，而越来越不关心那个时代真正的历史本相所呈现的丰富性到底如何"[④]。联大研究的一个现状是，侧重于探寻联大成功背后的原因和现实的关联意义，而往往忽视或者不大在意联大历史本相所呈现的丰富图景，抑或说人们更关注"为什么"和"如何做"，而非"是什么"。前两者固然重要，但别忘了后者才是前者的基础。其实，作为"近现代"范畴的联大史，留下的史料是相当丰富且较完整的，这是一种难得的"在地化"资源优势，回到联大历史现场，方可深切体悟时人的心态与行为风貌的历史在场感。回到历史现场的意义还在于"每一个人都有自己的位置，而每一个位置都有一个人"，[⑤] 要深切体悟历史亲历者的"在场"。每一个历史"在场者"都有他们特定感知周围世界的方式，而不是我们脑子里已被固化的生活感受，[⑥] 我们应该关注每一个在场

---

① 叶启政：《高等教育"国际化/在地化"的吊诡与超越的彼岸》，载《北京大学教育评论》2017 年第 3 期。

② 杨念群：《"在地化"研究的得失与中国社会史发展的前景》，载《天津社会科学》2007 年第 1 期。

③ [法] 米歇尔·福柯著，刘北成译：《临床医学的诞生》，译林出版社 2011 年版，第 12 页。

④ 杨念群：《"在地化"研究的得失与中国社会史发展的前景》，载《天津社会科学》2007 年第 1 期。

⑤ 何雪松：《空间、权力与知识：福柯的地理学转向》，载《学海》2005 年第 6 期。

⑥ 杨念群：《"在地化"研究的得失与中国社会史发展的前景》，载《天津社会科学》2007 年第 1 期。

者，勇于从习惯的宏大叙事的建构中解脱出来，善于把感悟的目光投向“小人物”“小事件”。这就预示着对联大的研究要注意“不可化约性的个人”,[①] 即对联大场域中独特“个人”的关注，“大师”、普通教师、学生、普通市民、与联大有关的各类人物（政界、学界、文艺界等）都具有研究的价值和意义，“正是通过这种接近个人的方式，我们这个时代的人从中看到一种‘独特对话方式’的确立”[②]。

五 余 论

“在地化”作为一种研究实践已在社会科学中得以展露，但作为一种理论尚需不断加以丰富和完善，其对于联大研究的意义却是不言而喻。处于转型期的联大研究需要重新审视其理论基础，以便提高研究的品质，回应来自其内部和外部的挑战。联大的既往研究似乎难以超越西方学术理论的“规摄”，这折射的是近代以来包括中国在内的处于“劣势地位”的国家在学术上“不能不接受的历史命运，因此，首要的问题即在于如何走出这样的历史命运所烙印下的格局”[③]。带着这样的反思和使命，“在地化”作为一种研究的理论视野，有可能开辟出一条不同于西方学术理论的独特道路，对于联大而言，它预示了一个更大的、可能的研究空间格局。

“在地化”在某种意义上是在对以西方为标准的“现代化”“国际化”的反思性批判中兴起的，体现出“本土”的主体性，因此它“有助于以关怀整体人类‘未来’之文明发展的态度来开创另一种不同格局的知识体，而让这个新的知识体既超越既有的西方优势知识体制，且有着共缔另一更具前瞻

① ［法］米歇尔·福柯著，刘北成译：《临床医学的诞生》，译林出版社 2011 年版，第 7 页。

② ［法］米歇尔·福柯著，刘北成译：《临床医学的诞生》，译林出版社 2011 年版，第 7 页。

③ 叶启政：《高等教育“国际化/在地化”的吊诡与超越的彼岸》，载《北京大学教育评论》2017 年第 3 期。

性和超越性之‘国际化’知识体制的契机”[①]。这就是联大“在地化”研究的长远意义所指。同时需要指出的是，如果过度依赖“在地化”经验，过分强调“在地化”，可能会造成对历史理解狭隘的“地方化”。“在地化”并非意味着绝对的“排他主义”、对西方知识采取固步自封的态度，相反要回到“在地化”，必然需要反思与批判能力，而这恰好需要建立在对西方知识体系的历史—文化质性做“在地化”研究的基础之上，即通过深入西方知识的内核，真正掌握其实质，才可能更好认清彼此的真实状况，从而走向本土意识之真正自觉。这是一个“在地化”（于西方）之“在地化”（于非西方）的过程，如此方可实现在“国际化/在地化”的吊诡中的超越。[②]

① 叶启政：《高等教育“国际化/在地化”的吊诡与超越的彼岸》，载《北京大学教育评论》2017 年第 3 期。

② 叶启政：《高等教育“国际化/在地化”的吊诡与超越的彼岸》，载《北京大学教育评论》2017 年第 3 期。

主要参考文献

一　著作类

1.《马克思恩格斯选集》（第三卷），人民出版社 1972 版。

2.《马克思恩格斯全集》（第四十卷），人民出版社 1982 年版。

3. 毛泽东：《毛泽东选集》（第一卷），人民出版社 1991 年版。

4. 毛泽东：《毛泽东选集》（第二卷），人民出版社 1991 年版。

5. 毛泽东：《毛泽东文集》（第三卷），人民出版社 1996 年版。

6. 毛泽东：《毛泽东选集》（第四卷），人民出版社 1991 年版。

7. 周恩来：《周恩来选集》（上卷），人民出版社 1980 年版。

8. 习近平：《决胜全面建成小康社会夺取新时代中国特色社会主义伟大胜利——在中国共产党第十九次全国代表大会上的报告》，人民出版社 2017 年版。

9. 习近平：《习近平谈治国理政》第一卷，外文出版社 2018 年版。

10. 习近平：《习近平谈治国理政》第二卷，外文出版社 2017 年版。

11. 习近平：《高举中国特色社会主义伟大旗帜　为全面建设社会主义现代化国家而团结奋斗——在中国共产党第二十次全国代表大会上的报告》，人民出版社 2022 年版。

12. 中共中央宣传部：《习近平新时代中国特色社会主义思想学习纲要》，学习出版社、人民出版社 2019 年版。

13.《中国共产党第十九届中央委员会第五次全体会议公报》，人民出版社 2020 年版。

14.《中共中央关于坚持和完善中国特色社会主义制度、推进国家治理体系和治理能力现代化若干重大问题的决定》，人民出版社 2019 年版。

15. 中共中央党史研究室：《中国共产党的九十年》，中共党史出版社、党建读物出版社 2016 年版。

16. 刘宜庆：《绝代风流：西南联大生活录》，北京航空航天大学出版社 2009 年版。

17. 西南联合大学北京校友会：《国立西南联合大学校史：一九三七至一九四六年的北大、清华、南开》，北京大学出版社 2006 年版。

18. 梅贻琦著，黄延复等整理：《梅贻琦西南联大日记》，中华书局 2018 年版。

19. 北京大学、清华大学、南开大学、云南师范大学：《国立西南联合大学史料》（第一卷），云南教育出版社 1998 年版。

20. 北京大学、清华大学、南开大学、云南师范大学：《国立西南联合大学史料》（第二卷），云南教育出版社 1998 年版。

21. 北京大学、清华大学、南开大学、云南师范大学：《国立西南联合大学史料》（第三卷），云南教育出版社 1998 年版。

22. 北京大学、清华大学、南开大学、云南师范大学：《国立西南联合大学史料》（第四卷），云南教育出版社 1998 年版。

23. 北京大学、清华大学、南开大学、云南师范大学：《国立西南联合大学史料》（第五卷），云南教育出版社 1998 年版。

24. 郑天挺：《郑天挺西南联大日记》（下册），中华书局 2018 年版。

25. 西南联大除夕副刊：《联大八年》，西南联大学生出版社 1946 年版。

26. 清华大学校史研究室：《清华大学史料选编・国立清华大学时期（1928—1937）》（第二卷・上），清华大学出版社 1991 年版。

27. 清华大学校史研究室：《清华大学史料选编・国立清华大学时期（1928—1937）》（第二卷・下），清华大学出版社 1991 年版。

28. 清华大学校史研究室：《清华大学史料选编・西南联合大学与清华大学（1937—1946）》（第三卷・上），清华大学出版社 1994 年版。

29. 吴宝璋：《享誉世界的西南联大》，云南教育出版社 2012 年版。

30. 云南师范大学校史编写组：《云南师范大学校史稿（1938—1949）》，云南师范大学学报编辑部 1988 年版。

31. 云南师范大学档案馆：《珍档撷英——云南师范大学校史资料选编》，云南大学出版社 2014 年版。

32. 费孝通，张之毅：《云南三村》，社会科学文献出版社 2006 年版。

33. 西南联合大学北京校友会校史编辑委员会：《笳吹弦诵在春城——回忆西南联大》（第一集），云南人民出版社 1986 年版。

34. 闻黎明：《闻一多》，群言出版社 2012 年版。

35. 西南联大党史编写组：《中共西南联大地下组织和群众革命活动简史》，云南人民出版社 1994 年版。

36. 李光荣，宣淑君：《季节燃起的花朵：西南联大文学社团研究》，中华书局 2011 年版。

37. 谢泳：《西南联大与中国现代知识分子》，福建教育出版社 2009 年版。

38. 孙善根：《走出象牙塔：蒋梦麟传》，杭州出版社 2004 年版。

39. 曲士培：《蒋梦麟教育论著选》，人民教育出版社 1995 年版。

40. 梁吉生，王昊：《张伯苓的大学理念》，北京大学出版社 2006 年版。

41. 梁吉生：《允公允能　日新月异：南开大学校长张伯苓》，山东教育出版社 2003 年版。

42. 梁吉生：《张伯苓教育思想研究》，辽宁教育出版社 1994 年版。

43. 梁吉生：《张伯苓图传》，湖北人民出版社 2007 年版。

44. 崔国良：《张伯苓教育论著选》，人民教育出版社 1997 年版。

45. 梅贻琦：《梅贻琦日记（1941—1946）》，清华大学出版社 2001 年版。

46. 黄延复，马相武：《梅贻琦与清华大学》，山西教育出版社 1995 年版。

47. 萧超然等：《北京大学校史（1898—1949）》，上海教育出版社 1981 年版。

48. 陈寅恪：《陈寅恪集・金明馆丛稿二编》，生活・读书・新知三联书店 2015 年版。

49. 陈平原等：《民国大学——遥想大学当年》，东方出版社 2013 年版。

50. 蔡元培：《蔡元培选集》，中华书局 1959 年版。

51. 梅贻琦：《梅贻琦谈教育》，辽宁人民出版社 2015 年版。

52. 梅贻琦：《中国的大学》，北京理工大学出版社 2012 年版。

53. 王文俊等：《南开大学校史资料选（1919—1949）》，南开大学出版社 1989 年版。

54. 黄延复，钟秀斌：《梅贻琦画传》，四川教育出版社 2013 年版。

55. 高平叔：《蔡元培教育论著选》，人民教育出版社 1991 年版。

56. 刘述礼，黄延复：《梅贻琦教育论著选》，人民教育出版社 1993 年版。

57. 王学珍，郭建荣：《北京大学史料　第三卷：1937—1945》，北京大学出版社 2000 年版。

58. 闻黎明，侯菊坤：《闻一多年谱长编》（下），上海交通大学出版社 2014 年版。

59. 蒋梦麟：《西潮与新潮——蒋梦麟回忆录》，东方出版社 2006 年版。

60. 南开大学校长办公室：《张伯苓纪念文集》，南开大学出版社 1986 年版。

61. 杨燕江：《西南联大治理模式论》，云南人民出版社 2022 年版。

62. 《中国现代教育家传》编委会：《中国现代教育家传》，湖南教育出版社 1986

年版。

63. 石中英：《教育哲学》，北京师范大学出版社2004年版。

64. 杨振宁：《读书教书40年》，三联书店香港分店1985年版。

65. 陈孝斌等：《教育管理学》，北京师范大学出版社2008年版。

66. 李福华：《大学治理的理论基础与组织构架》，教育科学出版社2008年版。

67. 周本贞，高建国等：《守望大学精神》，中国大百科全书出版社2005年版。

68. 贺国庆，王宝星等：《外国高等教育史》，人民教育出版社2006年版。

69. 吴式颖：《外国教育史教程：缩编本》，人民教育出版社2002年版。

70. 董宝良：《中国近现代高等教育史》，华中科技大学出版社2007年版。

71. 王凌皓：《中外教育史》，东北师范大学出版社2001年版。

72. 胡金平：《中外教育史纲》，南开师范大学出版社2001年版。

73. 张斌贤：《外国教育思想史》，高等教育出版社2007年版。

74. 郑金洲：《教育文化学》，人民教育出版社2010年版。

75. 钱穆：《中国史学发微》，生活·读书·新知三联书店2010年版。

76. 周三多，陈传明等：《管理学——原理与方法》，复旦大学出版社2004年版。

77. 罗锐韧：《哈佛管理全集》（上卷），企业管理出版社1999年版。

78. 吕思勉：《中国近代史（1840—1949）》，华东师范大学出版社2012年版。

79. 董义才：《管理学》，北京师范大学出版社2007年版。

80. 王铭铭：《西学“中国化”的历史困境》，广西师范大学出版社2005年版。

81. ［美］易社强著，饶家荣译：《战争与革命中的西南联大》，九州出版社2012年版。

82. ［美］约翰·S. 布鲁贝克著，王承绪等译：《高等教育哲学》，浙江教育出版社2001年版。

83. ［英］约翰·亨利·纽曼著，徐辉等译：《大学的理想》，浙江教育出版社2001年版。

84. ［美］伯顿·克拉克著，王承绪等译：《高等教育新论——多学科的研究》，浙江教育出版社2001年版。

85. ［德］马克斯·韦伯著，孙传钊译：《韦伯论大学》，江苏人民出版社2006年版。

86. ［加拿大］许美德，潘乃容：《东西方文化交流与高等教育》，南京师范大学出版社2003年版。

87. ［德］马克斯·韦伯著，冯克利译：《学术与政治》，生活·读书·新知三联书店

2013 年版。

88. ［奥］约翰·范德格拉夫等著，王承绪等译：《学术权力——七国高等教育管理体制比较》，浙江教育出版社 2002 年版。

89. ［德］雅斯贝尔斯：《什么是教育》，读书·生活·新知三联书店 2021 年版。

90. ［美］德里克·博克著，徐小洲等译：《走出象牙塔——现代大学的社会责任》，浙江教育出版社 2001 年版。

91. ［意］贝奈戴托·克罗齐著，傅任敢译：《历史学的理论和实际》，商务印书馆 1982 年版。

92. ［美］费正清等著，刘敬坤等译：《剑桥中华民国史（1912—1949）》（下），中国社会科学出版社 2006 年版。

93. ［美］道格拉斯·C. 诺思著，杭行译：《制度、制度变迁与经济绩效》，上海人民出版社 2016 年版。

94. ［英］阿诺德·汤因比著，郭小凌等译：《历史研究》（下卷），上海人民出版社 2010 年版。

95. ［德］马克斯·韦伯著，林荣远译：《经济与社会》（上卷），商务印书馆 2006 年版。

96. ［英］帕特里克·贝尔特等著，瞿铁鹏译：《二十世纪以来的社会理论》，商务印书馆 2014 年版。

97. ［德］马克斯·韦伯著，康乐等译：《支配的类型》，广西师范大学出版社 2010 年版。

98. ［德］马克斯·韦伯著，顾中华译：《社会学的基本概念》，广西师范大学出版社 2011 年版。

99. ［美］托马斯·库恩著，金吾伦等译：《科学革命的结构》，北京大学出版社 2012 年版。

100. ［法］米歇尔·福柯著，刘北成译：《临床医学的诞生》，译林出版社 2011 年版。

二　期刊论文类

1. 文胜利：《从西南联大的办学经验看我国的一流大学建设》，载《现代大学教育》2006 年第 5 期。

2. 张意忠：《西南联大创新人才培养之道》，载《国家教育行政学院学报》2013 年第

10 期。

3. 严加红：《教泽广布　绩著南开——张伯苓人才教育思想述评》，载《国家教育行政学院学报》2004 年第 1 期。

4. 刘剑虹：《梅贻琦通才教育思想逻辑初探》，载《国家教育行政学院学报》2006 年第 1 期。

5. 叶赋桂：《梅贻琦的大学人才思想与实践》，载《国家教育行政学院学报》2004 年第 3 期。

6. 潘军：《双一流建设的路径演化：一个制度创新的论域》，载《国家教育行政学院学报》2018 年第 2 期。

7. 陈红菊等：《西南联大时期的华罗庚及其人才培养特色》，载《云南大学学报（自然科学版）》2011 年第 S2 期。

8. 张道一：《西南联大，我深深地怀念您!》，载《云南西南联大校友会校友通讯》2013 年第 50 期。

9. 杨绍军：《西南联大学术研究述论》，载《抗战文化研究》2008 年第二辑。

10. 王荣德：《西南联大培养杰出人才的成功经验》，载《高等工程教育研究》2001 年第 3 期。

11. 姚宇华：《科教融合：西南联大教育奇迹的秘密》，载《中国高校科技》2016 年第 3 期。

12. 施要威：《西南联大教授群体的文化性格与联大精神》，载《高等教育研究》2017 年第 3 期。

13. 张友仁：《西南联大给我的教育》，载《西南联大北京校友会简讯》2014 年第 55 期。

14. 西南联合大学北京校友会：《西南联大北京校友会简讯》（庆祝西南联合大学成立 65 周年纪念特辑）（内刊），载 2002 年第 32 期。

15. 杨绍军：《西南联大的人文学科刊物及其历史贡献》，载《学术探索》2013 年第 11 期。

16. 封海清，黄海涛：《论西南联大人文主义教育管理》，载《学术探索》2004 年第 1 期。

17. 陈雪芬：《西南联大外文系教授群体研究》，载《黑龙江高教研究》2017 年第 10 期。

18. 赵祥辉，刘强：《一流大学建设视域下现代大学制度的诠释与建构》，载《黑龙江高教研究》2018 年第 11 期。

19. 陈明远：《西南联大的经济生活》，载《读书文摘》2012 年第 2 期。

20. 姚加惠，张亚群：《强强联合的成功典范——西南联大管理模式及其成因探析》，载《现代教育科学》2004 年第 2 期。

21. 《西南联大告诉我们——解放日报记者曹靖访问沈克琦先生》，载《云南西南联大校友会校友通讯》2013 年第 52 期。

22. 王奇生：《战时大学校园中的国民党：以西南联大为中心》，载《历史研究》2006 年第 4 期。

23. 黄海燕：《浅论西南联大“民主堡垒”成因》，载《辽宁师范大学学报》1993 年第 2 期。

24. 谢本书：《西南联大的民主精神——西南联大研究之二》，载《云南师范大学哲学社会科学学报》1991 年第 5 期。

25. 杨立德：《中华“和合”文化与西南联大“兼容并包”的办学理念》，载《云南师范大学学报（哲学社会科学版）》2003 年第 2 期。

26. 黎勤，李凌：《龙云与民主堡垒西南联大》，载《炎黄春秋》2005 年第 4 期。

27. 傅国涌：《蒋梦麟困境中执掌北大》，载《炎黄春秋》2001 年第 12 期。

28. 周建华，陈昶：《从书斋到广场——论闻一多西南联大时期之思想转变》，载《江汉论坛》2017 年第 5 期。

29. 杨敬年：《允公允能　日新月异——评梁吉生著〈允公允能　日新月异——南开大学校长张伯苓〉》，载《博览群书》2005 年第 2 期。

30. 魏宏运：《张伯苓蒋廷黻教育思想举例——南开大学创办 90 周年之际》，载《历史档案》2009 年第 3 期。

31. 李宗建：《张伯苓德育思想及其现代启示》，载《思想政治教育研究》2009 年第 2 期。

32. 朱韫慧，叶美兰：《浅谈张伯苓“教育救国”思想与中国近代的教育现代化》，载《江苏省社会主义学院学报》2007 年第 5 期。

33. 朱宗顺：《蔡元培与蒋梦麟高等教育思想和实践之比较》，载《高等教育研究》2006 年第 4 期。

34. 蔡磊砢：《蔡元培时代的北大“教授治校”制度：困境与变迁》，载《高等教育研究》2007 年第 2 期。

35. 吴洪成：《“自强不息　厚德载物”的高等教育家——梅贻琦》，载《黑龙江高教研究》2007 年第 4 期。

36. 朱宗顺：《蒋梦麟的高等教育思想与实践》，载《高等教育研究》1996 年第 4 期。

37. 李硕豪：《梅贻琦的高等教育思想和办学实践》，载《高等教育研究》1998 年第 4 期。

38. 朱国仁：《“西化”论与五四前后的高等教育思想》，载《高等教育研究》1996 年第 4 期。

39. 周川：《中国近代大学校长与自由主义教育》，载《高等教育研究》2001 年第 3 期。

40. 岳庆平，徐中煜：《关于北京大学定位的思考》，载《高等教育研究》2003 年第 1 期。

41. 甘辉：《基于大学治理能力现代化的大学治理体系构建》，载《高等教育研究》2015 年第 7 期。

42. 程斯辉：《张伯苓教育管理思想评介》，载《高等教育研究》1988 年第 3 期。

43. 吕光斌，时培磊：《蒋梦麟教育思想的学术谱系与内在理路——以其博士论文为中心的考察》，载《高等教育研究》2015 年第 2 期。

44. 林云：《从张伯苓办南开看我国的民办高等院校》，载《继续教育研究》2002 年第 4 期。

45. 梁吉生：《严修、张伯苓与南开大学的创建》，载《南开学报（哲学社会科学版）》1999 年第 5 期。

46. 张岂之：《未完成的课题——关于张伯苓先生教育思想与教育实践的研究》，载《华夏文化》2000 年第 2 期。

47. 王德娟：《张伯苓“化缘”办南开》，载《民国春秋》1997 年第 5 期。

48. 方华明：《允公允能　日新月异：爱国教育家张伯苓》，载《教育与职业》2006 年第 13 期。

49. 谢长法：《蒋梦麟的职业教育思想》，载《教育与职业》2000 年第 8 期。

50. 党宁：《梅贻琦：矢志不渝，鞠躬尽瘁的“终身校长”》，载《教育与职业》2006 年第 28 期。

51. 徐溧波：《“校长治校”：蒋梦麟高等教育管理思想的核心》，载《宁波大学学报（教育科学版）》2007 年第 6 期。

52. 付八军：《评析蒋梦麟的高等教育价值观——蒋梦麟的高等教育价值观研究之三》，载《浙江教育学院学报》2009 年第 3 期。

53. 朱宗顺：《试析蒋梦麟的个性教育思想》，载《湖北民族学院学报（哲学社会科学版）》1996 年第 3 期。

54. 肖庆华：《论蒋梦麟的个人主义教育观》，载《当代教育论坛》2003 年第 11 期。

55. 蒋凤春：《梅贻琦大学理念之探析》，载《当代教育论坛》2005 年第 23 期。

56. 田联进：《教授治校与校长治校探析》，载《当代教育论坛》2006 年第 11 期。

57. 董德福：《蒋梦麟与五四新文化运动》，载《求是学刊》2002 年第 2 期。

58. 齐如石：《蒋梦麟“单身赴会”》，载《党史纵横》2001 年第 3 期。

59. 周洪宇：《美国哥伦比亚大学师范学院与现代中国教育》，载《教育评论》2001 年第 5 期。

60. 熊春文：《过渡时代的思想与教育——蒋梦麟早期教育思想的社会学解读》，载《北京大学教育评论》2007 年第 2 期。

61. 肖朗：《蔡元培与中国高等美术教育的发端》，载《教育评论》2003 年第 6 期。

62. 察磊砢：《“萧规曹随”——蔡元培与蒋梦麟治校理念之比较》，载《北京大学教育评》2008 年第 3 期。

63. 李兴韵：《杜威、孟禄访华与中国高等教育界的派别纷争》，载《北京大学教育评论》2007 年版第 4 期。

64. 钟秉林：《关于大学“去行政化”几个主要问题的探析》，载《中国高等教育》2010 年第 9 期。

65. 陈洪捷：《论高深知识与高等教育》，载《北京大学教育评论》2006 年第 4 期。

66. 叶启政：《高等教育“国际化/在地化”的吊诡与超越的彼岸》，载《北京大学教育评论》2017 年第 3 期。

67. 韩立云：《蒋梦麟个性主义教育思想及其实践》，载《江苏高教》2014 年第 4 期。

68. 欧阳琰：《蔡元培的大学教育思想及启示》，载《教育理论与实践》2010 年第 6 期。

69. 吴洪成：《梅贻琦与清华大学“教授治校”的教育管理模式》，载《河北大学学报（哲学社会科学版）》2006 年第 2 期。

70. 瀚青：《梅贻琦的通才教育和师道观》，载《天津市教科院学报》2005 年第 1 期。

71. 徐溧波：《梅贻琦政治思想对其高等教育实践的影响》，载《扬州大学学报（高教研究版）》2004 年第 5 期。

72. 黄书光：《实用主义教育思想在中国的传播与再创造》，载《高等师范教育研究》2000 年第 5 期。

73. 刘剑虹：《梅贻琦的大学学科建设思想初论》，载《高等师范教育研究》2001 年第 1 期。

74. 田建荣：《梅贻琦“大师说”教师理念及对教师聘任的影响》，载《当代教师教育》2009 年第 4 期。

75. 周相利：《梅贻琦与赫钦斯通才教育思想比较及反思》，载《南京理工大学学报（社会科学版）》2005 年第 4 期。

76. 胡莉芳：《中国近代大学校长的通识教育理念和实践》，载《复旦教育论坛》2008 年第 3 期。

77. 熊庆年：《梅贻琦论通识教育》，载《复旦教育论坛》2006 年第 5 期。

78. 张金福：《论梅贻琦“教授治校”理念的文化意蕴》，载《华东师范大学学报（教育科学版）》2002 年第 4 期。

79. 瀚青：《梅贻琦的学校管理思想研究》，载《华东师范大学学报（教育科学版）》2002 年第 3 期。

80. 江沛：《蒋介石与张伯苓及南开大学》，载《民国档案》2011 年第 1 期。

81. 程光泉：《哲学视野下的大学理念、大学精神、大学文化》，载《北京师范大学学报（社会科学版）》2010 年第 1 期。

82. 杨旭东：《试论近代中国自由主义高等教育思想立场》，载《北京师范大学学报（社会科学版）》2004 年第 6 期。

83. 林崇德等：《创造性人才的成长规律和培养模式》，载《北京师范大学学报（社会科学版）》2012 年第 1 期。

84. 韩延明：《大学理念及其相近概念辨析》，载《教育发展研究》2004 年 Z1 期。

85. 张继霞：《大学的真谛——近代中国著名大学校长教育思想研究》，载《北京理工大学学报（社会科学版）》2002 年第 4 期。

86. 侯且岸：《从抗日战争时期的学术个案看全民族的思想启蒙》，载《教学与研究》2005 年第 8 期。

87. 靳宇倡：《近代中国大学校长的教育理念与大学的核心价值观》，载《清华大学教育研究》2006 年 S1 期。

88. 钱颖一：《大学治理：美国、欧洲、中国》，载《清华大学教育研究》2015 年第 5 期。

89. 傅林：《追寻大学理想——清华大学办学理念的形成与发展》，载《清华大学教育研究》2005 年第 6 期。

90. 马海泉：《科教融合与创新高校人才培养机制》，载《决策与信息》2016 年第 4 期。

91. 林崇德：《创造性人才 · 创造性教育 · 创造性学习》，载《中国教育学刊》2000 年第 1 期。

92. 刘复兴等：《论建设我国的教育创新政策体系》，载《教育研究》2016 年第 10 期。

93. 何玉梅：《世界一流大学建设重在提升内在品质》，载《教育研究》2018 年第 1 期。

94. 朴雪涛：《大学理念：意义的阐释与范式的转换》，载《教育研究》2008 年第 8 期。

95. 李政道：《基础科学研究的人才培养问题》，载《中国科学院院刊》2006 年第 1 期。

96. 马海泉：《科学研究与现代大学》，载《中国高校科技》2017 年第 7 期。

97. 刘琪等：《基于大学章程的科研诚信治理效力》，载《中国高校科技》2019 年第 12 期。

98. 眭依凡：《关于一流大学建设与大学治理现代化的理性思考》，载《中国高教研究》2019 年第 5 期。

99. 张德祥：《1949 年以来中国大学治理的历史变迁——基于政策变革的思考》，载《中国高教研究》2016 年第 2 期。

100. 赵新亮：《大学内部治理能力现代化的权力运行机制》，载《重庆高教研究》2015 年第 1 期。

101. 顾明远：《大学的理想和高等教育改革》，载《吉林教育科学》1997 年第 9 期。

102. 柳士同：《文人、士和知识分子》，载《社会科学论坛（学术评论卷）》2009 年第 5 期。

103. 蔡元培：《教育独立议》，载《新教育》1922 年 3 月。

104. 楚图南：《记和华岗同志在一起工作的日子》，载《文史哲》1980 年第 4 期。

105. 贾本乾：《论毛泽东的抗战教育思想及其现实意义》，载《毛泽东思想研究》1993 年第 1 期。

106. 杨念群：《“在地化”研究的得失与中国社会史发展的前景》，载《天津社会科学》2007 年第 1 期。

107. 李亚平：《客商“在地化”的概念、进程与其意义——以近代兰州客商为中心》，载《兰州学刊》2014 年第 4 期。

108. 邱建生：《在地化知识与平民教育的使命》，载《中国图书评论》2014 年第 6 期。

109. 张江：《“理”“性”辨》，载《中国社会科学》2018 年第 9 期。

三 档案类

1. 西南联大：《为聘周绍溱、姚嘉椿两先生为商学系讲师由》，云南省档案馆，1943 年 9 月 20 日，1032—001—00005—006。

2. 西南联大：《为聘白英（Payne）先生为教授由》，云南省档案馆，1943 年 11 月 9 日，1032—001—00005—029。

3. 西南联大：《国立西南联合大学教务通则》，云南省档案馆，1942 年 1 月 1 日，1032 - 001 - 00002 - 001。

4. 西南联大：《国立西南联合大学布告（第六十号）》，云南省档案馆，1938 年 5 月 26 日，1032 - 001 - 00015 - 015。

5. 西南联大：《教授会组织大纲》，云南省档案馆，1939 年 1 月 1 日，1032 - 001 - 00002 - 014。

6. 西南联大：《为校风问题致信常务委员、训导长及教务长》，云南省档案馆，1942 年 1 月 17 日，1032 - 001 - 00013 - 010。

7. 西南联大：《学生自治会呈训导处新会章》，云南省档案馆，1943 年 4 月 29 日，1032 - 001 - 00045 - 002。

后　　记

本书是我这些年来研究西南联大的部分成果汇集，包括公开或未公开发表的学术论文和硕士毕业论文修改稿。如果2022年出版的第一本专著《西南联大治理模式论》算是我研究西南联大的“第一部曲”，而今，本书的出版可算“第二部曲”。

在对本书进行修改的过程中发现，作为硕士毕业论文的《西南联大“三常委”大学理念比较》，鉴于当时认识与能力上的不足，以及资料收集的欠缺，存在不少错误和疏漏，于是，本次修改注重对其内容和形式进行了完善，特别在内容上对原文不恰当的表述进行了必要的修正，对原文中引用不规范、不完整、不正确的地方进行了查缺补漏。由于间隔时间较长，且目前资料收集仍有欠缺，定还存在疏漏。其他学术论文修改过程中也发现存在不同程度的纰漏。敬请有识之士对以上问题给予批评指正，我将认真严肃吸取并改正。

在此，对本书所有引用和参考过的作者表示最衷心的感谢。

本书的出版得到了书中所收文章合作者的同意与支持，在此表示一贯的感恩与感谢。特别感恩并感谢我的导师黄海涛教授将我领入西南联大研究。

本书为云南西南联大干部培训基地教育文库建设的一个成果。

最后，特别感谢云南出版集团、云南人民出版社将此书列为“云南出版集团滇版精品图书扶持项目”，使本书得以顺利出版。

著　者

2024年9月